# オリバー・ストーンが語る もうひとつのアメリカ史

Oliver Stone & Peter Kuznick

The Untold History of the United States

1

## 2つの世界大戦と原爆投下

オリバー・ストーン＆
ピーター・カズニック

大田直子
鍛原多惠子
梶山あゆみ
高橋璃子
吉田三知世 訳

早川書房

# オリバー・ストーンが語る　もうひとつのアメリカ史

## 1　二つの世界大戦と原爆投下

THE UNTOLD HISTORY OF THE UNITED STATES

by

Oliver Stone and Peter Kuznick



Translated by

Naoko Ohta, Taeko Kajihara, Ayumi Kajiyama,

Riko Takahashi and Michiyo Yoshida

First published 2013 in Japan by

Hayakawa Publishing, Inc.

This book is published in Japan by

arrangement with

the original publisher, Gallery Books

a division of Simon & Schuster, Inc.

through Owls Agency, Inc., Tokyo.

装幀／水戸部 功

私たちの子どもたち——タラ、マイケル、ショーン、レクシー、サラ、そしてアスマラ——に、そして、この子たちに手渡されてしかるべきより良き世界に

目次

世界大不況下のアメリカとFDR／「あこぎな両替商」との決別／銀行制度にメスを入れる／ウォール街への不信――ペコラの公聴会での大暴露／資本家から資本主義を守るために／全国産業復興法（NIRA）――自由放任資本主義の終わり／ルーズベルトはファシストか？／アメリカ国内のヒトラーの擁護者／国際的な問題は二の次――あくまでアメリカ人のために／実業界vsFDR――通貨政策に対する財界からの批判／左翼思想の広まりとソ連経済の成長／輝かしいロシア人／経済復興の兆しと労働運動の激化／急進化の時代――リベラルと呼ばないで／ルーズベルトの進歩的施策は続く――雇用促進局（WPA）など／FDRのつまずき――ルーズベルト不況／実業界のまき返し――アメリカ自由連盟／スメドリー・バトラーの告発――実業界の陰謀明らかに／ジェラルド・ナイの公聴会――軍需産業は「国際的なたかり屋」／「殺人株式会社の広範な世界的ネットワークが存在する」／告発本『死の商人』『鉄と血と利益』刊行さる／ナチスドイツに協力していたアメリカ企業／軍需産業を国営化せよ／ルーズベルトのごまかし――疑われる政府加担／告発されるデュポン家、新聞王／政府の歴史上、最も過激な計画――非常事態戦時法／コーカスルームの対決――財界vs公聴会／第一次大戦参戦にかんするウィルソンへの疑惑／ウィルソン問題は「煙幕」か？／世論による圧倒的査問委員会支持――それを報じないマスコミ／ヒトラー・ドイツと結びついた多国籍企業のカルテル／ナチスの手本となったヘンリー・フォードの著作／アメリカ発、優生学のすすめ／プレスコット・ブッシュとナチス資本家との結びつき／アレン＆フォスター・ダレスと国際決済銀行の役割／公聴会の功罪／独伊日の軍国化進む／スペイン内戦――ファシズムの強大化を座視する民主主義国

第4章　原子爆弾――凡人の悲劇　284

歴史の流れを変えた発明／核エネルギーへの危惧――アインシュタインの後悔／先走りするテラー、恐怖するオッペンハイマー／連鎖反応の成功――「人類史に刻まれた暗黒の日」／グローヴスとオッペンハイマー――好対照な二人の指導者／一九四四年――ルーズベルト、四期めの大統領候補に／圧倒的な人気を誇るウォレス副大統領候補／トルーマンはなぜ抜擢されたのか／トルーマンの人となり／凡庸な男の苦闘――派閥の傀儡に／シカゴ民主党大会の隠謀――歴史の分水嶺／トルーマン、原爆開発の秘密を知らされる／「神風特攻隊」の国、日本をいかにして降伏させるか／無条件降伏という「障害」／唯一の問題は天皇制維持／なぜ、投降寸前の国に原爆を落とすのか？／忌み嫌われた日本人――人種差別／強制収容所に送られる日系アメリカ人／カリフォルニア州の日系人が嘗めた辛酸／背後にのぞく金銭欲／一転、兵士として死地に赴かされる／最高裁判所も認めた強制収容／アメリカのモラルの崩壊――空爆対象の無差別化／カーティス・ルメイと東京大空襲／原爆の使用は「壮大な見せ物」――そしてソ連への牽制である／原爆に異を唱えた人々／ポツダム会談始まる――アメリカのソ連参戦をめぐるジレンマ／原爆実験成功――狂喜するトルーマン／トルーマンの豹変／もはやソ連参戦は不要――アメリカが一人勝ちするための原爆投下／原爆投下は、日本のポツダム宣言拒否の前に決められていた！／八月六日、広島市消滅す／「あの閃光が忘れえようか」／さらに煽られた、ソ連の連合国への不信／ソ連の日本侵攻、そして「長崎」／日本を降伏させたのは原爆ではなく、ソ連軍への恐怖だった／アメリカの軍人も認めていた、原爆の正当性に関

# はじめに

この本は、もとになったドキュメンタリー・シリーズと同様、ほとんどのアメリカ人が教わってきたアメリカ合衆国の基本的な歴史に疑問を投げかけるものである。一般大衆が親しんできた歴史物語はどこか神話に似ていた。それはアメリカ的な利他精神や博愛心や、寛大さや例外意識や、自由と正義への献身というフィルターを通して入念にふるいにかけられた情報であり、幼いころに初めて触れてからは初等教育や中等教育を通して補われ、また強められ、繰り返し語られるうちにもはやアメリカ人にとって空気の一部になった。心を慰め、励ましてくれるものでもある。しかし、そこに映し出されているのは全体のごく一部に過ぎない。物事を深く考えない人を納得させることはできても、その本質は実際の空気さながらに汚染されていて、人に害毒を与える。従来の歴史物語を信じている限り、アメリカ人はほかの多くの国がアメリカをどう見ているかが理解できないばかりか、より良い世界に変えるための実効ある行動も取れない。なぜならどんな地域の人々もそうだが、アメリカ人も自分たちの歴史認識から逃れることはできず、過去をどう見るかによって今現在の行動が大きく方向づけられているからだ。にもかかわらず、そのことにほとんど気づいていない。何を可能と考え、何を実現できると思うかは、歴史の捉え方で決まる。そのために大勢の人が、今とは大きく違ったより良い世界を想像できなくなっている。

本書はドキュメンタリー・シリーズから着想を得、その内容を踏まえているが、さまざまな点でドキュメンタリーとは異なった独立した作品となっている。本と映像は互いを補うものであって、まったく同じではない。ドキュメンタリーを観た人が本書を読んでアメリカ史への理解をさらに深め、また本書を読んだ読者がドキュメンタリーを観て映像の持つ劇的な表現力を堪能してくれれば幸いだ。本書とドキュメンタリー・シリーズを、世界中で着実に変革を推し進めている人々に捧げる。より正しく、より人間的で民主的で、より公平な世界を求めて闘ううえで、私たちの提供する情報が役に立つことを願って。

# 序章　帝国のルーツ――「戦争はあこぎな商売」

## 「覇権国家」アメリカの光と影

本書を執筆している今、アメリカ帝国にはゆっくりと終焉の幕が下りつつある。雑誌王ヘンリー・ルースが二〇世紀を「アメリカの世紀」と宣言したのは一九四一年のことだった。この言葉がどれだけ真実のものとなるかはルース自身にもほとんど想像できなかっただろう。ドイツと日本の敗戦、原子爆弾の誕生、戦後の製造業景気、軍産複合体の確立、インターネットの発達、国家安全保障国家への変貌、冷戦での「勝利」といった、諸々の出来事が起こる以前に書いた言葉なのだから。

ルースは「阻む者なきアメリカの覇権」という国家像を謳ったが、これに対する異議の声はつねにあった。たとえば時の副大統領ヘンリー・ウォレスは二〇世紀を「人々の世紀」と呼び、アメリカはその先駆けにこそなるべきだと説いている。夢か幻に過ぎないと現実主義者からは鼻であしらわれながらも、ウォレスは科学と技術を土台にした豊かな世界、植民地支配や経済的搾取のない世界、繁栄を分かちあう平和な世界の青写真を描いた。不幸にして戦後の世界は、進歩を願うウォレスの構想よりもルースの帝国主義的な未来像にはるかに近いものになっている。もっと最近の一九九七年にも、世界におけるアメリカの覇権を揺るぎないものにしようと、新保守主義の新しい世代が「新しいアメリカの世紀」の実現を唱え、のちには災いの元凶とも言うべきジョージ・W・ブッシュ政権のもとでシンクタンクとして活動した。二一世紀の初めにはこうした考え方が多くの支持を集めたものだが、それもアメリカの新しい戦争が悲惨な結果を招いたことが広く認識されるまでの話である。

アメリカは史上例のない強大な力をふるって他を圧倒し、世界の覇権国家となった。その道のりは、誇るべき成果と忌まわしき幻滅の歴史でもある。これから本書で探っていくのはほかでもないこの幻滅の歴史、つまりアメリカ史の暗部についてである。アメリカ史のすべてを物語るつもりはない。そんなことは不可能だ。アメリカがした数々の正しい行ないを大々的に取り上げることもしない。そういう本なら図書館にいくらでも溢れているし、学校の授業でもアメリカの偉業を声高に教えている。むしろ私たちはアメリカが犯した過ちに目を向け、アメリカが自らの使命に背いたと思える事例にスポットライトを当てたい。二一世紀に足を踏み入れてまもない今なら、その誤りを正す時間がまだ残されていると信じるからだ。近年、アメリカはイスラム国家三カ国と交戦したほか、少なくとも六カ国のイスラム国家で無人機を使い、狙いを定めた暗殺としか言いようのない攻撃を加えた。アメリカの政策がそうした方向に向かったことを私たちは深く憂えている。なぜ私たちの国は、その数千カ所以上とも言われる軍事基地を世界各地に築いているのか。なぜアメリカ一国だけでほかの国々をすべて合わせたほどの巨額の軍事費を使っているのか。なぜ数千個もの核兵器をいまだに保有し、差し迫った脅威となる国もないままその多くが一触即発の警戒態勢にあるのか。なぜアメリカは先進国のなかで最も貧富の差が大きいのか。なぜ先進国のなかでアメリカだけが国民皆保険制度を持たないのか。なぜこれほど少数の人々（現在三〇〇人とも五〇〇人とも二〇〇〇人とも言われる）が、世界の極貧層三〇億人を合わせたよりも多くの富を手にしているのか。大多数のアメリカ人が徐々に実権を奪われ、その生活水準が下がっているなか、アメリカの内政、外交、メディアのあり方を一握りの富める者が左右する状態がどうして許されるのか。建国の父や先人たちが知ったら唖然とするほどの監視や政府の介入がまかり通り、市民の自由が侵害されてプライバシーが失われる状況に直面しながら、アメリカ国民はなぜそれに甘んじているのか。なぜアメリカは民主的な先進工業国のなかで労働者の労働組合加入率が最も低いのか。なぜこの国では私利私欲に突き動かされた人間が権力を与えられ、優しさ、寛容、思いやり、分かち合い、共感、共同体作りといった美徳を重んじて他者を尊ぶ人の上に君臨しているのか。今の社会で通用している価値観や現在の政策によって決まるのではない未来、言うなればより良い未来を、大多数のアメリカ人がなかなか思い描けなくなってしまったのはどうしてなのか。今ここに挙げた疑問は、本書で私たちが向き合っていく問題のほんの一部に過ぎない。すべての問いに答えを出すのは無理だとしても、読者がこうしたテーマを自分で掘り下げていけるように、材料となる歴史的背景を示せればと思う。

それと同時に、この国を正しい道に押し戻すために英雄的ともいえる努力を傾けた集団や個人にも光を当てるつもりだ。ジョン・クインシー・アダムス大統領は一八二一年七月四日に重い言葉を語っている。アダムスはイギリスの植民地主義を厳しく非難し、アメリカは「退治すべき怪物を探し求めて外国に行くようなことはしない」と宣言した。さもないと、「解放者としての一線を越えて、利権と策謀が絡む戦争や、個人の貪欲や羨望や野心が起こす戦争にことごとく関わることになる。そうした戦争は自由の名を騙り、自由のうわべを装っているにすぎない。アメリカの政策の基本原理がいつのまにか解放から抑圧へと変わってしまう」。そうなればアメリカは「世界の独裁者となっても、もはや建国の精神に忠実な国家とは言えなくなる」とアダムスは警鐘を鳴らした(1)。

## 歴史に縛られたくないアメリカ人

アメリカが帝国という祭壇に共和国の精神をいけにえとして捧げればどうなるか。アダムスは鋭く見抜いていた。現状の問題をさらに厄介にしているのは、アメリカが帝国としてふるまってきたことや、その過去が現在の政策のありようを決めていることをアメリカ人が頑なに認めようとしない点である。歴史家のアルフレッド・マッコイはこう述べている。「帝国にとっては過去もまたひとつの海外領土に過ぎず、いつでも組み立て直すことができるばかりか、場合によっては一から作り変えることもできる(2)」。アメリカ人は歴史のなかに生きることを拒む。もっとも、帝国とはそういうものだと小説家のJ・M・クッツェーにはわかっていた。『夷狄《いてき》を待ちながら』の一節にクッツェーはこう書いている。「帝国は歴史のなかに生きていながら、歴史に対して陰謀を企む運命にある。帝国の秘めたる思いはただひとつ。どうすれば終わらないか、どうすれば滅びないか、どうすれば自らの時代を長引かせられるか。昼は敵を追い求める。帝国は狡猾で非情であり、血に飢えた猟犬をいたるところに送り込む。夜は災禍の妄想にふける。都市を略奪し、住民を陵辱し、骨の山を築き、広大な土地を荒らし尽くす。狂気というだけでは片づけられない毒気に満ちた幻想だ(3)」。

アメリカ人は自分たちが歴史に縛られていないと思い込んでいる。これを歴史家のクリストファー・ラッシュは「自己愛」の表れと捉えた。それに、多くのアメリカ人にとっては、こうした態度でいれば自分たちの国が二〇世紀に様変わりしたことから目を背けてもいられる。アメリカの支配的地位が続くあいだは、博愛の国アメリカという心地よい寓話を信じて自らを慰めるほうが楽なのだ。そうしているうちにも真実の歴史に関する知識は着実に低下している。アメリカ以外の世界ではますます国境の壁がなくなり、さまざまな言語が行き交っているのに、相も変わらずアメリカ人だけがそこから隔絶していれば事態は悪くなる一方だ。ひとり離れているとほかの世界のことがわからなくなるだけでなく、不安感も芽生える。その不安が具体的な形となって表面化するのをこれまで私たちは何度も見てきた。たとえば敵の脅威を過大に評価し、外国の侵入者や国内外の過激派に対してたびたび取り乱し、もっと最近ではイスラム世界のテロリストの脅威にうろたえて過剰な反応を示した。

アメリカ人がいかに自国の歴史を知らないかは、二〇一一年六月に全米学力調査の結果が公表されて改めて浮き彫りになった。小学四年生、中学二年生、高校三年生のテスト結果から明らかになったのは、《ニューヨーク・タイムズ》紙の言う「ほかの科目に比べて自分たちの国の歴史が苦手」な実態である。高校三年生でアメリカ史の成績が良かった者はわずか一二パーセント。その一二パーセントの「好成績」の程度も怪しいものである。なにしろ「ブラウン対教育委員会裁判」の判決はどのような社会問題を正すためのものだったか、という問いに対して、設問の言い回しから答えが読み取れたにもかかわらず正答率が二パーセントしかなかったのだ[4]（訳注　「ブラウン対教育委員会裁判」は一九五四年に連邦最高裁が行なった裁判。公立学校での人種差別を違憲とする判決が下された）。

## 「アメリカは例外」という神話

欠けた知識を埋めてきたのはおもに神話である。神話のなかにはずいぶんと都合のいい発想もある。アメリカが「丘の上の町」となるよう神によって定められているという考え方だ。「丘の上の町」とは、開拓者のジョン・ウィンスロップが新大陸に渡るアーベラ号の船上で一六三〇年に行なった説教のなかの言葉で、つまりは世界の人々に模範とされる世の光になるということである。こうした理屈に従うなら、アメリカは世界の腐敗堕落した国々よりも多少は優れていることになる。たしかにそう言える時期もなくはなかった。アメリカ的な価値観やアメリカの成し遂げたことが人類を大きく前進させ、社会を進歩へと導いたことも幾度かある。だが、それより多くはないにせよ同じくらいの割合で、自国の政策を推進するあまり人類の進歩を阻んだこともあったのだ。ほかの国々は支配力や経済的利益を得んがために私利私欲から行動するのに対し、アメリカはひたすら自由と独立の実現を願って人類のために自己犠牲を払っている、だからアメリカは他国とは根本的に異なるのだ――そういう信念は広島・長崎の廃墟やベトナムのジャングルに埋められたと思っている人は多い。ところが近年になって再浮上し、歴史を歪めようとする右派の主張の中心に据えられている。

アメリカが例外だという神話が最も端的に表れたのは、ベルサイユ条約後にウッドロー・ウィルソン大統領が語った言葉だろう。「ついに世界はアメリカが世界の救世主であることを知るのだ！」[5] アメリカの歴代指導者たちは繰り返しこの種の心情をあらわにしている。もっとも、たいていはもう少し謙虚な表現を使っていたが。

それにひきかえ、ティーパーティー運動の声明には謙虚さなど微塵もない。運動に参加する保守派は外国を嫌い、アメリカ例外主義を信奉しない者は愛国者ではないと考えている。だからバラク・オバマ大統領の微妙なニュアンスをつけた発言を槍玉に挙げ、それこそオバマが真のアメリカ人ではない証拠だと訴える。かりに今やおおかたの保守派が不承不承認めるように、オバマが本当にアメリカ生まれだとしても、だ。怒りの矛先を向けられているのはオバマが二〇〇九年に語った次の言葉である。「私はアメリカ例外主義を信じている。イギリス人がおそらくイギリス例外主義を信じ、ギリシヤ人がおそらくギリシャ例外主義を信じているように[6]」。

アメリカは歴史が人類にもたらした恵みだということをオバマは高らかに謳おうとしない。共和党のリーダーたちにとってこれはきわめて重要なポイントであり、そのことをオバマを叩く格好の材料にしている。というのも、「アメリカは人類史における特別な役目を神から授かった」とアメリカ人の五八パーセントが信じているのを知っているからだ。前アーカンソー州知事のマイク・ハッカビーはこう非難している。「[オバマの]世界観は、共和党・民主党を問わず歴代のどの大統領とも著しく違っている。……オバマはアメリカ人というよりグローバルな人間として育った。アメリカ例外主義を否定することは、この国の心と魂を否定するのと同じである[7]」。

## 帝国の旗を高く掲げよ――ネオコンの新傾向

左寄りの歴史家や活動家が何より重視してきたのは、歪みのない目でアメリカ史を捉え、アメリカの帝国主義に対して説得力ある批判を組み立てることである。こうした姿勢は一九六〇年代の新左翼《ニューレフト》運動にまで遡る。一方の保守派はと言えば、アメリカが帝国主義を掲げたことはないと一貫して否定してきた。つい最近になってこのパターンから決別したのが新保守主義、俗にネオコンと呼ばれる人々である。ネオコンたちはアメリカが帝国であることを堂々と認めるだけでなく、史上最強にして最も正義にかなった帝国だと誇らしげに言い放つ。ほとんどのアメリカ人はさすがにそこまで不遜なことは考えていない。しかしネオコンにとってそれは強さの表れであり、他を支配するという天与の使命をアメリカが全うする姿にほかならない。二〇〇一年一〇月七日にアフガニスタンへの攻撃が始まると、アメリカは高揚感に包まれた。やがてその帝国主義的な企てが愚かだったとわかり、早く喜び過ぎた人たちが痛い目を見ることになるわけだが、それまでのあいだ訪れた帝国ムードに保守派の有識者は便乗した。たとえば、ネオコンの政治評論家ウィリアム・クリストルが編集長を務める《ウィークリー・スタンダード》誌は、一〇月一五日版の表紙に「アメリカ帝国の言い分」という思い切った見出しを掲載している。《ナショナル・レビュー》誌編集長のリッチ・ローリーは、アフガニスタンに限らず危険な政権を倒すには「軽度の植民地主義のようなもの」が必要だと主張した。[8]その数カ月後、コラムニストのチャールズ・クラウトハマーは「今や人々は『帝国』という言葉を誰憚ることなく口にし始めた」と指摘した。「文化、経済、科学技術、軍事において」アメリカが他を完全に圧倒している現状を思えば、それも当然だとクラウトハマーは述べている。[9]二〇〇三年一月五日、《ニューヨーク・タイムズ》日曜版の表紙に躍った文字は「アメリカ帝国——この言葉に慣れよ」である。

## 「例外主義」による正当化

ネオコンの多くは帝国の誕生を最近の動向と見ているが、拡張しようとするアメリカの衝動は今に始まったものではない。初めてこの地にイギリス植民地を築いた時代から、その衝動のままに住み着き、広がり、征服してきた。この衝動はのちに「自明の運命《マニフエスト・デスティニー》」の思想となって具体化され、モンロー主義に反映されていく。イェール大学の歴史学者ポール・ケネディはこう述べている。「最初の入植者がイギリスからバージニアに到着し、西へと移動を始めたときから、ここは帝国主義の国家であり、他を征服する国だった[10]」。ときに大量虐殺も辞さないほどの貪欲さで他者の土地や資源を手に入れようとしながら、その行為は断じて私利私欲のためではないとされ、自由、進歩、文明化の推進という崇高な動機によるものとの美名をつねにまとってきた。その姿勢は今日まで続いている。歴史学者のウィリアム・アップルマン・ウィリアムズは鋭い洞察で早くからアメリカ帝国を研究しており、次のように説明している。「土地、市場、安全を執拗に求めることが日常化したため、繁栄、自由、安全を高尚な言葉で語ってもいいのだという理屈が生まれた[11]」。アメリカの指導者たちはこの論理に従い、拡張主義的な衝動の背景に人種差別があったわけではないと、説得力のほどはさておき否定してきた。

指導者たちは動機だけでなく手段についても批判をかわしている。だが、思いもよらぬところから問題に再び光が当たるのはよくあることだ。鋭い指摘をしたのは政治学者のサミュエル・ハンチントンである。ハンチントンの唱えた「文明の衝突」論は還元主義的で見当外れではあったものの、この件に関する文章は的を射ている。「西洋が世界の勝利者になったのは、西洋の思想、価値観、宗教がとのある人物だが、アメリカが他国より優れているという自負については控えめに言ってもひとりよがりだと説き、苦笑交じりにこう述べている。「いまだにアメリカ『例外主義』を主張する人々に対し、帝国史の研究家が言い返せることはただひとつ。例外的と言うなら、ほかの六九の帝国もすべて例外的なのだ(14)」。

アメリカの精神が優れているという言い分はいかにも度が過ぎていたが、軍事力が優れているという主張はもっともに思える。この問題についてはポール・ケネディほどいろいろな切り口から語れる者はまずいない。賞も受賞した一九八七年の著書『大国の興亡』のなかで、ケネディはアメリカ帝国が衰退しつつあること、それは過去の帝国の例に漏れず勢力を広げ過ぎたためであることを指摘した。ところが二〇〇一年九月一一日の同時多発テロのあと、アメリカがアフガニスタンをいとも簡単に叩き潰したのを見て、ケネディもほかの大勢と同じように惑わされてしまう。真実が見えなくなったと言ってもいい。そして以前の判断を翻し、「これほどの力の差はいまだかつてなかった。皆無である」と書いた。「五〇〇年前まで遡り、各国の国防費や軍隊の人員について統計をすべて調べてみたが……これほどの規模の国は存在しない。かの大英帝国は全盛を極めた時代ですらたいして金をかけていなかった。英国陸軍はヨーロッパ諸国の陸軍よりもはるかに規模が小さかったし、英国海軍でさえ二番手と三番手の国の海軍を合わせた程度に過ぎない。今や世界中の海軍が束になってかかっても、海上におけるアメリカの覇権は揺るがないだろう」。アメリカが展開した一二の空母群の威力にケネディは圧倒された。もはやほかの帝国の比ではない。「カール大帝の帝国は版図が西ヨーロッパに限られていた。ローマ帝国はもっと勢力を広げたが、当時はペルシャにも大帝国が存在し、中国にはさ

らに大きな帝国があった。したがってアメリカとは比べ物にならないのだ」とケネディは結論づけた(15)。

## 「軍事基地帝国」という支配の新様式

しかし、こうした言い分ですらもっと慎重に吟味する必要がある。たしかにアメリカは史上最大の火力を持っていて、その軍隊は最高の訓練と装備と能力を誇り、科学技術の粋を集めた高度な兵器も有している。しかし、敵がゲリラ戦のような非対称戦を仕掛け、民心を掴むことを目的としている場合、たとえ軍事力があっても簡単に戦場で勝てるわけではないのがこれまでの例だ。

アメリカが帝国なのかそうでないのかがわかりにくいのは、その支配力と行動は帝国特有のものでありながら、従来の帝国とは装いが異なるからである。植民地支配を特徴とするヨーロッパの帝国とは明らかに違う道を行っている。植民地主義的な企てを試みることもあるにはあったが、それはたいてい海外への経済進出に付随しており、一部から「門戸開放」帝国と呼ばれる形を取ってきた。つまり、実際の人民や領土を治めるよりも、市場を支配するなどして経済を統治することのほうに関心がある。それでいて、経済的利益や民間投資が脅かされそうになるとたびたび軍事力に物を言わせ、その国を長期にわたって占領することまでしてきた。もっと最近のアメリカは別のやり方で支配を進めていて、それを政治学者のチャルマーズ・ジョンソンはいみじくも「軍事基地帝国」と呼んだ。昔の植民地に代わるものが軍事基地というわけである。二〇〇二年の時点における国防総省の統計によると、国連加盟国一九〇カ国のうち一三二カ国に米軍が何らかの形で駐留している(16)。数十億ドルをかけた空母戦闘群も加えれば、アメリカの軍事展開は掛け値なしに地球規模だ。しかもアメリカは世界最強の核兵器を保有しており、近年は軍縮傾向にあると言ってもその威力は今なお地球上の生命を何度も滅ぼすことができる。

　アメリカにとって目下のフロンティアは宇宙であり、宇宙を軍事支配することをいわゆる「全領域支配」の一環と位置づけている。アメリカ宇宙軍は一九九七年に「二〇一〇年の展望」を発表してそのあらましを述べ、次いで国防総省が「ジョイント・ビジョン二〇二〇」のなかでさらに肉づけした。(17)この文書で国防総省は、陸・海・宇宙において将来アメリカが確固たる軍事支配を手にするだろうと予言している。

## 膨張の始まり——「自明の運命《マニフェスト・デスティニー》」

　アメリカ帝国が発展を始めたのは一世紀以上前に遡る。一九世紀のジャーナリスト、ジョン・L・オサリヴァンは北米全体に領土を広げることを「自明の運命《マニフェスト・デスティニー》」と呼んだが、それが果たされるとアメリカは海外へと目を向けた。リンカーンとジョンソン両大統領の国務長官を務めたウィリアム・ヘンリー・スワードは、アラスカ、ハワイ、カナダ、カリブ諸島とコロンビアの一部、それにミッドウェー島も領土に組み入れる壮大な構想を打ち出している。

　スワードが夢を描いているあいだにもヨーロッパ諸国は実行に移し、一九世紀後半には手の届くものすべてを奪い取った。先陣を切ったのはイギリスで、一九世紀最後の三〇年間で一万九〇〇〇平方キロメートルあまりの領土を取得し、その面積はアメリカの国土を大幅に上回った。(18)フランスはおよそ一万四〇〇〇平方キロメートルを、(19)出遅れたドイツも四〇〇〇平方キロメートルほどの領土を手に

19世紀後半、ヨーロッパ諸国は自らの領土を大幅に広げた。上の地図からもわかるように、1878年の時点ではヨーロッパの列強とその植民地が地表の67パーセントを支配し、1914年にはそれが84パーセントに達した。

入れる。スペインだけは植民地政策に翳りを見せた。一八七八年の時点で、ヨーロッパの列強とその植民地が地表の六七パーセントを支配するまでになり、一九一四年にはそれが八四パーセントという驚くべき数字に達している[20]。一八九〇年代に入るころにはすでにヨーロッパがアフリカの九〇パーセントを分割し、一番旨味のあるところをベルギー、イギリス、フランス、ドイツで分けていた。マサチューセッツ州選出のヘンリー・キャボット・ロッジ上院議員は、アメリカ帝国の実現を先頭に立って支持していたため、「大国が未来の拡大と現在の防衛に向けて、すさまじい勢いで地球上の未開の地を併呑しつつある」と危機感を募らせ、アメリカもすぐに行動を起こして遅れを取り戻すべきだと訴えた[21]。

ところが、ほとんどのアメリカ人にとってロッジの言うような帝国は唾棄すべきものでしかない。一九世紀的な「生産者の共和国」こそあるべき姿だと考え、それを弱肉強食の産業資本主義体制に奪わせまいと奮闘していたからである。裕福な資本家と、生活苦にあえぐ大衆とのあいだに大きな溝が生まれ、アメリカ人が守ってきた民主主義と平等主義に基づく理想が根底から揺さぶられた。自分たちの国を動かすのが、一握りの銀行家や産業資本家や、その子飼いとなって言いなりに動く議員や裁判官だというのは、大多数の農民と労働者にとって受け入れがたいことだった。詩人のウォルト・ホイットマンはこうした国民感情を捉え、行き過ぎた資本主義を「一種の反民主主義的な病にして醜悪きわまりない」と表現している[22]。

## 労働争議と血塗られた一八八〇年代

一八七〇年代から九〇年代にかけては、アメリカ史上最も血なまぐさい労働争議がたびたび起きている。一八七七年には鉄道労働者がストライキを実施し、そこにあらゆる職種の労働者から絶大な支持が集まって、国の鉄道機能は大幅に麻痺した。シカゴやセントルイスなどでゼネストが行なわれて都市の活動が停止されると、資本家たちの脳裏には一八七一年に労働者が蜂起してパリ・コミューンを樹立した生々しい記憶が悪夢となって呼び覚まされた。ワシントンDCでは《ナショナル・リパブリカン》紙が「アメリカン・コミューン」と題する社説を掲載し、「鉱山、工場、鉄道で働くアメリカの労働者が広く共産主義思想を抱いていることが明らかになった」と述べている。「［今回の鉄道ストライキは］共産主義の最悪の形にほかならず、政府の転覆を目論む違法行為であるうえに反アメリカ的な行動でもある」[23]。セントルイスの有力紙《リパブリカン》も同じ論調であり、「これをストライキと呼ぶのは誤りである。これは労働者革命だ」と書き立てた[24]。州兵はストライキ鎮圧に乗り気でないか、その能力がないかのどちらかだったため、ラザフォード・B・ヘイズ大統領は連邦軍を差し向けた。自分が大統領になれたのは鉄道王たちのおかげもあったからである。各地で激しい衝突が繰り広げられた末に一〇〇人以上の労働者が死亡し、国家は否応なく引き裂かれた。

一八八〇年代に入るとストライキは激しさを増す。有力な労働組合「労働騎士団」も加勢して強力な戦力となり、一八八五年には鉄道王ジェイ・グールドの所有する全長二万四〇〇〇キロあまりの鉄道網でストライキを成功させた。グールドは並の悪徳資本家ではない。「労働者階級の半分を雇って残り半分を殺させてみせる」とうそぶいたこともあり、当時のアメリカで最も憎まれていた人物と言っていい[25]。一方、労働者階級の団結と民主社会主義思想を唱える労働騎士団もまた、並の労働組合で

1883年8月の《パック》誌に掲載された漫画。19世紀後半に労働者と独占企業のあいだで繰り広げられた不公平な戦いを風刺している。左側の観客席には悪徳資本家の面々が描かれている。（左から）通信ケーブル敷設の事業を興した資本家のサイラス・フィールド、鉄道王ウィリアム・ヴァンダービルト、造船業者ジョン・ローチ、鉄道王ジェイ・グールド。

はなかった。グールドが労働騎士団の要求に屈すると、全米に衝撃が走る。経済新聞の《ブラッドストリーツ》はこれを「全面降伏」と呼んだ[26]。労働騎士団の組合員数は各地で急速に膨れ上がり、一八八五年七月一日の一〇万三〇〇〇人から一年後には七〇万人を超える。ところが労働騎士団の運動はほどなく壊滅的な打撃を受ける。一八八六年五月、シカゴのヘイマーケット広場で開かれた集会で暴動が起き、警官側に七名の死者が出た。すると各州政府はそれを口実にして関与した無政府主義者を葬り去っただけでなく、労働騎士団にまで弾圧の手を伸ばしたのである。労働騎士団は誓って暴力を否定し、ヘイマーケット事件とは何の関わりもなかったにもかかわらず。やがて過激派たちは全米各地で赤狩りの標的となっていく。

　社会改革家のアイダ・ターベルは当時を振

り返り、「八〇年代は血塗られていた」と表現した[27]。実際に血塗られるとまでは行かなかったにせよ、労働者が社会の仕組みに異議を唱えた時代だったことは間違いない。なにしろ、企業や銀行の幹部という新しい富裕層に権力が集中する一方で、圧倒的大多数を占める労働者や農民は社会の片隅に追いやられ、景気のいいときも暮らしはわずかにしか上向かないのに、景気が悪くなれば目も当てられない状態になるのである。

## 富裕層と庶民の二極分化

怒れる農民も繰り返し不満を爆発させた。中心的な存在となったのは一八八〇年代に誕生した農民同盟と、一八九〇年代初めに結成された人民党である。実際に農民がどの程度急進的だったかについては今も歴史家のあいだで結論を見ていない。しかし、非人間的な法人型国家が権力を拡大することにほとんどの農民が反対したのは確かであり、指導者たちは反ウォール街を掲げた熱弁をふるって聴衆を奮い立たせた。一八九二年、人民党はネブラスカ州オマハで第一回党大会を開き、基本綱領を採択する。綱領は現状を強く非難した。「一握りの人間に莫大な富を築いてやるために、何百万人もの苦役の果実が堂々と盗み取られている。かかる事態は人類史上に例を見ない。しかも、果実を手にした者たちは共和国の精神をないがしろにし、自由を危うくしている。政府による不公平という同じ子宮から、ふたつの大きな階級が生み出されてしまった。浮浪者と百万長者である[28]」。

人民党の勢力範囲は南部、中西部、西部の一部に限られていたものの、一八九二年の大統領選挙で擁立した候補者は九パーセント近くの票を獲得したうえ、中西部と西部の五州で勝利する。国政選挙

1886年5月4日に起きた「ヘイマーケット事件」。ヘイマーケット広場の暴動で警官が死亡すると、当局はそれを利用し、事件に関与した無政府主義者だけでなく労働騎士団をも壊滅させようとした。その後まもなく全米の過激派たちが弾圧の標的となった。

や地方選挙でも人民党は一五〇〇人以上の立候補者を当選させ、州知事に三名、上院議員に五名、下院議員に一〇名を送り込んだ。一八九四年の選挙では得票数を二倍に伸ばし、下院議員七名と上院議員六名を誕生させている。

経済に対しては中産階級からもかなりの反発が上がった。私利私欲で動く個人のほうがなぜか社会に大きな利益をもたらす仕組みに納得がいかなかったからである。だから一八七七年の鉄道大ストライキでは鉄道労働者側に味方しただけでなく、エドワード・ベラミーの一八八八年の小説『かえりみれば』をむさぼり読んだ。この小説は社会主義に基づく理想の世界を描いたもので、圧倒的な支持を得てたちまち一〇〇万部以上を売り上げている。一九世紀のアメリカ小説としては、ハリエット・ビーチャー・ストーの『アンクル・

トムの小屋』に次いで二番めに人気の高い作品となった。

1890年のエドワード・ベラミー。私利私欲が経済を動かす状況にアメリカ中産階級の多くが嫌悪感を抱いていたため、1888年にベラミーの小説『かえりみれば』が出版されると、たちまち100万部を超える売り上げとなった。この小説に触発され、ベラミーの描いた社会主義による理想郷を実現しようと、全米各地でナショナリスト・クラブが創設された。

## 恐慌と孤立主義の終わり

一八九三年五月五日に金融恐慌が起きると、それをきっかけにアメリカは史上最悪の不況に陥った。不況は五年ものあいだ続くことになる。恐慌当初の数カ月で四〇〇〇万人の労働者が職を失い、まもなく失業率は二〇パーセントに達した。

恐慌の原因を巡って国を挙げた議論が巻き起こり、先々経済を崩壊させないための方策が検討された。過剰生産のせいで恐慌が起こったと見る陣営は、海外にもっと市場を広げれば余剰が増え続けてもそこで吸収できると説く。一方、社会主義者や労働組合員、社会改革者は、一八九〇年代の経済危機の背景に過少消費があると考え、別の解決策を示した。国内の富を再分配して、労働者が自国の農産物や工業製品を買えるようにすべきだと訴えたのである。だが、そういう角度から斬り込むことをよしとする資本家はほとんどおらず、結局は従来の孤立主義を捨てて国際問題に関わる道が選ばれた。そのプロセスがいずれこの国を根本から変容させることになる。

海外市場を開拓するにしろ天然資源を手に入れるにしろ、まずは蒸気船を揃えた近代的な海軍を創り、その補給基地を世界中に確保するのが先決である。そこで一八八九年、太平洋に浮かぶ島の港町パゴパゴを併合し、一八九〇年から九六年にかけて海軍を刷新した。

パゴパゴ併合はほんの手始めに過ぎない。一八九三年、ハワイでサトウキビ農園を経営するアメリカ人はホノルルのアメリカ公使と手を組み、アメリカ海兵隊や海軍の後ろ盾も得て、ハワイ王国のリリウオカラニ女王を退位に追い込んだ。ハワイ共和国の樹立が宣言され、パイナップル王ジェームズ・ドールのいとこであるサンフォード・ドールが大統領に就任する。一八九八年にアメリカはハワイを併合した。時のウィリアム・マッキンリー大統領はこれを「自明の運命《マニフェスト・デスティニー》」と呼んだ[29]。

一八九八年四月二五日、スペインの圧政からキューバを救うという名目でアメリカはスペインに宣戦布告する。五月一日、アメリカから何千キロも離れたマニラ湾で戦いの火蓋が切られると、ジョージ・デューイ提督はスペイン艦隊を撃破した。ある反帝国主義者は次のような言葉を残している。「デューイがマニラを奪ったときになくしたものはひとりの命だけだったが、われわれが重んじてきた伝統はすべてが失われた[30]」。戦争は三カ月で終結する。

これを国務長官のジョン・ヘイは「輝かしき小戦争」と表現した[31]。だが、輝かしいと思った者ばかりではない。一八九八年六月一五日にはフィリピンとプエルトリコの併合阻止を目指し、アメリカ反帝国主義連盟が結成される。連盟にはアンドリュー・カーネギー、クラレンス・ダロー、マーク・ト

1899年1月の《パック》誌に掲載された漫画。アメリカ帝国主義の台頭と、すでに行なわれている残虐行為をともに風刺している。授業を行なっているのは、アメリカ政府を擬人化したアンクル・サム。フィリピン、ハワイ、プエルトリコ、キューバが子供の姿で描かれている。教室の後ろの列では、子供たちがアメリカの州名のついた本を読んでいる。奥の隅にはアメリカ先住民の子供がいて、本を逆さまに持っている。「開かれた門戸」に立っているのは中国人の子供だ。絵の左上では、アフリカ系アメリカ人の子供が召使のように教室の窓拭きをさせられている。黒板にはこうある。「被統治者の同意を得るのは理屈の上では望ましいが、現実に行なわれるのは稀である。イギリスは相手の同意などお構いなしに植民地を統治してきた。同意を待たなかったからこそ世界の文明を大きく進歩させることができたのである。アメリカ合衆国も、被統治者が自らを統治できるようになるまでは、同意のあるなしにかかわらず新しい領土を統治しなければならない」。

ウェイン、ジェーン・アダムス、ウィリアム・ジェームズ、ウィリアム・ディーン・ハウエルズ、サミュエル・ゴンパーズといった著名人も名を連ねた。しかし、正義の戦争に易々と勝利した喜びに国中が沸き返り、反帝国主義連盟がどれだけ訴えてもその声が届くはずもなかった。

戦争の余韻が収まったとき、アメリカは世界を股にかける帝国としての礎《いしずえ》をすでに着々と固めていた。ハワイの併合を終え、プエルトリコ、グアム、フィリピンもスペインから獲得している。フィリピンはその立地から言って、中国に向かう船舶にとって格好の燃料補給基地になりそうに思えた。大統領のマッキンリーはフィリピンをどう扱うべきかと夜ごとホワイトハウスで考えあぐね、「全知全能の神」の導きを祈ったあげく、ついに併合の道を選ぶ。世界の「劣等」人種を文明化できる好機を逃さなかったわけである。イギリスの詩人ラドヤード・キプリングはそれが「白人の責務」であると書いた(32)。

## フィリピンの「征服」

フィリピン人はエミリオ・アギナルドの指揮のもと、長年スペインの支配に抵抗してきた。そのため、アメリカが自分たちの独立を助けてくれるものと信じて疑わなかった。フィリピン人は憲法の草案を作成し、一八九九年一月二三日にはアギナルドを大統領として共和国を樹立する。ところが二月四日、アメリカ軍はマニラで攻撃を開始した。アメリカの新聞は開戦の理由について、アメリカ側が挑発行為を一切していないのにフィリピン人が非武装のアメリカ兵を攻撃し、兵士二二名を殺害したうえに一二五名から二〇〇名を負傷させたため、と報じた。フィリピン側の死傷者は数千人に上ったと見られる。当時、フィリピン譲渡の見返りにアメリカがスペインに二〇〇〇万ドルを支払うという条約がすでに調印されていたが、それを批准するかどうかでアメリカ議会は紛糾していた。しかし、今回の攻撃を機に帝国主義的な大義に支持が集まり、上院は間違いなく批准を承認するだろうと新聞各紙は予想した。《ニューヨーク・ワールド》紙は次のように論評している。「[アメリカは]突如、何の前触れもなく帝国の現実と向き合わざるをえなくなった。……支配するためには征服しなければならず、征服するためには殺さなければならない[33]」。条約反対派に対しては、軍隊を支持せよという圧力が高まっていく。オハイオ州選出の下院議員チャールズ・グローヴナー将軍は声を荒らげた。「やつらはわれわれの国旗に向かって発砲し、われわれの兵士を殺害した。虐殺された者の血が大地から復讐を叫んでいる[34]」。

《シカゴ・トリビューン》紙は上院での討議を「アンドリュー・ジョンソン大統領の弾劾裁判以来」最も激しい論戦と評している[35]。マサチューセッツ州選出のジョージ・フリスビー・ホーア上院議員は、このままではアメリカが「下劣で凡庸な帝国」になり下がり、「被統治民と属国を物理的な力に物言わせて支配するようになる」と警告した。「こうした国家ではひとつの階級が永遠に支配者階級となり、他の階級は永遠に服従しなければならない[36]」。しかし、賛成派は反対派に強い圧力をかけたうえに、これでフィリピン支配が永続化するわけではないとも保証して、最終的に条約は批准される。必要得票数である全議席の三分の二をわずか一票上回っただけだった。のちにホーアはこう語っている。「[アメリカは]フィリピン人が自らの手で築いた共和国を打ち砕いた。フィリピン人の独立を奪い、フィリピン人が参画しない政府を、フィリピン人の意志に反して、アメリカ人が力ずくで樹立した[37]」。

リチャード・ペティグルー上院議員は、フィリピン独立に対するアメリカの裏切りを「今世紀最大の国際犯罪」と非難している。[38]

## 住民皆殺し

フィリピンの民衆はアメリカに抗う抵抗軍を全面的に支持し、食糧や隠れ家を提供した。アメリカ人のなかには、アメリカ先住民との戦いで磨き上げた戦法を用いる者もいて、アメリカ側の応戦は残忍きわまりないものとなる。ロイド・ホイートン将軍は一度伏兵攻撃を受けただけで、半径二〇キロ弱以内の町をすべて破壊して住民をひとり残らず殺すよう命じた。サマル島のバランギガに駐留していたアメリカ軍が抵抗軍の奇襲を受け、兵士七四名のうち五四名が殺害されたときには、ジェーコブ・スミス大佐が配下の部隊に対し、一一歳以上の住民を皆殺しにして島全体を「獣の吠える不毛の地」に変えるよう命令した。[39] 嬉々として従う兵士もいた。ある兵士が故郷へ送った手紙にはこう記されている。「われわれの血は闘志で煮えたぎり、全員『黒ん坊』を殺したくてたまらなくなりました。……人間は銃を手に、このウサギ狩りに完膚なきまでに勝利してみせます」[40]。アメリカ軍の将校は何十万というフィリピン人を強制収容所に送った。

フィリピン乗っ取りをとりわけ熱烈に支持したのが、インディアナ州選出のアルバート・ベヴァリッジ上院議員である。ベヴァリッジはフィリピンを訪れ、状況を自分の目でじかに確かめた。実際にフィリピンを訪問した唯一の上院議員としてその見解に大きな注目が集まるなか、ベヴァリッジは一九〇〇年一月初め、上院議場を埋め尽くす聴衆の前で演説を行なう。アメリカの帝国主義的な政策を擁護する公式発言のなかでも、これほどあけすけで狂信的な愛国心を威勢よく打ち上げたものはそうないと言っていい。

フィリピンは永遠にわれわれのものであります。……この島国は世界の海に残された最後の土地なのです。……今後われわれの最大の貿易相手は間違いなくアジアになっていきます。太平洋はわれわれの海なのです。この先ますますヨーロッパは、自らが必要とする最大量を製造し、自らが消費する最大量を自国の植民地から調達するでありましょう。では、われわれは余剰分の消費者をどこに求めればいいのか。答えは地理を考えれば明らかです。われわれの消費者は当然ながら中国であります。……東洋の玄関口にあるフィリピンは格好の基地となるのです。……これからはほとんどの戦争が貿易を巡る対立となるでありましょう。したがって、太平洋を支配する強国が世界を支配する強国となります。そしてフィリピンを支配する強国は、今もこれからも未来永劫アメリカ共和国であります。……神は……世界の再生に指導的役割を果たすようにと、ついにアメリカ国民をお選びになりました。これはアメリカに下された神命であります。そしてこの神命を果たせば、人が手にしうるすべての利益、すべての栄光、すべての幸福がわれわれを待っているのです。われわれは世界の進歩の実現を委ねられた者であり、正義による平和の達成を見届ける者であります。聖書にある「主人の言葉」をわれわれは授かったのです。「お前は少しのものに忠実であったから、多くのものを管理させよう」と(訳注　新約聖書「マタイによる福音書」二五章一四～三〇節参照)。[41]

1900年の大統領選挙は、共和党のウィリアム・マッキンリー候補（左）と民主党のウィリアム・ジェニングス・ブライアン候補（右）による事実上の一騎打ちとなった。マッキンリーはアメリカ帝国の実現を支持し、東部体制派を断固として擁護した。対するブライアンは中西部を基盤に人民主義を打ち出し、帝国主義を容赦なく非難した。マッキンリーが勝利したために、帝国主義に対するブライアンの警鐘は不幸にも無視されることになる。

**帝国主義か金権主義か**

だが、マッキンリー大統領の真の狙いは音に聞く中国市場である。このときすでに日本やヨーロッパ列強は中国で利権を得るために、市場を分割して排他的な支配を進めていた。国務長官のジョン・ヘイはアメリカが中国市場から締め出されるのを恐れ、一八九九年に第一次「門戸開放」通牒を発する。アメリカが各国の勢力範囲内で商業活動を行なう際に平等な機会を与えるよう求める内容だ。相手国からは確たる回答が得られなかったにもかかわらず、ヘイはすべての国が門戸開放原則を承認したと翌年三月に発表する。ところが、中国の民族主義者たちが外国の支配に憤りを募らせ、外国人やキリスト教宣教師に対して大規模な暴動

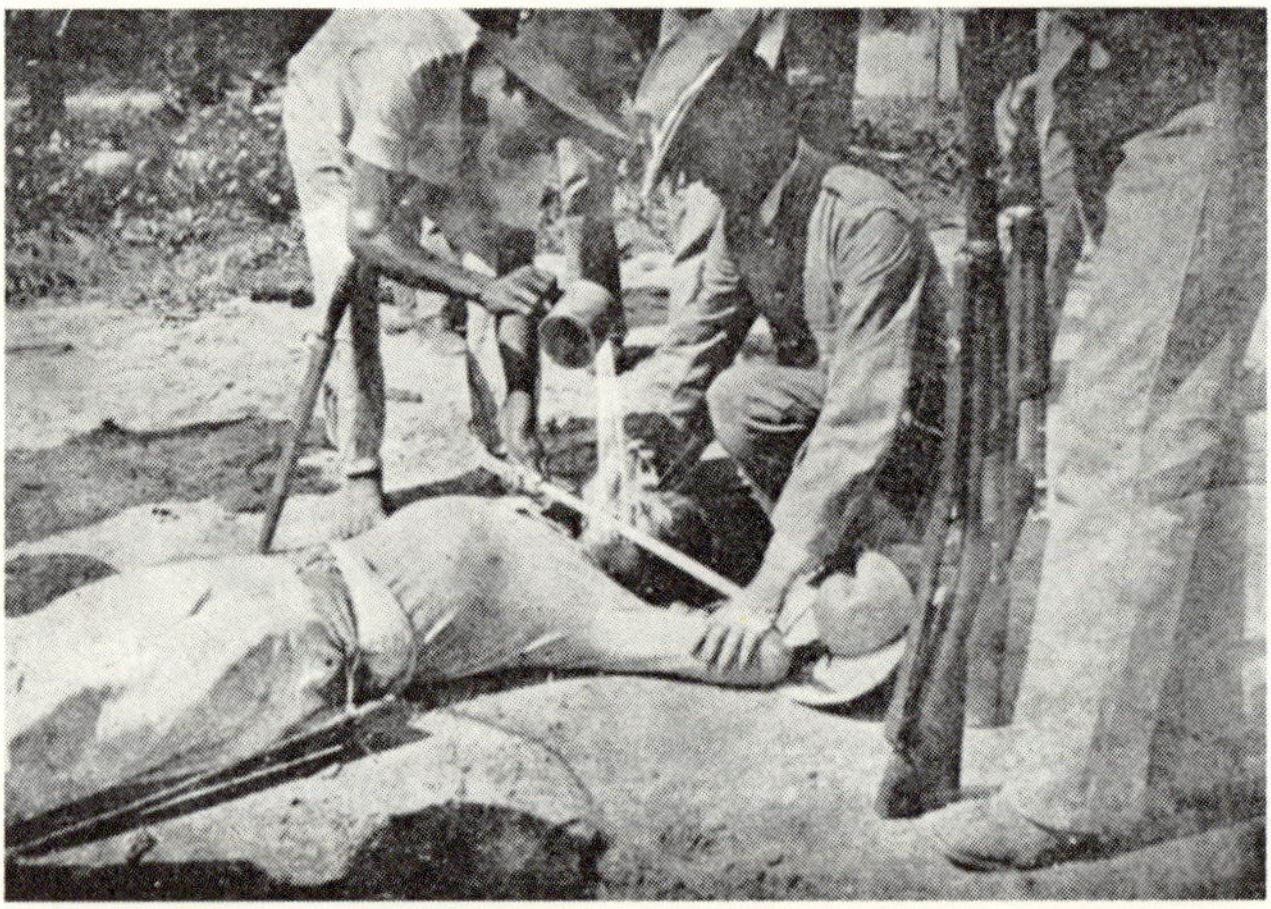
今で言う「水責め」の拷問を行なうアメリカ軍。ある記者はこう報告した。「兵士たちは『話をさせる』ためと称してフィリピン人に無理やり大量の塩水を飲ませる」。

を起こした。義和団の乱である。鎮圧のため、ヨーロッパと日本からの連合軍にアメリカ兵五〇〇〇人が加わった。

このため、一九〇〇年に大統領選挙が行なわれた折には、アメリカ軍が中国、キューバ、フィリピンに張りつくという状況にあった。選挙戦は共和党のマッキンリー候補と民主党のウィリアム・ジェニングス・ブライアン候補とのあいだで事実上の一騎打ちとなる。ブライアンは民主党の全国大会で、この選挙戦を「民主主義と金権主義」の戦いと位置づけ、帝国主義を猛然と攻撃した。低い声を響かせながら、自分が帝国主義的な征服に反対するのはトマス・ジェファーソンやエイブラハム・リンカーンと同じ理念によるものだと述べ、ジェファーソンの言葉を引用している。「アメリカ人ひとりひとりの心に何よりも深く根づいている思想があるとすれば、それは、われわれが征服とは無縁でなければならないということである」[42]。結局は僅差でマッキンリーが勝利したところを見ると、有権者はマッキンリー陣営の新たな帝国主義路線を少なくとも黙認することに決めたようである。社会党からはユージン・デブスが立候補したが、惨憺たる得票数に終わった。

選挙後、フィリピン人に対するアメリカ軍の残虐行為が世間に知られ始める。殺人や強姦のほか、今で言う「水責め」の拷問も行なわれていると、身の毛もよだつ話が次々と明らかになった。一九〇一年一一月、《フィラデルフィア・レッジャー》紙の特派員はマニラから次のように伝えている。

今フィリピンで起きていることが、戦争のふりをした血の流れない茶番劇だと思ったら大間違いだ。アメリカ兵の仕打ちには容赦がない。男も女も子供も、囚人も捕虜も、反乱分子の活動家も容疑者も、一〇歳以上の者は根絶やしにするつもりで殺している。フィリピン人はどのみち犬も同然で……ごみ溜めに棄てるに限るという考えが蔓延しているからだ。アメリカ兵は「話をさせる」ためと称してフィリピン人に無理やり大量の塩水を飲ませる。両手を挙げて降伏した無抵抗のフィリピン人を連行し、反乱分子である証拠など皆無であっても一時間後には橋の上に並ばせ、ひとりずつ銃で撃って下の川に落とす。ハチの巣になった死体は川下へ流れていき、発見した者への見せしめとなっている。[43]

ひとりの兵士は《オマハ・ワールドヘラルド》紙に次のような話を書き送った。

フィリピン人を仰向けに寝かせると、両手両足を押さえつけ、細くて丸い棒を口にあてがって閉

フィリピン人の死体。

じないようにしたうえで、バケツ一杯の水を口と鼻から注ぎ込みます。降参しなければさらにもう一杯。腹はヒキガエルのように膨れ上がります。ひどい拷問と言うほかありません[14]。

セオドア・ルーズベルト大統領がフィリピン平定を宣言するまでに、戦闘は三年半続いた。アメリカはのべ一二万六〇〇〇人の軍隊を送り、うち四三七四人が生きて帰れなかった[45]。フィリピン側の死者数はそれよりはるかに多い。推定でゲリラ二万人、市民は少なくとも二〇万人が犠牲となり、その多くはコレラで命を落としている[46]。後進地域の住民に文明を広めたと考えてアメリカ国民は自らを慰めたものの、その代償は高くついた。じつに四億ドルである。ベヴァリッジ上院議員はそれだけの価値があったと考えたが、失ったものの本当の大きさがわかっていなかった。つまりワシントンとジェファーソンの築いた共和国がついに別の道を歩み出してしまったということである。長きにわたり世界中で民主主義と革命の精神を奮い立たせてきたのに、もはやその面影はない。まもなくアメリカは大きく姿を変え、有意義な変革を妨げて現状を正当化する国家になっていく。

## キューバ、パナマへの干渉

一九〇一年二月、マッキンリーの言う「フィリピン人の向上、開化、キリスト教化」に軍が勤しんでいるころ、キューバが本物の独立を勝ち取れると最後まで淡い望みを抱いていた人々はそれが幻想に過ぎなかったことを思い知らされる。連邦議会が「プラット修正条項」を可決したのだ。この条項は、今後アメリカがキューバの内政に干渉できる権利を主張し、キューバが負える債務の額を制限するとともに、キューバがアメリカ以外の国と条約を結ぶことを禁じていた。また、グアンタナモ湾にアメリカ海軍の基地を置くことも要求していて、それが実現すればパナマ地峡に東から接近するルートが確保される。プラット修正条項がキューバ憲法に組み込まれない限り、アメリカは軍隊を撤退させるつもりがないことを明確に知らしめた。

米西戦争が終わるとキューバにはアメリカの実業家たちが押し寄せ、価値あるものは残らず摑み取った。ユナイテッド・フルーツ社はサトウキビを栽培するため、一九〇万エーカー（約七七〇〇平方キロメートル）もの土地を一エーカー二〇セントで買い入れた。一九〇一年の時点では、ベスレヘム・スチール社などのアメリカ企業がキューバの鉱物資源を八〇パーセント以上所有していたと見られて

（上）キューバのサトウキビ農園での耕作の様子。
（右）ニューオリンズのユナイテッド・フルーツ社社屋。米西戦争はアメリカ人実業家に大きな利益をもたらすこととなった。キューバでの戦闘が終わると、ユナイテッド・フルーツ社はキューバの国土190万エーカーを1エーカー20セントで手に入れた。

いる。

一九〇一年九月、ニューヨーク州バッファローで開催されていたパン＝アメリカン博覧会の会場で、マッキンリー大統領が二八歳の無政府主義者レオン・チョルゴッシュに狙撃された。チョルゴッシュを知る同志によれば、この男は「アメリカ政府がフィリピン諸島で行なった暴虐の数々」に不満を抱いていたという(47)。皮肉なものでこの暗殺が、マッキンリーの比ではない筋金入りの帝国主義者を後釜に据えることになる。セオドア・ルーズベルトだ。

新大統領はパナマ地峡に運河を通し、カリブ海と太平洋を結びたいと考えていた。しかし、当時のパナマはコロンビア領である。アメリカはコロンビアに対し、一〇〇〇万ドルでパナマの統治権を放棄しないかと持ちかけたが、コロンビアはこれを撥ねつけた。そこでルーズベルトは自ら事を運び、運河の通り道になる地域を「ボゴタの殺し屋たち」から奪った(48)。アメリカが画策してパナマに革命を起こさせたのである。アメリカは戦艦を派遣してコロンビア軍の動きを封じ込め、すぐさまパナマの独立を承認した。そしてパナマ運河地帯を管轄下に置いただけでなく、キューバのときと同じくパナマの内政に干渉する権利も手に入れる。陸軍長官のイライヒュー・ルートは、運河建設のためには当面アメリカがこの地の治安維持に当たらざるをえないと述べた。

運河は一九一四年に完成するが、アメリカがこの地域の治安に目を光らせ始めたのはそれよりはるか前のことである。一九世紀末から二〇世紀初めにかけ、アメリカによる中米への投資が飛躍的に高まるにつれて、ユナイテッド・フルーツ社などのアメリカ企業は自分たちの権益が守られるようにと従順な安定政権を求めた。バナナとコーヒーのプランテーション、鉱山、鉄道といった事業をアメリカが次々に支配していく。中米の国々は土地の多くが輸出品の生産に充てられたため、自国民の腹を満たすのに輸入食料品に頼るようになった。債務は膨れ上がり、国の歳入では外国の銀行に利息を支払うのがせいぜいである。

### 止まらない「軍事介入」

アメリカ企業からの投資は増え続け、それを保護するにはつねに軍隊の力を借りて腐敗した独裁政権を擁護しつつ、革命運動を抑え込む必要があった。国務長官になったルートは、早くも一九〇五年に現地がどういう状況だったかを率直に綴っている。「南米の人々は今やわれわれを憎んでいる。それは、アメリカ人が自分たちを蔑み、自分たちを痛めつけようとしていると思っているところが大きい」[49]。一九〇〇年から一九二五年までのあいだ、アメリカはラテンアメリカ諸国に軍事介入を繰り返した。ホンジュラスには一九〇三年、一九〇七年、一九一一年、一九一二年、一九一九年、一九二四年、一九二五年に派兵している。キューバには一九〇六年、一九一二年、一九一七年。ニカラグアには一九〇七年、一九一〇年、一九一二年。ドミニカ共和国に一九〇三年、一九一四年、一九一六年。ハイチに一九一四年。パナマに一九〇八年、一九一二年、一九一八年、一九二一年、一九二五年。メキシコに一九一四年。グアテマラには一九二〇年に兵を送った[50]。軍事介入の回数がこれだけで済んだのは、軍隊がしばしば現地に留まって各国を長期間占領したからに過ぎない。ニカラグアでは一九一二年から三三年まで、ハイチは一九一四年から三三年まで、ドミニカ共和国は一九一六年から二四年まで、キューバは一九一七年から二二年まで、パナマの場合は一九一八年から二〇年まで米軍の占領を受けている。

ホンジュラスはまずスペインの植民地となり、次いでイギリスの、さらにアメリカの支配下に置かれた。一九〇七年の時点では対外債務が一億二四〇〇万ドル、国民所得が一六〇万ドルという状況である。[51] 一八九〇年から一九一〇年のあいだに外資系のバナナ会社がこの国を大きく変えた。最初はヴァッカロ兄弟が、その後は「バナナマン・サム」ことサミュエル・ザムライが広大なバナナ・プランテーションを買い占めたため、アメリカ政府はこの事業をぜひとも円滑に進める必要があった。しばらくすると、ユナイテッド・フルーツ社も農園経営に加わる。一九〇七年から内政が不安定になると、アメリカはそれを口実に軍事介入を行ない、マヌエル・ボニージャ率いる傀儡政権を返り咲かせた。ホンジュラスの債務もイギリスに代わってアメリカの銀行が管理するようになる。政治情勢が改善すると、ユナイテッド・フルーツ社が所有する土地は一九一八年の約五七平方キロメートルから一九二二年には約二四七平方キロメートルへ、一九二四年には約三五六平方キロメートルへと拡大した。[52] 一九二九年にザムライはユナイテッド・フルーツ社に事業を売却し、会社の経営幹部に納まっている。ホンジュラスの国民はいまだに貧しいままである。

## 「ブラウン・ブラザーズ共和国」

ニカラグアの状況も似たようなものだった。アメリカ海兵隊がスメドリー・バトラーの指揮のもと一九一〇年に軍事介入し、アメリカの利権を邪魔しない政権を誕生させた。アメリカの支配が強まるにつれてニカラグア国民の怒りが大きくなると、バトラー率いる海兵隊は再び介入して反乱軍を打ち破り、戦闘を通じてニカラグア人を二〇〇〇人殺している。結局、自分の任務はアメリカの企業と銀行の利益を守ることに過ぎないと、バトラーは気づき始めていた。戦闘のさなかに妻へ書き送った手紙にはこうある。「この（くそったれ）ラテンアメリカ人との戦いで、こんなに大勢の兵士を失わなきゃいけないなんてひどい話だ。それもこれも［投資銀行の］ブラウン・ブラザーズ商会がこの国に金を呼び込んだせいだ[53]」。ルーズベルト大統領は一九〇七年に、中米地域の紛争を平和的に解決する手段として鳴り物入りで中米司法裁判所を設立していた。ところが、その裁判所がアメリカの軍事介入に有罪の判決を下すと、アメリカ政府は裁定を無視する。裁判所の権威は事実上失墜したも同然となり、米軍はその後も二〇年にわたってニカラグアを占領し続けた。

一九二二年、《ネーション》誌は「ブラウン・ブラザーズ共和国」と題する痛烈な社説を掲載する。海兵隊がブラウン・ブラザーズの御用聞きになり下がっているとするバトラーの言い分にも通じる内容である。社説では、ニカラグアの税関、鉄道、国立銀行、内国税収入をいかにして銀行家が計画的に掌中に収めたかを詳細に記した。そしてそのやり口をこう批判している。「ワシントンの国務省と首都マナグアのアメリカ公使が銀行家のお抱え代理人となって働き、必要とあらば海兵隊を使って銀行家の目的を達成させた[54]」。

祖国を苦しめるアメリカの暴虐のくびきを振り払おうと、多くのニカラグア人が力を尽くした。そのひとりがアウグスト・サンディーノである。一九二七年、サンディーノはゲリラ部隊を率いてアメリカ海兵隊と激しい戦闘を繰り広げた末、いったん山岳地帯に退却した。翌年に再び姿を現すと民衆の支持を得て、占領軍とその手先であるニカラグア国家警備隊に対してゲリラ戦を展開する。あるアメリカ人プランテーション経営者は国務長官のヘンリー・スティムソンに書簡を送り、軍事介入についてこう訴えた。「コーヒー・プランテーションを経営するアメリカ人にとって、この介入は大きな打撃です。今や私たちは憎まれ、蔑まれています。アメリカが海兵隊を使い、ニカラグアの地でニカラグアの人々を追い詰めて殺しているからです」[55]。スティムソンは状況を理解し、このまま中米に軍事介入していたら満州における日本の軍事行動に強く抗議できなくなると考えた。そこで一九三三年一月にニカラグアから海兵隊を引き上げ、あとのことはアナスタシオ・ソモサを司令官とする国家警備隊の手に委ねた。海兵隊が撤退すると、サンディーノは交渉の用意があることをソモサ側に伝えたが、国家警備隊に捕えられて処刑される。一九三六年、ソモサは大統領に就任し、冷酷無比に権力をふるった。ソモサとふたりの息子はその後四三年間にわたって独裁をほしいままにしたものの、ついにサンディーノの志を継ぐ革命家たち「サンディニスタ」の革命運動によって打倒される。この革命が引き金となって、ロナルド・レーガン政権下のアメリカと新たな戦争が起きることになる。

## 「戦争はあこぎな商売」

他国への軍事介入を身を持って経験した数にかけて、スメドリー・バトラー少将の右に出る者はいない。米西戦争が勃発した一八九八年、バトラーは一六歳で海兵隊に入隊した。初めての戦闘はフィリピン人の反乱勢力が相手で、次に中国に赴いて義和団の乱の鎮圧に加わった。ほどなく中米への軍事介入を次々に指揮するようになる。ふたつの名誉勲章を授かり、第一次世界大戦中にはフランスで第一三連隊の司令官となった。この働きに対して、陸軍殊勲賞と海軍殊勲賞、さらにフランスからエ

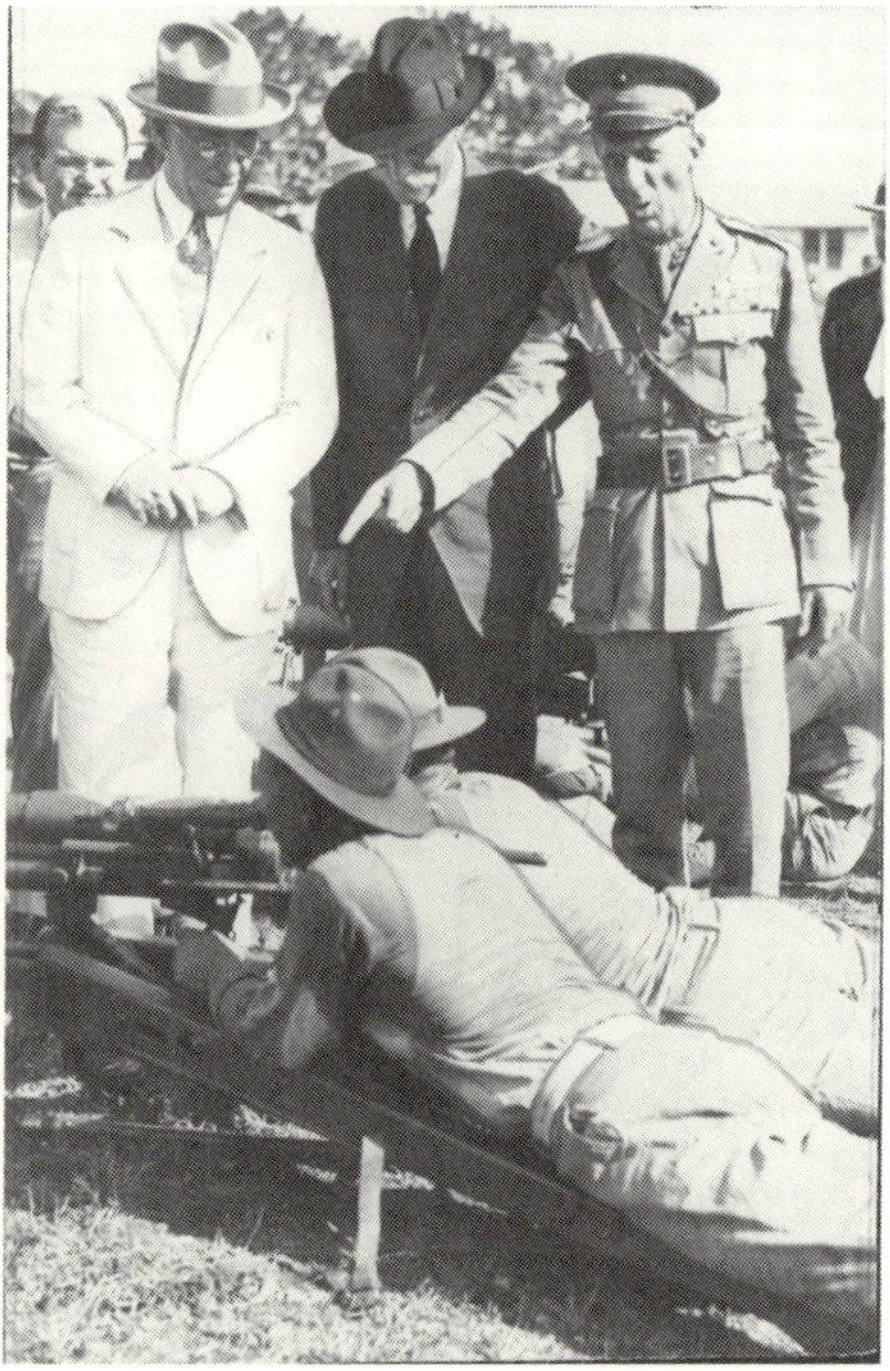

スメドリー・バトラー将軍はフィリピン、中国、中米で戦った。自分は「大企業、ウォール街、銀行家のための高級ボディーガード……資本主義のためのギャング」だったという言葉を残している。

トワール・ノワール勲章を授与されている。バトラーは小柄ながらブルドッグのように粘り強く勇猛果敢なことで知られた。その著書『戦争はあこぎな商売』は今も多くの軍人に引用され、賛辞を送られている。数々の勲章に輝いた長い軍役を終えたとき、バトラーは軍服に身を包んだ日々をこう振り返った。

私は三三年と四カ月、この国で最高の機動力を誇る海兵隊の一員として多忙な軍務に明け暮れた。少尉から少将まで、すべての階級を勤め上げた。そしてその期間のほとんどを、大企業やウォール街、それに銀行家のための高級ボディーガードとして働いた。早い話がごろつきと同じ。資本主義のためのギャングである。

一九一四年にはアメリカ石油業界の利権を守るため、メキシコの、とくにタンピコの安全確保に手を貸した。ハイチとキューバをまともな場所に変えて、ナショナル・シティ銀行が収益を上げられるようにしてやった。ウォール街の利益のために、中米の共和国を半ダースばかり略奪する片棒を担いだ。ごろつきの仕事はまだ終わらない。一九〇九年から一二年にかけては国際的な銀行であるブラウン・ブラザーズのため、ニカラグアから反乱分子を一掃してやった。一九一六年にはアメリカ砂糖業界の利権ために、ドミニカ共和国に光をもたらした。中国では、スタンダード・オイル社が思うままにふるまえるよう取り計らった。……

この間《かん》私は裏稼業の連中よろしく、じつに美味しいあこぎな商売をやっていた。今にして思えばアル・カポネにだってコツの二、三は教えてやれただろう。あの男はせいぜい三つの地区で稼

いだだけだが、私は三つの大陸を相手にやってのけたのだから。(56)

バトラーが退役したあとも戦争は長らく「あこぎな商売」のままであり続ける。地政学的に重要な地域をアメリカ資本が確実に支配して利益をむさぼれるよう、軍隊と諜報員が世界中で活躍していく。アメリカが実際に人々の生活を向上させてその国をあとにすることもないわけではない。だが、多くの場合は悲惨で劣悪な状況を残すだけに終わる。これについては次章以降で詳しく語っていこう。アメリカ帝国の過去はきれいなものではない。しかし、アメリカがそのあり方を根本から改め、人類の進歩を妨げるのではなく先頭に立って促していきたいなら、目を背けず誠実に過去と向き合うしか道はないのだ。

# 第1章　第一次世界大戦――ウィルソンvsレーニン

## ウィルソン――革命嫌いの人種差別主義者

一九一二年のアメリカ大統領選で、元プリンストン大学総長にしてニュージャージー州知事のウッドロー・ウィルソンは、四人の候補者による厳しい選挙を戦っていた。なにしろ相手は、元大統領が二人――セオドア・ルーズベルトとウィリアム・ハワード・タフト――に、アメリカ社会党から四度めの立候補となるユージン・デブスである。ウィルソンは選挙人票こそ易々と獲得したが、一般投票では接戦を強いられた。彼の得票は四二パーセント。それに対して、進歩党候補者のルーズベルトは二七パーセント、タフトは二三パーセント。デブスは四度めにして六パーセントを獲得した。

ウィルソンは、前任、後任のどちらの大統領も及ばないほど、政権と国を自らの色で強く染めることになる。父方、母方ともに祖父が長老派の牧師で、父親は合衆国長老派教会の創設者の一人であったウィルソンは、道徳心が極めて強く、柔軟性に欠け、すぐにかっとなったり独善に陥ったりすることがままあった。自分は神の計画を実行しているのだという危険な思い込みから、いきおい倨傲《きょごう》になることも珍しくなかった。アメリカ合衆国は世界的な使命を負っているのだという先人たちの意識を、彼は受け継いでいた。プリンストン大学総長だった一九〇七年、「門戸を閉ざしている国々には、その扉を叩き壊してでも開国させねばならない……。資本家たちによって獲得された利権は、たとえそれに反感を抱く国々の主権がその過程で蹂躙されようとも、わが国の使節によって保護されねばならない(1)」と、ウィルソンは宣言した。この信念を貫き、彼はその後繰り返し、反感を抱く国々の主権を侵害することになる。そのうえ、南部諸州の先祖たちの白人優位の人種観を継承していた彼は、大統領在任期間をとおし、連邦政府内で人種差別を復活させる措置を段階的に取っていった。一九一五年には由々しいことに、技法的には先駆的であるものの、人種差別的であることで悪名高いD・W・グリフィスの映画『國民の創生』を、閣僚とその家族のためにホワイトハウスで上映した。これは、解放されて自由民となった、野蛮で好色な元奴隷の黒人と、その堕落した白人の仲間たちの手に落ちるところだった南部の白人たち、とりわけ無力な女性たちを、勇敢なクー・クラックス・クランのメンバーが駆けつけて間一髪のところで救い出すという映画で、そこに描かれた、歪曲された歴史観は当時、コロンビア大学のウィリアム・ダニングとその教え子らがもう少し穏やかな表現で広めていたものだった。この映画を見たウィルソンは、「これは、まるで稲妻で照らされたかのように強烈に描かれた歴史と言えよう。唯一残念なのは、それが恐ろしいほどの真実を伝えていることだ」と述べた(2)。

政治史家のリチャード・ホフスタッターが今から七〇年以上前に記したように、ウィルソンは「政治的ルーツを南部に持ち、知的伝統はイギリスから受け継いでいた」。イギリスの思想家のなかでも、とりわけウォルター・バジョットの保守的な見解に深く心酔していた。バジョットの影響は、ウィルソンが一八八九年に発表した論文、『国家《ザ・ステート》』にはっきりと見て取れる。このなかでウィルソンは、「政治においては、急進的な試みは何であれ、安全に進めることはできないであろう。時間をかけた段階的な展開、注意深く適用され巧みに改良していくという成長過程による以外、価値のある成果など一つも達成できないだろう」と述べている。彼がアメリカ独立革命を評価するのは、彼の見解ではそれがまったく革命的でなかったからであり、それとは対照的に、フランス革命は唾棄すべきものだった。トマス・ジェファーソンが革命全般、とりわけフランス革命を称賛したことを、ウィルソンは非難した。労働者や農業改革者たちの急進主義に反対の立場をとり、労働者側よりも事業者側に大きな共感を示した。総じてウィルソンは、どんな形であれ急進的な変化には深い嫌悪感を抱いていたのだった。(3)

## メキシコ革命とウィルソン

ウィルソンが革命を嫌い、アメリカの通商と投資を断固として保護したことは、彼の政権の傾向を決め、内政、外交両方の政策に影響を及ぼした。「わが国の通商の十全な発展と、正義による外国市場の征服以上に、私が関心を抱いていることはありません」と、一九一四年の海外貿易会議における講演で彼は述べている。(4)

これらの認識がウィルソンの対メキシコ政策を形作った。アメリカの銀行家や実業家、とりわけ石油業者が、メキシコ革命の結果に大きな影響を受けると予想された。一九〇〇年から一九一〇年までのあいだに、メキシコに対するアメリカの投資は倍増して二億ドル近くになり、メキシコ資産の約四三パーセントをアメリカ人が所有していた。これは、メキシコ人たちが自ら所有するより一〇パーセントも多かった。[5] 新聞王ウィリアム・ランドルフ・ハースト一人で、七万平方キロメートルを超える土地を持っていたのである。

アメリカとイギリスの企業各社は、ポルフィリオ・ディアスの三〇年にわたる独裁政権のもとで発展をとげ、メキシコの鉱物資源、鉄道、石油のほとんどすべてを手中に収めようとしていた。[6] フランシスコ・マデーロの革命軍が一九一一年にディアス政権を倒したとき、そうした企業が危惧したのも無理はない。アメリカの実業家の多くは、マデーロには早々に見切りをつけ、タフト政権末期に在メキシコアメリカ大使のヘンリー・レーン・ウィルソンの支援を得たビクトリアーノ・ウエルタがマデーロを失脚させると、これを大いに歓迎した。[7] しかし、タフトの次にアメリカ大統領の座に就いたウッドロー・ウィルソンは、ウエルタ政権の正当性を疑問視し、その承認を拒んだのみならず、数万の兵をメキシコとの国境に送り、タンピコやベラクルスの港付近に広がる油田に戦艦を派遣した。

かつて、中南米人たちに「選挙でましな人物を選ぶ」よう教えたいと発言したこともある[8]ウィルソンは、直接介入してウエルタを倒し、後進的なメキシコ人たちがよい政府を持てるよう指導したくてうずうずしていた。彼が待ちわびていたチャンスは、一九一四年四月一四日に巡ってきた。ボートでタンピコに向かっていたアメリカ海軍の兵士たちが、許可なく戦闘海域に入った廉《かど》で逮捕されたのである。数時間後、メキシコ側の司令官は彼らを釈放し、彼らとアメリカ側の司令官、海軍大将ヘンリー・メイヨーに謝罪した。だがメイヨーは、このような屈辱を味わわされて、あっさりと謝罪を受け入れるわけにはいかないと、これを拒否した。そしてメキシコ軍に対し、アメリカ国旗に二一発の礼砲を撃って敬意を表すことを要求した。ウエルタ将軍は、言われたとおりにする代わりに謝罪を今一度述べ、この事件の責任者であるメキシコの士官を罰することを約束した。ウィルソンは、国務長官ウィリアム・ジェニングス・ブライアンと海軍長官ジョセフス・ダニエルスの反対を押し切って、メイヨーを支持した。ウィルソンは、両国が互いに礼砲を交わすというウェルタの提案を拒否し、「アメリカ合衆国の権利と尊厳を全面的に認めさせる」行動を起こすことを自国軍に認めよと議会に求めた[9]。議会は進んでこれに応じた。ウィルソンは戦艦七隻、満員の兵士を乗せた海兵隊輸送船四隻、そして無数の駆逐艦からなる艦隊をメキシコに派遣した。ベラクルスで、米軍の税関占拠にメキシコ人たちが抵抗すると、一五〇人以上が殺害された。六〇〇〇名の海兵隊員たちが七カ月にわたってベラクルスを占領した。

一九一四年八月、アメリカが支持するベヌスティアーノ・カランサがウエルタに取って代わった。だが、断固たる民族主義者だったカランサがウィルソンとの交渉を拒否すると、ウィルソンはフランシスコ（愛称パンチョ）・ビリャ（訳注　メキシコの革命家）の支持にまわり、メキシコ革命に対して政治的・軍事的に介入しようとあれこれ企てたが、すべて失敗に終わってしまった。

## 第一次世界大戦勃発

アメリカが南に位置する隣国の混乱にかかずらっているあいだに、ヨーロッパではもっと不吉な展開が起こっていた。オーストリアのフランツ・フェルディナント大公が一九一四年六月二八日に狂信的なセルビア民族主義者に暗殺されると、一連の出来事が続いて起こり、八月には、人類がそれまでに経験したことがなかったほど残虐な、流血と破壊の狂気じみた大混乱へと陥った。この、ヨーロッパを主戦場とする殺戮は、終わることのない戦闘と身の毛もよだつ暴力、想像を超えた規模に及ぶ人間とテクノロジーの蛮行の世紀——のちに「アメリカの世紀」と呼ばれるようになる——の幕開けに過ぎなかった。

二〇世紀は、湧き上がる楽観主義とともに幕が開けた。戦争など、残虐で原始的だった遠い過去の遺物だと思われた。イギリスの作家ノーマン・エンジェルが一九一〇年の著書、『大いなる幻影』で提唱した、〝今や文明は戦争が起こりうる点を越えて発展してしまったので、もはや戦争は起こらない〟という楽観的な考え方を多くの人々が共有していた。このような楽観主義は、まさに幻影だったことがすぐに明らかになる。

ヨーロッパじゅうが、帝国主義的植民地獲得競争に巻き込まれていた。一九世紀のあいだは、強大な海軍を擁するイギリスが君臨していた。だが、世界各地で植民地を獲得してはその経済を利用し、国内で歴史的に発展してきた製造業には投資しないというイギリスの経済モデルはもはや破綻しつつあった。イギリスの社会秩序の硬化と国内投資の欠如は、〝一九一四年に高校を卒業したイギリス青年がわずかに一パーセントであった〟という事実にも反映されている。これに対して、同年アメリカの高校卒業者は九パーセントだった[10]。その結果として、イギリスは工業生産においてアメリカに追い抜かれつつあり、また、それよりなお不吉なことに、ヨーロッパ大陸のライバル、ドイツが、鉄鋼、電力、化学エネルギー、農業、鉄、石炭、繊維製品の生産で肩を並べていた。ドイツの銀行と鉄道は成長しつつあり、近代海軍の動力として不可欠な最新戦略燃料である石油獲得を巡る競争では、ドイツの商船隊がイギリスを急速に追い上げていた。今や石油の六五パーセントをアメリカに、二〇パーセントをロシアに依存するイギリスは、崩壊寸前のオスマン帝国の領土内にある中東地域に埋蔵されていると思しき石油を新たに獲得すべく、やっきになっていた。

帝国主義的植民地獲得競争に遅れて参加したドイツは、正当な取り分を騙し取られたように感じていた。それを正すべきときだった。ドイツが政治的・経済的にオスマン帝国への影響を強めていくのにイギリスは憂慮の目を向けていた。やがてドイツはアフリカに照準を合わせた。ドイツの植民地拡張の意欲はとどまるところを知らなかった。

憂慮すべき兆候がほかにも出現しはじめた。ヨーロッパでは、陸海ともに軍拡競争が進行中だったが、とりわけ海では、イギリスとドイツが海軍の優位を争っていた。巨砲を装備したドレッドノート級戦艦を保有するイギリスが優位を保っていた――当面のあいだは、だが。かくしてヨーロッパ諸国は自国の青年たちを徴兵して大規模な常備軍を作ることになったのであった。

## 入り組んだ同盟関係

複雑な同盟関係がいくつもできあがり、地域的な紛争が世界的な戦争に拡大する恐れは決して杞憂ではなかった。そして一九一四年八月、オーストリア＝ハンガリー二重帝国がセルビアに対して宣戦布告すると、当初第三次バルカン戦争と目されたものは、みるみるうちに手に負えない状況に陥った。中央同盟国――ドイツ、トルコ、そしてオーストリア＝ハンガリー――が、三国協商――当初フランス、イギリス、ロシア。のちに日本とイタリアもこちらの陣営に加わる――に対峙していた。まもなくほかの国々も加わり、戦場が血に染まることになる。

大量虐殺を未然に阻止できるものがあるとすれば、それはヨーロッパの大きな社会主義政党や労働者政党、そして労働組合だけだった。多くの組織が、社会主義の第二インターナショナル（訳注　一八八九年パリで設立された、各国の社会主義政党や労働組合からなる国際的連合組織）に所属していた。彼らは、最も重要な対立は資本家と労働者の対立であって、ドイツの労働者とイギリスの労働者のそれではないと認識していた。資本家たちが戦争を始めるなら、労働者はそれに従うことを拒否するという誓いを彼らは立て、自分の搾取者を富ませるために、どうして労働者が死なねばならないのか、と問うた。ゼネストへの支持が膨らんだ。ウラジーミル・レーニンやローザ・ルクセンブルクら一層急進的な者たちは、もしも戦争が始まったなら、資本主義政権を打倒すると宣言した。狂気の沙汰を食い止める唯一の希望は、社会民主党が議会第一党であるドイツと、そしてフランスにあった。

だがこの希望は、ドイツの社会主義者たちがロシアの巨大な軍隊に対して祖国を守らねばならないと主張して戦争債券に賛成票を投じ、また、フランス人たちが独裁的なドイツに対して防衛すると決断し、同じく戦争債券の発行を決めたときに潰えた。社会主義者が信念を曲げなかったのはロシアとセルビアにおいてのみだった。各国で次々と、国家主義が国際主義を打ち負かし、国家への忠誠が階級への忠誠を押さえ込んでいった。ヨーロッパの純朴な若者たちが、神、栄光、欲、そして祖国の防衛のために死の行進の列に加わった。人間性に強烈な打撃が加えられたわけだが、それはいまだ完全に回復してはいない。

## 参戦派と反戦派に割れるアメリカ

殺戮が始まり、文明は、ヘンリー・ジェームズが「血と暗闇の地獄」[11]と述べたものへと転落した。アメリカの社会改革主義者、ジョン・ヘインズ・ホームズ牧師は、この、第一次世界大戦が世界各地の改革主義者たちに及ぼした壊滅的な打撃を、次のように表現した。「突然、一瞬のうちに、三〇〇年分の進歩が坩堝のなかに投げ込まれた。文明は終焉し、蛮行の世となった」[12]。

アメリカ人の大部分は、中央同盟国に対峙した連合国側に同調したが、声高に参戦を主張する者はほとんどなかった。政治的信条にかかわらず、アメリカ人はヨーロッパの流血に引きずり込まれることを恐れたのだ。ユージン・デブスは賢明にも、「資本家たちに自分で戦わせ、自分たちの死体を積み重ねさせよ。そうすればやがて、地球上で二度と戦争が起こることはなくなるだろう」[13]と主張して、労働者たちに戦争反対を呼びかけた。戦闘のニュースが少しずつ入ってくると、反戦感情が強まった。一九一五年、一番の流行歌は、『私は息子を兵士に育てなかった』だった。

連合国側への共感が圧倒的だったにもかかわらず、アメリカは戦争に対しては中立の立場を表明した。だが、多くのアメリカ人、とりわけ、ドイツ、アイルランド、イタリアに祖先を持つ者たちは、中央同盟の肩を持った。ウィルソンは、「われわれは中立でなければならない、なぜなら、さもなければ、わが国を構成する多民族が互いに戦争をしあうことになるからだ」と述べた[14]。しかしその中立は、実質的なものというよりは、名目にすぎなかった。経済的な利害関係からいえば、アメリカは間違いなく連合国側にあった。戦争が始まった一九一四年からアメリカが参戦する一九一七年までのあいだに、アメリカの諸銀行は連合国に二五億ドルを融資したが、中央同盟にはたった二七〇〇万ドルしか融資していない。一九一四年、ウォール街に「モルガン邸」と呼ばれる本部を設立したJ・P・モルガン・アンド・カンパニーは、一九一五年から一九一七年にかけてイギリス政府の購買代理業を一手に引き受け、とりわけ深く関与していた。この期間に連合国がアメリカで購入した軍需物資の八四パーセントが、モルガン社を介して取引されたのだった[15]。アメリカのイギリスとフランスへの販売総額三〇億ドルは、同国のドイツとオーストリア＝ハンガリーへの販売総額一〇〇万ドルを桁外れに上回っていた。独立戦争のあいだ、そして一八一二年から一八一四年まで続いた米英戦争で積もった、イギリスに対する根深い遺恨は完全に払拭されてはいなかったにもかかわらず、ほとんどのアメリカ人が、連合国を民主主義陣営、ドイツを圧政的な独裁国家と位置づけていた。だが、ツァーリ体制下のロシアが連合国側についたことで、このように明確な線引きをすることはできなくなった。おまけに、両陣営とも、アメリカの中立国としての権利を繰り返し蹂躙した。イギリスはその優勢な海軍力にものを言わせ、北ヨーロッパの港湾を封鎖する作戦に出た。ドイツは、Uボート作戦（Uボートは「潜水艦」に当たるドイツ語、Unterseeboot の略語）でこれに対抗したが、おかげで中立国の船舶が脅威に曝されることになった。ウィルソンは、連合国側の封鎖作戦は承認したが、ドイツの行為には強く抗議した。国務長官のブライアンは、ウィルソンが連合国側寄りの外交政策を取っていることが、やがてアメリカを戦争に引き込むだろうと予見し、より公平なアプローチを維持するよう努力した。彼は戦争当事国への融資を許可することに強く反対し、「金はすべての禁制品のなかでも最悪です、なぜなら、それがあればほかのすべてのものを思うままにできますから[16]」とウィルソンに進言した。戦争終結を仲介できるように中立を保ちたいとは思いつつ、ウィルソンは、アメリカ市民の交戦国の船での渡航を禁じようとのブライアンの努力をないがしろにした。

## ウィルソンの「勝利なき平和」演説

一九一五年五月、ドイツの攻撃でイギリス客船〈ルシタニア〉号が沈没し、アメリカ人一二八名を含む一二〇〇人が死亡した。セオドア・ルーズベルトは参戦を強く主張した。当初否定されていたにもかかわらず、〈ルシタニア〉がイギリス向けの武器の大きな貨物を積載していたことが明らかになると、ブライアンはドイツの攻撃のみならず、イギリスによるドイツの封鎖も非難するようウィルソンに要求した。どちらも中立国としてのアメリカの権利を侵害するものと見たのである。ウィルソンがこれを拒否すると、ブライアンは抗議して辞任した。ウィルソンは、「彼は私たちを戦争に巻き込みませんでした」というスローガンで一九一六年の大統領選挙で再選を果たしたのではあったが、参戦しなければ、戦後世界の構築においてアメリカは何の役割も担わせてもらえないのではないかとの危惧をウィルソンは徐々に深めていった。[17]

一九一七年一月二二日、ウィルソンはジョージ・ワシントンの時代以来初めて、上院で大統領演説を華々しく行ない、平和と未来に関する壮大なビジョンを語った。彼は、民族自決、海洋の自由、そして複雑な同盟関係のない開かれた世界という、アメリカ的な原理に基づいた「勝利なき平和」を呼びかけた。そして、そのような世界の中心的存在には、平和を実際に施行することのできる、世界各国が連合した機関が据えられるべきだと提唱した。この強い提案は、当初、アメリカ国内で平和運動を進める女性平和党などの組織によって推進された。

ウィルソンが話し終えると、上院に拍手が沸き起こった。ジョン・シャフロス上院議員（コロラド州選出）は「一〇〇年に一度の偉大なメッセージ」と称賛した。[18]《アトランタ・コンスティテューション》紙によれば、「『衝撃的』、『鮮烈』、『度肝を抜く』、『独立宣言以来、人間が発した最も崇高な言葉』」などの評が上院の各議員からあがったという。大統領本人は演説のあとでこう言った。「誰もが長年切望していたものの、不可能だと考えていたことをお話しした。で、今ではそんなことも可能だと思えるではないか」。[19]共和党員たちはあれこれ難癖をつけたが、ウィルソンの平和のメッセージは大方のアメリカ人の心に響いて共感を生んだ。だが、二年半の戦闘で大量の血を流していたヨーロッパの人々は、これをそれほど高潔なプランとは感じなかった。フランスの作家アナトール・フランスは、「勝利なき平和」は、「酵母抜きのパン」、「コブなしラクダ」、「売春宿のない町……味も素っ気もない」、たとえ実現しても「悪臭がして汚らしく、淫らで、炎症で中身が崩れ、痔疾さえ起こすだろう」とこきおろした。[20]

ドイツが、一年近く中断していた無制限潜水艦作戦を一九一七年一月三一日に再開し、さらに、メキシコに対して、テキサス、ニューメキシコ、アリゾナの領土奪還を実現させてやるのと引き換えに戦時の軍事同盟を持ちかけるという、なりふり構わぬ振舞いをした（訳注　ドイツの外務大臣ツィンメルマンがメキシコに送った電報が、イギリスに傍受された、いわゆる「ツィンメルマン電報事件」で暴露された）ことで、反独感情が高まり、ウィルソンに介入を迫る圧力が高まった。しかし、ウィルソンの真の参戦動機は、戦争に加わらない限り、交渉での発言権が保証されることはないという信念にあった。[21]ジェーン・アダムスをはじめ、緊急平和連盟の指導者たちが二月二八日にウィルソンをホワイトハウスに訪問した際、ウィルソンは、このように論じた。「戦争に参加している国の首長としてなら、アメリカ合衆国大統領は平和交渉のテーブルに付くことができますが、中立国の代表に留まる限り、せいぜい『ドアの隙間から大声で叫ぶ』しかできないでしょう」。彼の主張は、要するに、大いに褒めそやされている外交政策も、大統領がその場でそれを押し、弁護するなら成功する可能性もあるが、さもなければ成功などしないだろう、ということだった。(22)

## 「世界は民主主義にとって安全なところでなければならない」

一九一七年四月二日、ウィルソンは「世界は民主主義にとって安全なところでなければならない」と諭し、議会に宣戦布告を求めた。上院では、ロバート・ラフォレット（ウィスコンシン州選出）をはじめ六名が反対し、下院ではアメリカ初の女性下院議員ジャネット・ランキン（モンタナ州選出）ら五〇名が反対票を投じた。反対者たちは、ウィルソンをウォール街の手先だと攻撃した。「われわれはアメリカ国旗にドル記号を書き込もうとしている」と、ジョージ・ノリス上院議員（ネブラスカ州選出）は非難した。(23)ラフォレットが、アメリカ国民は一〇対一の差で戦争に反対票を投じるだろうと言ったのは言いすぎだったが、戦争反対の感情には根深いものがあった。政府が一〇〇万人の義勇兵を呼びかけたものの、塹壕戦と毒ガスの恐怖が報道されるなかで、意欲が湧くはずなどなかった。最初の六週間の志願者は七万三〇〇〇人しかおらず、議会は徴兵制を導入せざるをえなくなった。義勇兵の一人に、のちに歴史学者となるウィリアム・ランガーがいた。彼は「フランスに、わけても前線に、駆けつけたいとはやる気持ちで誰もがいっぱいだった」ことを回想している。

四年近く戦争が続き、日々の塹壕戦の辛苦はもちろん、ソンムやベルダンにおける残虐な戦闘の、極めて詳細で生々しい報告をあれこれと聞かされ続けてきた今、強制されることなしに軍務に服すなど誰にできるものかと思われるかもしれない。ところが、事実はそうではなかった。われわれも、ほかの何千人もの者たちも、自ら志願したのである……。アメリカの政策や、より大きな戦争全般に関して、真剣な議論がもちあがったことなどほとんど一度も記憶に残っていない。われわれは、大部分が若者で、冒険と英雄的行為の予感にただもう夢中になっていた。多くの者が、もしも自分が生き残ったなら、また慣れ親しんだお決まりの繰り返しの生活に戻ってしまうのだと感じていた。これはわれわれに与えられた、興奮と危険とを背中合わせに味わう、一大好機なのだ。みすみす逃したりなどできようか(24)。

軍務に就くことを申し出た一人に、五八歳のセオドア・ルーズベルトがいた。彼は四月一〇日にウィルソンを訪問し、義勇兵師団を指揮して戦わせてほしいと許可を求めた。ルーズベルトは熱意のあまり、許してくれたなら今後一切ウィルソンを攻撃しないと約束するとまで言った。しかしウィルソンは彼の求めを拒否した。これに対してルーズベルトは、政治的計算に基づいて判断を下したといってウィルソンを糾弾した。ウィルソンのこの決定を批判した人物には、このほかに、まもなくフランス首相に就任するジョルジュ・クレマンソーがいた。彼は、ルーズベルトの存在は兵士たちを鼓舞し

政府の公式な戦時プロパガンダ機関だった広報委員会は、75000人のボランティアを募り、全米で愛国心を煽る短いスピーチをさせた。いわゆる「4分間の男」である。彼らは、全米を戦争支持のプロパガンダで溢れさせ、「悲観的な話を広める者……平和を強く求める者、あるいは、戦争に勝利するためのわれらの努力をけなす者」を通報するようアメリカ人たちに促した。

てくれるだろうと期待したのだった。

武勇を重んじる心と愛国心を父から受け継いだ、ルーズベルトの四人の息子たちは全員従軍し、戦闘をじかに経験した。テッド・ジュニアとアーチーは戦闘中に負傷した。テッドはカンティニで毒ガス攻撃にも遭った。まだ二〇歳だった末息子のクエンティンは、一九一八年七月、乗機が撃墜されて亡くなった。末息子の死は、父に立ち直れないほどのショックを与えた。セオドア・ルーズベルトの健康は急速に悪化し、安全な距離から近代戦の恐怖を目撃したのち、六カ月後に死去した。

## 広報委員会による「愛国」プロパガンダ

ウィルソンにとっては生憎なことに、アメリカ人全員がルーズベルト父子のように献身的ではなかった。反戦意識が全米に根深くはびこっており、ウィルソン政権は、懐疑的になっている市民たちに参戦に正義があることを納得させるため、非常手段を取らざるを得まいと考えた。この目的のために政府は、デンバーの新聞記者、ジョージ・クリールを長とする公式のプロパガンダ機関、広報委員会（ＣＰＩ）を設置した。ＣＰＩは、七万五〇〇〇人の有志を集め、商店街、路面電車、映画館、教会など、人の集まるところで、愛国心を煽る短いスピーチをさせた。いわゆる、「四分間の男」たちだ。ＣＰＩは、この戦争は民主主義を守る聖戦であるというプロパガンダを国じゅうに溢れさせ、ドイツの残虐行為を強調する記事を載せるよう新聞各紙をけしかけた。さらにアメリカ市民に、戦争のための努力を批判する隣人を通報するよう求めた。ＣＰＩが雑誌に掲載した広告は、「悲観的な話を広める者……、平和を強く求める者、あるいは、戦争で勝利するためのわれわれの努力を軽んじる者」がいたら法務省に報告するようにと呼びかけていた[25]。

ウィルソンの戦時体制宣言の内容と、ＣＰＩが「民主主義」の推進を強調したこと、両者の根底には、多くのアメリカ人にとって民主主義が、資本主義体制のなかでのみ存在しうる一種の「世俗宗教」になっているのをぬかりなく見て取った慧眼がある。これに「アメリカニズム」を重ね合わせたアメリカ人も多かった。それは、何か特定の制度や機関で表される以上のものだった。あるときクリールは、それを「精神の成長の理論」と呼んだが、その通りであった。彼はまた別の折には、「民主主義は私にとって一つの宗教であり、成人して以降の私は、一貫してアメリカを世界の希望だと説いている」と述べた[26]。

新聞各紙は、一八九八年当時（訳注　米西戦争時）と同じく、自ら進んで政府のプロパガンダ活動に同調し、これはその後アメリカが関わるすべての戦争で繰り返される。戦時下のマスコミの国家歴史編纂局（ＮＢＨＳ）への協力について研究したビクター・クラークは、「アメリカの新聞社が自主的に協力したがために、アメリカ市民に提供する情報と議論は、軍による厳しい統制が行なわれたドイツのケースよりも、より効果的に画一化された」と結論している。(27)

歴史家たちもこぞって大義に同調した。クリールは、ミネソタ大学の歴史学者ガイ・スタントン・フォードの指揮のもとに、CPIに「公民および教育協調部門」を設置した。これと並行して、チャールズ・ビアード、カール・ベッカー、ジョン・R・コモンズ、J・フランクリン・ジェームソン、アンドリュー・マクラフリンなど、アメリカ最高の歴史家たちがアメリカの大義を宣伝し、敵を徹底的に悪く描くことによって、フォードを支援した。フォードが書いたCPI小冊子のひとつは、「付和雷同のプロイセン軍国主義」という非難の言葉で始まり、「彼らは前に戦争の神を奉り、理性と人間性をそれに捧げ、うしろには、血まみれの顔をして文明の残骸を横目で見ている、彼らのおかげで歪んでしまったドイツ市民たちのイメージを背負っている」と断じている。(28)

## 『ドイツとボリシェヴィキの共謀』捏造事件

CPIの最終号のひとつ前の小冊子、『ドイツとボリシェヴィキの共謀』は、とりわけ論議を呼んだ。この小冊子は、CPI国際部門の長で元副会長のエドガー・シッソンが入手した文書に基づき、レーニンとトロツキーは、ドイツの帝国主義政府に利するようにロシアの人民を裏切っているドイツの工作員に金で買われたのだと主張していた。だが、シッソンが大枚をはたいて入手したその文書は、偽造であることがヨーロッパでは広く知られており、国務省もやはりそのように疑っていたものだった。ウィルソンの首席外交政策顧問だったエドワード・ハウス「大佐」（訳注　本名エドワード・マンデル・ハウス。「大佐」はニックネームで、軍人ではない）は、日記にこう綴っている。彼が大統領に対して、CPIの小冊子は、「ボリシェヴィキ政府に対する宣戦布告と同等のもの」だと話すと、ウィルソンは、わかったと応じた、と。問題となった小冊子は、四カ月間出版が差し控えられた。しかしウィルソンとCPIは各方面からの警告を無視し、一九一八年九月一五日を皮切りに、七回に分割して、この小冊子の内容を新聞各紙に公表した。[29] アメリカの新聞社の大半が、これを批判することも疑問視することもまったくなしに忠実に伝えた。たとえば《ニューヨーク・タイムズ》は、「レーニンとトロツキーはドイツの傭兵だった──文書が明かす」という見出しでこれを報道した。[30] だが、《ニューヨーク・イブニング・ポスト》が、「これらの文書が糾弾する事柄のうち、シッソン氏が最も重要として示したものは、数カ月前にパリで出版された際に、すべて信憑性はないと判定されている」と、文書の信頼性に疑問があることを明らかにすると、にわかに議論が巻き起こった。[31] その後一週間のうちに《ニューヨーク・タイムズ》と《ワシントン・ポスト》は、これらの文書は「真っ赤な偽物」だということは周知の事実だという、フィンランド情報局の局長S・ヌオルテヴァの発言を報じた。[32] シッソンとクリールは、文書は本物だと言い張った。クリールはヌオルテヴァの言葉に対し、怒りも露に次のように応じた。「そんなことは嘘っぱちだ！　アメリカ合衆国政府がこれらの文書を公表したのであり、その信頼性は政府が保証している。これこそボリシェヴィキのプロパガンダであり、誰の支持もないボリシェヴィキ党員が攻撃しようとも、そんなことは気にかける価値もない」。[33] 彼は《ニューヨーク・イブニング・ポスト》の編集者に、次のような脅迫とも取れる手紙を送り、激しく攻撃している。

はっきりと申し上げる。ニューヨーク・イブニング・ポストは、国家の危機において利敵行為をはたらいたとの嫌疑を免れることはできない。これらの文書は、政府の全面的な承認に裏打ちされている。絶対に本物であるという完璧な確信が得られるまで、公表されなかったものだ……。私は、ニューヨーク・イブニング・ポストがドイツの手先だとか、ドイツの金を受け取ったなどと告発するわけではないが、同紙が行なったアメリカの敵を利する行為は、これらの敵が喜んで買ったであろうものだ、ということは断言させていただく。そして、社会混乱や労働運動の安定について言えば、アメリカの新聞であるはずのこの新聞は、ドイツの手によって加えうるよりもはるかに強力な一撃をアメリカに加えたのである。(34)

クリールの要求に応じて、国家歴史編纂局は文書を精査するための委員会を設置した。メンバーは、カーネギー協会の歴史研究部門長だったジェームソンと、シカゴ大学のロシア語教授、サミュエル・ハーパーだった。彼らは、このでっちあげられた文書の大部分を、真実だと請け合った。《ネーション》誌は、これらの文書と国家歴史編纂局は、「政府の名、ならびに、アメリカの歴史学の誠実性を貶めた」と糾弾した。(35) 時代は下って一九五六年、ジョージ・ケナンは、ほとんどの者がうすうす知っていたことが事実であると証明し、きっぱりと片を付けた——これらの文書は確かに捏造されたものであった。(36)

## 広まる体制への迎合と世論操作

戦時中、プロパガンダを売り込むのに共謀した歴史学者やその他の学者たちは、両大戦をはさんだ時期には非難の的となったが、自業自得だった。一九二七年、批評家のヘンリー・ルイス・メンケンが編集する《アメリカン・マーキュリー》誌は、アメリカ最高の大学のほとんどが染まった無批判で安易な愛国主義体制迎合体質を厳しく批判した。同誌のチャールズ・アンゴフは、「細菌学者、物理学者、化学者は、哲学者、文献学者、植物学者と競いあってドイツ人に罵声を浴びせ、何千人もがこの戦争の高潔さに少しも疑いを抱くことなく、同胞たちをこっそり監視するのに夢中になった……。アメリカの理想主義に対するこのような犯罪は、愛国的なすべての大学総長と評議会にとって、それを行なった反逆者たちを即刻解雇するに十分な理由であった」と書きたてた[37]。

このような当然の批判をよそに、世論操作はその後すべての戦争で、その準備段階から不可欠な中心的要素となった。政治学者のハロルド・ラスウェルは、一九二七年の著書『宣伝技術と欧州大戦』のなかで、その重要性を明示した。ラスウェルはこのように記している。

戦争期間中は、人間と手段の動員だけでは不十分で、人々の意見の動員も必要だということが認識されるようになった。人の意見を支配する力は、生活と資産を支配する力と同様、政府の手に渡った。なぜなら、自由な意見が許されることのほうが、それを支配する力が濫用されることよりも大きな危険となったからだ。まことに、政府による意見の管理は、大規模近代戦争の、回避不可能な必然的な結果なのである。唯一の問題は、政府はプロパガンダをどの程度密かに実施し、どの程度公然と実施しようとすべきか、である。[38]

大学は不寛容の温床となった。戦争に反対するような発言をした教授たちは解雇された。そうでない者たちは、脅しによって沈黙させられた。コロンビア大学総長のニコラス・マレー・バトラーは、大学における学問の自由は終焉したと宣言し、次のように告げた。

これまで容認されていたことが、今はもう許されなくなった。単なる間違った考え方だったものが、今では暴動教唆となった。愚行でしかなかったものも今は反逆となった……アメリカ合衆国の法の執行に反対もしくは反対することを勧める者、あるいは、反逆を行なったり、文書や発言で反逆を主張したりする者は、コロンビア大学では、教授会の名簿にも、学生名簿にも載ることはないし、今後もそのようなことはない。そのような罪は即刻発見され、それと同時に、そのような者はコロンビア大学から追放されるだろう。[39]

## 「学問の自由」の死

これはただの脅しではなかった。この宣言の四カ月後にあたる一〇月コロンビア大学は、著名な教授二名を戦争反対を公言した咎《とが》で解雇すると発表した。アメリカ最高の心理学者の一人、ジェームズ・マッキーン・キャッテル教授と、英文学および比較文学科のヘンリー・ワーズワース・ロングフェロー・ダナ教授（訳注　アメリカの詩人ヘンリー・ワーズワース・ロングフェローの孫）の二人は、バトラー総長のみならず、教授会や理事会からも非難された。大学は公式発表で、二人が「公に戦争行為への反対意見を扇動したことで本学に重大な損害を与えた」と咎めた。《ニューヨーク・タイムズ》は、「ドイツへの宣戦布告以来、キャッテル教授は政府の戦争政策を何の遠慮もなく糾弾しつづけており、そのためコロンビア大学教授会にとって極めて不快な存在となっている」と報じた。ダナのほうは、戦争反対を叫ぶ「人民評議会」という組織で積極的な役割を担っていたがゆえに解雇された。[40]《ニューヨーク・タイムズ》は、コロンビア大学の措置を称賛し、社説で次のように論じた。「『学問の自由』という幻想が……法に抵抗し、反逆を語り、書きたて、広める教授を守ることなどありえない。若者を教える立場の者が、扇動と反逆を教えること、若き精神を、国家に対する彼らの義務を怠らせるような思想に染まらせる、あるいは染まらせせようとすることは、絶対に許されない[41]」。

翌週、二〇世紀前半屈指の歴史家と言うべきチャールズ・ビアード教授は、抗議の辞任をした。この戦争を早くから熱心に支持し、ドイツ帝国主義を厳しく批判していたにもかかわらず、ビアードは「教育の世界ではまったくの素人で、政治的には反動主義でビジョンを持たず、宗教的には偏狭で古臭い理事たちからなる、ちっぽけだが活動的なグループ」が大学を支配していることを非難した。ビアードは、自分は戦争を大いに支持しているが、「何千人ものわが同胞が、この見解に同意していない。彼らの意見は、罵声や脅しでは変えられない。彼らの理性と理解に訴えかける議論こそが最も希望ある手段だ」と述べた。[42]ビアードは前年の春、ある集会で、「聞きたくないことをすべて抑圧するなら、この国の基盤は極めて不安定になってしまう。この国は、権威の軽視と否定の上に築かれたのであり、今は、自由な議論をやめてしまうべきときではない」と言い放った際に、すでに数名の理事の怒りを買っていた。ほかにも少なくとも二名の教授が連帯して辞任し、歴史家のジェームズ・H・ロビンソンと哲学者のジョン・デューイは二人の解雇を糾弾し、ビアードの辞任に遺憾の意を表した(43)。一二月ビアードは、反動的な理事たちは、「この戦争とは何の関係もない政治的な問題について、進歩的で自由主義的な、従来にない見解を持つすべての人間を排斥し、屈辱を与え、脅す」機会としてこの戦争を見ているのだと責め立てた。これと同様な、左翼的な教授たちの追放や、小学校や高等学校の教員への「極めて強力な」圧力が、全米で起こった(44)。

### ラフォレットを追放せよ

陸軍省はさらに一歩進めて、従順な各大学を軍事教練場に変貌させた。一九一八年一〇月一日、全米の五〇〇校以上の大学で一四万の学生たちが、学生陸軍訓練部隊（SATC）のメンバーとして一斉に徴兵された。兵卒の階位を与えられた彼らは、それ以降、教育、寮、衣服、必要品、食事を官費で与えられた(45)。その上、兵卒としての給与も受け取った。《シカゴ・トリビューン》紙は、「アメリカの大学生たちにとって、楽しい日々は終わった……。今後大学は、真剣な場となる——もっぱら、戦争での任務に対する徹底的な準備を目指す場に(46)」と書いた。軍務に関する「主要」および「関連」科目から成る四二時間の講義に加えて、週一一時間の軍事教練が課せられた。この訓練の一環として、学生陸軍訓練部隊に賛同する大学の学生たちは、プロパガンダに満ちた「戦争問題講座」の受講を義務付けられた(47)。

大学で「民主主義を確保する」ための個人的なキャンペーンで成功したバトラーは、より高い目標

ウィスコンシン州のロバート「ファイティング・ボブ」ラフォレットは、アメリカの第一次世界大戦への参戦に反対票を投じた６人の上院議員のひとりだった。

を掲げ、ロバート・ラフォレットを、戦争に反対するという反逆的行為の罪で上院から追放すべきだと主張した。アトランティック・シティで開かれた米国銀行協会の年会でバトラーは、熱狂的に声援を送る三〇〇〇人の出席者を前に、「この男が議場で国に戦いを挑むことを許す」のは、戦争に行った「すべての青年の食事に毒を盛るも同然だ」と訴えた。[48] ラフォレットは、ウィスコンシン大学教授会のメンバーたちからも標的にされた――彼らは、ラフォレットの反戦的な立場を糾弾する陳情書に署名し、一部の者たちは、彼らのリーダーのひとりが言うところの、「ラフォレットと彼の支持者全員をくびにする」ための組織的な運動を始めた。[49]

ラフォレットは彼を追放しようとの全国規模のキャンペーンに屈せず亡くなるまで上院議員を務めたが、権利章典のほうは無傷ではおれなかった。議会が米国史上最も弾圧的な法律をいくつか可決したのだ。一九一七年の諜報活動取締法と一九一八年の扇動防止法は、言論を抑圧し、反対意見に対する不寛容の風潮をもたらした。諜報活動取締法によって国民は、戦時中の軍事活動を妨害すれば一万ドルの罰金か二〇年以下の懲役刑に処せられることになった。この法律は、「アメリカ合衆国が戦争を行なっている際に、不服従、背信、反乱、もしくは、アメリカ合衆国の陸軍または海軍における義務の拒否を故意にもたらすか、あるいはもたらそうと試みたすべての者、ならびに、アメリカ合衆国の新兵採用もしくは兵士徴募を故意に妨げるすべての者」を標的とするものである。[50] この法律のおかげで、社会党のノーマン・トマスによれば「社会主義《ソーシャリズム》とリウマチ《リューマチズム》の区別もできない」郵政長官アルバート・バーレソンは、反逆、暴動、もしくは兵役忌避を支持する文言を郵送することを禁止する権限を得ることになった。[51] 翌年、司法長官トマス・W・グレゴリーは、議会を説得し、「アメリカ合衆国

1917 年の諜報活動取締法のもと、アメリカは、徴兵に反対する者や戦争を批判する者数百名を拘留したが、IWW のリーダー、「ビッグ・ビル」ヘイウッドや社会党のユージン・デブスもそんな目に遭った。デブス（写真は 1912 年シカゴで群衆に向かって演説しているところ）は、「資本主義者たちに、彼ら自身の戦争をさせて、自ら死体になってもらおうではないか。そうすれば地球上で次の戦争が起こることは決してないだろう」と主張し、戦争に反対するよう労働者たちに強く訴えかけた。

の政府、合衆国憲法、もしくはアメリカ合衆国陸軍または海軍について、背信的な、不敬な、品位を欠いた、あるいは乱暴な言葉を口にしたり、印刷、記述、または出版すること……ならびに、言葉や行為によって、アメリカ合衆国が交戦中である国の目的を支持したりそれに利すること、あるいは、言葉や行為によってアメリカ合衆国の目的に反すること」をすべて禁じるよう諜報活動取締法を拡張させた(52)。

この大勢に背く者を取り締まるために採用された人員は、当時急激に膨張していた連邦政府の官僚組織の一部となった。一九一三年には一〇億ドルに満たなかった連邦予算は、五年後一三〇億ドルを超えるまでに膨れ上がった。

## 労働運動家・反戦活動家の弾圧

戦争を批判した廉で数百人が投獄された。世界産業労働組合（ＩＷＷ）の指導者、「ビッグ・ビル」ヘイウッドと社会党のユージン・デブスもそのような目に遭った。デブスは戦争に反対する発言を繰り返し、ついに一九一八年、徴兵に従わなかった社会党員二人が収監されていたオハイオ州カントンの刑務所の外で群衆に向かって演説したために逮捕された。デブスは、自分の意見を述べた人間を投獄しているアメリカが民主主義の国だなどという主張は笑止だと揶揄したのだった。「彼らは、われわれは偉大な自由共和国に暮らしていると言う。われわれの制度は民主的だと。われわれは自由で自治を行なう国民だと。そんな言い草は、冗談にしても辟易する」と[53]。戦争そのものについては、わずかに次のように言及しただけだった。「歴史を通して、戦争というものは、征服と掠奪を目的に行なわれてきた……。戦争とは、つまるところそういうものだ。常に支配階級が戦争を宣言し、実際の戦闘は常に被支配階級が行なってきた[54]」。

オハイオ北部担当の連邦検事、Ｅ・Ｓ・ワーツは、司法省の勧告を容れず、諜報活動取締法に関する一〇件の違反でデブスを起訴した。デブスは、世界各地で投獄されている同志との強い連帯意識から、罪状をすべて認めた。彼は陪審に向かってこう語った。「私はこれまでも戦争を妨害した廉で非難されてきました。戦争を妨害したのは事実です。みなさん、私は戦争を憎んでいるのです。たとえ孤立したとしても、私は戦争に反対します……。世界中で苦しみ、闘争している人々に、私は共感します。どの旗のもとに生まれようが、どこで暮らしていようが、関係ありません」。判決に先立ち、彼は裁判官に次のように陳述した。

裁判官、数年前私は、自分は生きている者すべてと絆で結ばれていることに気づき、自分は地上で最も卑しい者に等しく卑しいのだと肝に銘じました。そのとき私は、こう述べました。下層階級が存在する限り、私はその一員だ。犯罪分子がいる限り、私はそのひとりだ。牢屋にいる人間がひとりでもいる限り、私は自由ではないと。そして今も同じことを断言します[55]」。

「残虐な外国に対してこの国が自らを守っている最中に、その手から剣をたたき落とそうとする者たち」を厳しく非難し、裁判官はデブスに懲役一〇年の刑を言い渡した[56]。

## 「一〇〇パーセント・アメリカニズム」という不寛容

社会党の出版物の郵送は禁止された。愛国心に燃える暴徒たちや地方当局が、社会党系の組織や労働組合の集会所に押し入った。労働運動のリーダーたちや反戦活動家らは殴打され、ときには殺害された。《ニューヨーク・タイムズ》は、モンタナ州ビュートで起きた、世界産業労働組合（ＩＷＷ）執行委員フランク・リトルのリンチ殺害事件を、「嘆かわしく忌まわしい犯罪であり、その犯人を見つけ出し、彼らが蹂躙した法と正義の裁きにかけて罰せねばならない」と報じた。だが同紙は、ＩＷＷが主催するストライキが国の戦争努力を妨害していることに対してそれ以上に憤慨し、「ＩＷＷの扇動者たちは、実質的にドイツの手先であり、おそらく実際にそうなのであろう。連邦当局は、アメリカ合衆国に対してこのような反逆的共謀を働く者たちを速やかに始末すべきだ」と結論づけた。[57]

愛国心の皮を被《かぶ》った不寛容が全米を覆うなか、ドイツに関連するものはすべてけなされた。多くの学校が教員に国家への忠誠宣誓を要求していたが、さらにドイツ語をカリキュラムに含めることも禁止するようになった。アイオワ大学は、少しでも親独の傾向があると見られるリスクを排するためにさらに押し進めて、一九一八年に「バベル宣言」を発表し、そのもとで、公の場と電話におけるすべての外国語の使用を禁じた。ネブラスカ大学も同様の措置を取った。全米の図書館がドイツの書籍を廃棄し、各オーケストラは、ドイツの作曲家の作品をレパートリーから外した。二〇〇三年にアメリカのイラク侵攻にフランスが反対したことに激怒した、歴史にうとい連邦議会が、フレンチ・フライと呼ばれていたジャガイモの空揚げを「フリーダム・フライ」という呼び名に変えたのと同じように、第一次世界大戦時、議会はハンバーガーを「リバティー・サンドイッチ」、ザウアークラウトを「リバティー・キャベツ」に、ドイツはしかと呼ばれていた風疹のことを「リバティーはしか」に、そしてジャーマン・シェパードを「ポリス・ドッグ」に改名した。[58] ドイツ系アメリカ人たちは、生活のあらゆる面で差別を受けた。

「一〇〇パーセント・アメリカニズム」（訳注　アメリカ国家としての連帯、国家への忠誠、社会的服従への前例のないレベルでの要求）への圧力が国中に広まっていたことからすれば、反体制派が排斥されたのみならず、愛国心旺盛な暴徒に殺害されたことも多々あったのも驚くことではない。[59]《ワシントン・ポスト》は、時折発生するリンチは愛国心の健全な高揚のための小さな代価であると読者に請け合った。

一九一八年四月、同紙は社説でこのように述べた。「リンチのような行きすぎはあっても、それはわが国の中部地域にとっては健全で有益な覚醒である。リンチが多少起ころうとも、敵のプロパガンダは阻止しなければならない[60]」。

## 中西部も参戦派の軍門に下る

実際、アメリカの中部地域では、国の大義のもとに集結する動きは緩慢だった。以前に、オハイオ州の保守的な町、アクロンの地方紙、《ビーコン゠ジャーナル》は、「政治を注視している者などほとんどいないが……今選挙があったなら、社会主義が力強い潮流となって中西部を席巻するだろうことは認められよう」と記し、アメリカは「これほど不人気な戦争を始めたことはない」と非難していた。反戦集会に何千人もの人々が集まっていた。一九一七年、社会党の候補者たちは、全米の各都市で指数関数的に得票を伸ばした。一〇名の社会党員がニューヨーク州議会に議席を獲得した[61]。

排斥、大量逮捕、そして組織暴力を受けようが、社会党も、ウォブリーズと呼ばれた急進的な労働党員たちも、黙ろうとはしなかった。当時流行した軍歌、『オーヴァー・ゼア』のような曲にあわせて勇んで戦争に行ったアメリカ人もいたのに対して、ウォブリーズは、賛美歌『進め、キリストの兵士たち』（訳注　賛美歌としては、日本では『見よや十字架の』というタイトルで呼ばれている）のパロディー、『戦うクリスチャンたち』で応じた。「進め、クリスチャンの兵士たち！　使命の道は明らかだ。クリスチャンの隣人を殺せ、さもなくば彼らに殺されよ」と始まる替え歌だ。歌の最後は「歴史はお前たちをこう呼ぶだろう。『あのどうしようもない愚か者ども』と」で終わる[62]。

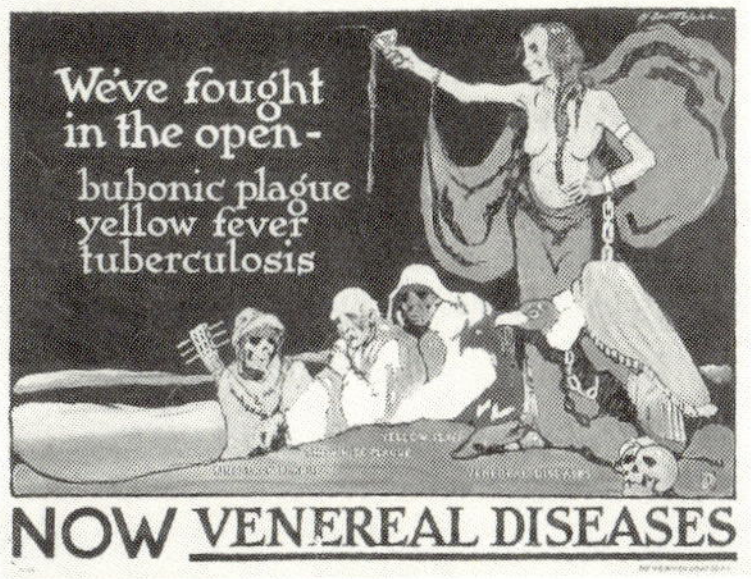


第一次世界大戦時の性病撲滅を目指すポスター。モラル改革主義者たちは、この戦争を、待望の改革を実施する好機と捉えた。訓練キャンプ活動委員会（CTCA）は、性病に罹った兵士の愛国心を疑う禁欲キャンペーンを張って、男性の性欲を抑えようとした。

ウィルソンが品格ある巧みな言葉を使い、すべての戦争を終わらせるための戦争を戦っているのだと請け合ったのに惹かれて、ジョン・デューイ、ハーバート・クローリー、ウォルター・リップマンをはじめ、アメリカを主導する進歩主義者の多くが参戦支持に回った。戦争は、長年待ち望まれてきた改革を国内で行なう無二の機会となると、彼らは自分を納得させた。一方、上院議員であるラフォレットやノリスら、中西部の反戦派進歩主義者たちは、戦争は、意味のある改革は不可能になったという弔鐘の前兆であると、より正しく認識していた。

## 性的不道徳との闘い

この機をとらえて念願の社会改革を行なった者たちのなかに、モラル改革主義者たち、とりわけ、戦争を性的不道徳と闘う好機と見た者たちがあった。兵士の健康を懸念してと称して、彼らは売春と性病を撲滅せんとする積極的な運動を始めた。全米の売春地区が閉鎖され、おかげで売春婦たちは隠れて商売するようになり、ぽん引きその他の搾取者のえじきとなった。(63) 一九一八年にチェンバレン＝カーン法が可決されると取り締まりは一層厳しくなり、この法のもと、軍事基地付近をひとりで歩いている女性はみな、逮捕、投獄され、婦人科検査を強制的に受けさせられることになった。この強制的な検査を、進歩主義者たちは「検鏡によるレイプ」と糾弾した。性病に感染していることが判明した者は、連邦政府の施設に隔離された。(64)

訓練キャンプ活動委員会（ＣＴＣＡ）も、禁欲キャンペーンを行ない、性病にかかった兵士の愛国心を厳しく問うことによって、男子の性行動を抑制しようとした。ＣＴＣＡは、訓練キャンプの壁に、「ドイツの弾丸も売春婦よりは清潔だ」とか、「淋病にかかる兵士は裏切り者だ」などと書かれたポスターを貼った。「淋病で穢れた体で、どうして国旗に顔向けできようか？」と問いかける小冊子もあった。(65) 兵士の性病罹患率は危惧されていたほどには急激に増加しなかったが、軍用基地周辺に住む女子高生の妊娠率が急上昇したのは確かである。

戦争のあいだアメリカ海外派遣軍（ＡＥＦ）を指揮したジョン「ブラック・ジャック」パーシング大将は、フランス入りしたあと、各隊を厳しく監視しようとした。だがこの仕事は、戦場でドイツ軍を打ち破るよりもはるかに困難だった。ＣＴＣＡの委員長、レイモンド・フォスディックは、フランス人とアメリカ人とではセックスについての考え方がまったく違うことに気づいた。フォスディックによれば、フランス人たちは、「兵士たちが性的に満足していなければ軍隊など維持できないし、禁欲の方針を貫こうとするなら、それは不満、士気や健康水準の低下、そして暴動までも招きかねないと考えている」ようだった。フランス首相クレマンソーは、フランスの兵士たちにサービスを提供していたのと同様の公認売春宿を設置しようと申し出た。この申し出が記されたクレマンソーからの手紙を受け取った陸軍長官ニュートン・ベーカーは、「お願いだ……これは大統領には見せないでくれ。さもないと、大統領は戦争を中止してしまう」と言ったと伝えられている。(66)

やっきになって兵士たちに注意したけれども、結局は無駄だった。罹患した者たちは隔離され追放された。モラル改革主義者たちは、帰還兵たちが戻ってきてアメリカ女性に病気をうつすのではないかと恐れた。だが、心配事はこれだけではなかった。改革主義者たちは、いわゆる「フランス流」のやり方を知った兵士たちが、新たに見出した口腔を使った行為に対する嗜好を、純真なアメリカの少女たちに強制するのではないかとも危惧していた。泌尿器科のジョージ・ウォーカー大佐は、「これら自尊心を根本から損なわせるような新しい堕落した考えを抱いてアメリカに帰還した何十万人もの若者のことを考えれば、危機感を募らせるのも当然だ」と懸念した。(67)

この戦争を社会的・経済的な実験の場として利用しようとする改革主義者たちの努力の大部分は、アメリカが参戦した期間が短かったために、途中で打ち切りとなってしまった。しかし、戦争の年月《としつき》は、経済を合理化し安定化し、それまでの自由競争に制約を設け、利益を保証しようとの目論見――有力銀行や企業の重役たちが何十年にもわたって成し遂げようと努力してきたこと――において、大企業と政府とのあいだに前例のない結託をもたらした。その結果、アメリカの銀行や企業は、軍需産業を筆頭に、戦争期間中に大いに成長した。「偶像の黄昏」という辛辣な記事で、仲間の進歩主義者のなかに、欺瞞的な論拠で戦争を弁護する者たちがいると非難したランドルフ・ボーンは、また別の場所では、「戦争は国家の健康である」と述べている(68)。

## ヨーロッパ戦線における米軍の遅れた貢献

改革主義者たちが懸命に努力していたころ、いよいよアメリカ軍の部隊が次々とヨーロッパに到着していた。彼らは連合国の勝利に大いに貢献する。米軍の到着で連合国の士気はがぜん上昇し、米軍の兵士たちの助力が、重要な戦闘のいくつかで勝利する要因となった。遅れて参戦したおかげで、米軍はヨーロッパの両陣営が一九一六年の最激戦期に忍耐強く戦った、凄まじさを極めた塹壕戦は経験せずにすんだ。この時期のソンムの戦いでは、たった一日のうちに死傷者と負傷者合わせて六万名のイギリス兵が犠牲になった。また、ベルダンの戦い（訳注　一九一六年二月から一二月）では、仏軍独軍合計で一〇〇万人近い犠牲者が出た。ドイツの機関銃と大砲に徹底的に立ち向かえと命ぜられたフランス軍は、一五歳から三〇歳までの青年の半分を失ったのである。米軍が初めて本格的な戦闘に加わったのは、終戦の半年前にあたる一九一八年五月で、このとき米軍は、マルヌで包囲された仏軍が形勢を逆転し、独軍をマルヌ川沿いに退却させるのを支援した。九月には六万人の米兵がドイツの防御線を破るために果敢に戦った。ドイツは一九一八年一一月一一日に降伏した。フランスに到着した二〇〇万の米兵のうち、合計で一一万六〇〇〇人以上が死亡し、二〇万四〇〇〇人が負傷した。これに対して、ヨーロッパの死傷者数には、まったく呆然とさせられる――一〇〇〇万の兵士と二〇〇〇万の市民が死亡したと推定されており、市民のほとんどは病気と飢餓のために亡くなったのであった。

戦争がさらに長引いていたなら、死傷者の数はもっと多くなったであろう。この戦争をとおして、科学と技術が前例のないレベルで戦争目的に集結され、戦争というものの姿は変貌しつつあった。より一層恐ろしい、新たな科学技術の登場もそう遠くはないだろうとうかがわれた。

## 化学兵器の使用——理性的自制の崩壊

そんな新技術の筆頭にあったのが化学兵器だ。戦争での化学兵器や毒物の使用はタブーだという共通認識は、ギリシャ・ローマ時代に遡る。この認識を成文化しようとする努力が何世紀にもわたって続けられてきた。一八六三年の米国陸軍省のリーバー行動規範は、「毒物の使用は、井戸や食物に混入する場合であれ、武器に塗布などする場合であれ、いかなる形においても」禁止すると定めた(69)。その前年の一八六二年、ニューヨークの学校教師だったジョン・W・ダウティは、一つの仕切りに爆薬を、別の仕切りに液化塩素を封入した投射物を設計し、これを使えば南部連合軍を要塞から追い出せると陸軍長官エドウィン・スタントンに提案を送った。陸軍省はこの提案にはとりあわず、また、そのあとに出された、以前にウェスタン・リザーブ大学で経済地質学と農業化学の教授を務めていたフォレスト・シェパードによる、塩化水素蒸気で南軍の兵士たちを身動きできなくするという提案も真《ま》に受けられることはなかった。化学兵器については、南北戦争の期間をとおし、ほかにもいろいろと考案された。一八六二年に《サイエンティフィック・アメリカン》誌に掲載された記事は、「爆発した空間の周囲に液火と有毒煙霧を発生する数種類の焼夷弾と窒息性ガス弾が発明された」ことを紹介していた。一九〇五年の《ワシントン・イブニング・スター》紙は、化学者ウィリアム・チルデンの死亡記事のなかで、次のような興味深い逸話を伝えている。「チルデンは、戦争を極めて破壊的なものにして、短期間で戦争を終わらせるような手段を化学的に作り出す方法を考案した。彼はこの件についてグラント将軍の関心を引いたが、将軍の意見で結局これをあきらめたという。将軍が語ったとおり、人間の生命を破壊するそのような恐ろしい手段が、世界中の文明国によって使用されることを許すべきではないからである」(70)。

グラント将軍の、「文明化された」国はいかに振舞うべきかという認識は、多くの人々に共有されていた。一八九九年の毒ガスに関するハーグ宣言は、「毒ガスまたは有害ガスの放散」を「唯一の目的」とする「投射物」の使用を違法とした(71)。

## 塩素ガスの非人道的威力

ドイツは、一九一五年四月二二日、第二次イーペル会戦で毒ガスの使用に成功し、ハーグ宣言の文言こそ破りはしなかったとはいえ、その精神を蹂躙した(ドイツはこれ以前に東部戦線のボリモウで毒ガス使用を試みたものの断念していた)。黄味がかった緑色の塩素ガスの噴煙が、六キロメートル以上にわたる塹壕内にいたフランス軍を覆い、壊滅的な結果をもたらした。六〇〇〇名以上がその場で命を落とした。さらに多くの者たちが一時的に視力を失い、かなりの数が捕虜となった。《ワシントン・ポスト》は、一面に「痛憤のガス弾」という見出しを掲げ、ドイツはさらに強力なガス兵器を準備している恐れがあると報じた(72)。ドイツは、この種の武器を最初に使用したのはフランスだと非難した。たしかに、フランスが開戦直後に化学性刺激物を限られた規模で使用していたのは事実である。しかしイーペルの戦いは、この武器がまったく新しい段階に入ったことを世界に知らしめた。《ワシントン・ポスト》は、フランス軍の兵士たちは「呼吸困難に苦しみながら」死に、体が黒、緑、あるいは黄色に変色し、正気を失ったと伝えた。「今回の毒ガス使用は、この戦争における最も衝撃的で際立った新展開として、間違いなく記録に残り続けるであろう。これまでのどの大戦争にも、それを特徴付ける、命を損なう驚異的な手段があったのと同じである」と、同紙は予測した。[73]《ニューヨーク・タイムズ》は、他の手段よりもむごたらしく人間を殺したことではなく、生存者が蒙った苦痛ゆえに毒ガス使用を糾弾した。その苦痛たるや、「被害者と、彼らを診断した専門家たちによれば、忌まわしい戦争の歴史のなかにも他に例を見ない苛酷さ」であったという。こう厳しく糾弾したあとで、同紙はお手上げだとあきらめ、一方がこのような武器を使うのなら、「その相手方も、自衛のためにはその忌むべき例に倣うほかないと考えざるをえない」と認めた。[74]実際イギリス軍は、九月にロースで報復のために毒ガスを使用したが、風向きが変わりガスが英軍の塹壕に吹き戻されて、独軍よりも多くの死傷者が出てしまった。

ヨーロッパ各国の軍は、これら初期の比較的毒性の低い種類のガスに対しては効果的な対策を講じることができ、少なくとも死者数は抑えられた。一九一五年四月から一九一七年七月までの期間において、毒ガス兵器による英軍の損耗人員は二万一九〇八名、死者は一八九五名であった。一九一七年七月一二日、ふたたびイーペルで、ドイツははるかに強力なマスタードガスを使用した。この日以降翌年一一月の終戦までのあいだの、英軍側の損耗人員は一六万九七〇名、死者は四一六七名であった。このように、米軍が参戦するまでに、ホスゲンやシアン化水素を含むものや、マスタード系のより殺傷能力の高い毒ガスが両陣営によって使用されていた。死傷者の数は急増したが、そのうち死者の占める割合は激減した[75]。アメリカの化学者たちは、このドイツ優位の状況を変えようと固く決意した。

## アメリカにおける化学兵器研究プログラム

アメリカは大規模な化学兵器研究プログラムを開始した。当初は複数の部署の後援で行なわれていたが、やがて一九一八年六月二八日、新設された化学戦部隊（ＣＷＳ）のもとに統合された。いくつもの大学に分散して行なわれていた研究プログラムは、一九一七年九月にワシントンＤＣのアメリカン大学の実験ステーションに集約された。アメリカの傑出した化学者のほとんどが、ここを訪れて研究に取り組んだ。このプログラムでは、終了するまでに一七〇〇人を超える化学者が動員され、六〇以上の建物が使用された。その多くはにわかに建設されたものだった。終戦までに五四〇〇名の化学者が軍に協力した。この戦争が「化学者の戦争」と呼ばれたのももっともだ[76]。

国のために尽くそうとやっきになって、化学者たちはヨーロッパの同業者たちに追随した。ドイツの化学兵器研究の中心は、名高いカイザー・ヴィルヘルム物理化学・電気化学研究所で、フリッツ・ハーバー、ジェームズ・フランク、オットー・ハーン、ワルター・ネルンスト、リヒャルト・ヴィルシュテッターら著名な学者が、ここで奉仕していた。研究所長のハーバーは、「科学は……平時には人類に属し、戦時には祖国に属す」というスローガンでほかの者たちを統率した[77]。イギリスでは、三三カ所の研究所の科学者たちが、少しでも毒性の高い組成を求めて有機・無機あわせて一五万種類の化合物をテストした。最大の研究所は、一カ所で一〇〇〇人を超える科学者を擁していた[78]。

どの国の科学者も、戦争努力のなかで自分の役目を果たそうと意欲満々だった。ジョンズ・ホプキンス大学の物理学者J・S・エイムスは次のように記した。「科学の歴史において初めて、科学に人生を捧げる者たちが自らの価値を祖国に証明する直接の機会が巡ってきた。すばらしいときである。そしてこの国の大学は、この機会をしっかりと捉えている」。シカゴ大学のロバート・ミリカンは、「戦争のおかげで世界は、科学に何ができるかについて、新たな認識に目覚めたのだ」と息巻いた。(79)

## キャンプ・アメリカン大学

化学戦部隊は安全よりもスピードを優先させた。「キャンプ・アメリカン大学」（訳注　アメリカン大学の一部が軍用の施設として改造して用いられたもの）のモーター整備部門の責任者だった電気技術者のジョージ・テンプルによれば、その結果、数え切れない死亡事故が記録されることになった。数十年のちに、アメリカン大学の学生新聞《イーグル》のインタビューで、テンプルはいくつかの事故について回想している。ある事故では、「三人の男が大量のガスを浴びて火傷を負って死にました。死体が台車に載せて運び出されるあいだにも、振動で骨から肉がぷるぷるとはがれ落ちました」という。(80) 毎朝点呼の際に、実験中のガスを使った燃焼実験を買って出る有志が募られた。テンプルは七回申し出た。実験室ではガス漏れが日常茶飯事で、カナリアが常にすぐそばに置かれていた。カナリアが一羽死んだなら、それは建物から退避せよということを意味した。(81)

テンプルは、研究者たちが実験室で一日の仕事を終えて自宅に向かうときの様子を詳しく説明している。「仕事を終えたキャンプ職員たちは、衣服にガスをたっぷり含ませたままで、路面電車に乗りました。電車が繁華街に近づくにつれて、市民たちが乗り込んできます。彼らはすぐに、その日職員たちが扱ったガスの種類に応じて、くしゃみをしたり、涙を流したりしはじめるのでした」[82]。元上院議員のネイサン・スコットが思い知ったとおり、大学の近くに住んでいるのもあまり安全ではなかった。スコット夫妻とスコットの妹は、大学のある実験室から「雲」になって外に漏れたガスを浴びてしまった。スコットと彼の妹は、実験ステーションの医師に手当てをしてもらい、その後近くの病院で治療を受けた[83]。

キャンプ・アメリカン大学で働いていた者たちのなかに、次の世界大戦でアメリカの科学研究の先頭に立つことになる、ハーバード大学の若手化学者、ジェームズ・コナントがいた。ルイサイト（訳注 糜爛性毒ガスの一種）の研究で成功をおさめたことで、コナントは一九一八年七月に少佐に昇進することができた。二五歳の新任の少佐は、クリーブランドの郊外に配置され、ルイサイトを大量生産するプロジェクトを監督することになった。コナントのチームはウィロビーのベン・ハー・モーター社の工場の外で、ごく微量でも皮膚に触れたなら、「耐え難い苦痛と数時間後の死」をもたらすとされたこの恐ろしい物質が装塡された大砲の砲弾や航空爆弾を製造した[84]。

## 地球上で最大の毒ガス工場

化学戦部隊（ＣＷＳ）最大の製造施設が、メリーランド州アバディーンの性能試験場の隣に作られた。一九一九年のはじめ、《ニューヨーク・タイムズ》は、エッジウッド兵器工場という正式名称で呼ばれるこの場所で行なわれている大規模な活動について詳細に報じている。その兵器工場は、「地球上で最大の毒ガス工場」で、イギリス、フランス、ドイツを合計した三倍から四倍の毒ガスを製造していた。施設を見学してこの記事を書いた記者、リチャード・バリーは、「病院の中も見学したが、作業中に恐ろしいガスを浴びて倒れた者たちが何人もいた。ものすごい火事に遭ったかのように、手足や胴体にケロイドや傷を負った者もいれば、何週間も手厚い看護を受けていながら、なおじくじくと膿が滲み出している者もいた」と記した。バリーは、死傷率はフランスのどの師団よりも高いかもしれないとしている。(85)

これはじつに巨大な施設で、三〇〇棟近い建物があり、二八マイル（約四五キロメートル）に及ぶ鉄道と、一五マイル（約二四キロメートル）の道路で結ばれていた。毎日二〇万個の化学爆弾や化学砲弾が製造された。二〇〇〇人の研究者と七〇〇〇人の助手が、毒性を持つ可能性がある四〇〇〇種類以上の物質について研究していた。(86) バリーは、マサチューセッツ工科大学（ＭＩＴ）の化学工業学部の元学部長で、性能試験場の指揮官を務めていたウィリアム・Ｈ・ウォーカー大佐に取材をした。ウォーカーは、休戦の二カ月前に、アメリカは化学兵器を用いた新しい極めて有効な攻撃法を完成させたと語った。要塞で防備を固めたドイツの都市の上から、マスタードガス一トンが入った容器を投下する用意がアメリカにはあった。マスタードガス一トンといえば、一エーカー（約〇・四ヘクタール）以上のエリアを覆うに十分で、「どんな生き物も、たとえねずみ一匹たりとも、生き残れないでしょう」とウォーカーが請け合ったほどの量である。この新兵器は、一九一八年九月には配備可能になっていたが、連合国はその使用に反対した。イギリスはやがてしぶしぶ承知したが、ガスが自国側に逆流するのを恐れたフランスは、そのような不安がなくなるに十分連合国軍が前進し、「起こりうる逆流を避けて安全を確保すること」を空軍に命ずるまで同意しなかった。これらの条件は、一九一九年の春まで満たされなかった。

## ドイツの降伏を早めたのだと思えば慰めにもなる

その時点でアメリカは、攻撃用に数千トンのマスタードガスをフランスに持ち込むことが可能だったとウォーカーは語った。「投下信号を出した数時間以内に、どこでも好きなドイツの都市を……おそらく数カ所の都市を、壊滅できたはずです」。連合国側にこのような計画があったとドイツが知っていたことが、「彼らが降伏するうえで大きな要因」となったのだとウォーカーは断じた。停戦条約が締結された日、化学戦部隊は搬送準備の整っていた二五〇〇トンのマスタードガスを壁際に積み上げたまま、エッジウッド兵器工場での活動を終了した。「われわれは、ものにできるはずの獲物を奪われたようなものでした」とウォーカーは悔しがったが、マスタードガスはドイツの降伏を早めたのだと思えば慰めにもなると語った[87]。

一九二〇年、陸軍再編聴聞会で、陸軍次官のベネディクト・クローウェルは、米軍が計画していた一九一九年の攻撃では化学兵器の使用が中心になっていたことを明らかにした。クローウェルは、こう証言した。「一九一九年のわれわれの攻撃は、私の意見では、ベルリンに散歩に行くようなものだったはずです。化学兵器がありましたから。もちろんそのことは秘密にされていましたが[88]」。

第一次世界大戦で、戦闘員たちは総計一二万四〇〇〇トンにのぼる、三九種類の異なる毒物を使用した。その大部分は、六六〇〇万個の砲弾によって撒き散らされた。一九一八年のドイツ軍の負傷者のなかには、当時伍長だったアドルフ・ヒトラーがいた。『わが闘争』のなかに、「眼は燃える石炭と化し、周囲は暗くなった」と記されている。[89]
バリーは記事の中で、一九一八年一二月にエッジウッド兵器工場を訪れたところ、取り壊しの最中だったと述べる。「機械類は注意深く分解され、油を塗布されて保管された――万一また戦争になったら、すぐに使えるように」。汚染された部品やガスの廃棄は、もう少し手がかかったと、バリーは考え深げに述べる。とりわけ、アメリカ合衆国が、南北アメリカ大陸のすべての人間を殺すに十分なガスを製造したことからすればうなずける話だ。[90]

## 空爆という新戦術の始まり

ウォーカーは、化学兵器を航空機から投下すれば、殺傷力は一層高まると認識していた。SF作家たちは、たとえばジュール・ヴェルヌが『征服者ロビュール』（一八八六年）で、そしてH・G・ウェルズが『空の戦争』（一九〇八年）で、従来からの空爆が未来の戦争で発揮しうる恐ろしい潜在性を予見していた。そんなことが起こったらどうなるのか、実は第一次世界大戦が始まる前に、世界は少し味わっていたのであった――熱気球の戦争での使用は、一八世紀末のフランスの例まで遡ることができ、その後一八四九年にオーストリアがベネチアの爆撃に使っていたのである。また、一九一一年から一九一三年にかけて、イタリア、フランス、ブルガリアが、局地戦で小規模な空爆を行なった。[91]しかし、航空機を使って化学兵器が投下されるという可能性は、なお一層恐ろしかった。

第一次世界大戦では、経空攻撃とはどういうものなのかが初めて本格的に示されたが、それはその後に起こることがほんの少し垣間見られただけに過ぎなかった。一九一四年八月六日にドイツが先に

イタリア、イギリス、ドイツの爆撃機。第一次世界大戦において初めて、軍隊が市民を含む標的を爆撃した。1914年、ドイツがベルギーの都市リエージュを空爆したのが最初である。1918年の春までに、ドイツの空爆で4000人を超えるイギリス市民が負傷し、1000人以上が死んだ。

攻撃をしかけた。独軍のツェッペリン飛行船がベルギーのリエージュに爆弾を投下したのだ。また、一九一四年八月のパリで、鉄道の駅への攻撃が目標を外れて女性がひとり亡くなり、これによって、ドイツは空から一般市民に爆弾を落とした最初の国となった。九月には、第一次マルヌ会戦でドイツの飛行士たちがパリを数回にわたって空爆した。連合国側による初の市街地空爆は、同年一二月のことで、フランスの飛行士たちがフライブルクに爆弾を投下した。一九一八年の春までに、ドイツの空爆で四〇〇〇人を超えるイギリスの一般市民が負傷し、一〇〇〇人以上が命を落とした。空からの攻撃は限られた規模でしか行なわれなかったが、そこに秘められた可能性の大きさは明らかだった。開戦時、英軍が保有する戦闘機はわずか一一〇機だった。だが終戦までに、イギリスもフランスもさらに一〇万機を製造した。ドイツが追加で製造したのは四万四〇〇〇機であった。(92)

## 「兵士と市民を区別することはもはや不可能だ」

一九二〇年代をとおして、イギリスはその広範囲に分布した帝国の領土の防衛と治安維持のために、アフガニスタン、エジプト、インド、イエメン、ソマリランド、そしてとりわけ、オスマン・トルコの敗北以来占領していたイラクで、空爆を大々的に使用した。「空からの治安維持」という婉曲表現のもとで、イギリス空軍はイギリスの植民地政策に抵抗するイラク人たちに対する大規模な空爆作戦を行なった。第四五飛行隊の隊長は、「彼ら（すなわち、アラブ人とクルド人）も今では、死傷者と物質的損害の両面で、爆撃とは実際に何を意味するかを理解している。飛行機四、五機で、四五分以内に普通の大きさの村ひとつが……実質的に壊滅させられ、その住民の三分の一が死傷させられるの

ニュージャージー州のキャンプ・ディックスで対毒ガス攻撃の訓練を受けている兵士たち。何百年にもわたって諸文明によって禁止されてきたにもかかわらず、第一次世界大戦では化学兵器の使用が広まった。毒ガス攻撃によって数千人が亡くなった。

だと、承知している」[93]。

一九二〇年代、イタリアの空軍戦略家のジュリオ・ドゥーエは、今や軍事的勝利の鍵は空爆が握っており、兵士と市民を区別することはもはや不可能だと主張した。アメリカで空軍創設を先頭に立って提唱したウィリアム・ミッチエル准将も、同様の考えだった。一九二五年の『空軍による防衛』という著書のなかで彼は、「万国の征服を目論む国家が、将来の戦争において『空軍力を駆使した好調なスタート』を切るなら、その国家は全世界を掌握することができるであろう……。したがって、ある国家が空を完全に支配できたなら、過去に可能であったよりもはるかに完璧に近く地球を支配できるはずだ」と呼びかけた[94]。ほかの者たちは、空爆への期待をもっと肯定的な言葉で表現しようとした。化学戦部隊の隊長、アモス・フリース大佐は、次のような独創的なスローガンを隊のために作った。「戦争をより普遍的でより科学的なものにする科学的進歩はすべて、戦争をより耐え難くすることによって恒久的な平和をもたらす」（傍点はフリースによる[95]）。

## 化学兵器使用を禁じるジュネーブ議定書――批准しなかったアメリカ

戦争のための計画を立てた者もあれば、再び戦争が起こればより徹底的な壊滅に至るだろうと恐れ、平和のための計画を立てた者もあった。ウィリアム・アーウィンの一九二一年の著書、『次の戦争』は、その年のうちに一二版を重ねた。広報委員会のもとで活動したジャーナリストであったアーウィンは、将来の見通しを寒々としたものとして描いた。彼は、アメリカが停戦のあいだにルイサイトガスを製造していたことを読者に思い出させ、このガスの恐るべき効果をもたらす特質について説いた。

> それは目に見えず、沈降性で、防空壕や地下室に逃れた人々にも到達した。吸い込んだなら即死だった――そして、肺を通さずとも死をもたらした。皮膚に付着すれば必ず、生じた毒が体中に回り、ほぼ確実に死に至る。動物植物を問わず、細胞でできたあらゆる生物に有害である。マスクだけではなんら防御にはならない。そのうえ、これまでに使用されたどんな毒ガスに比べても、五五倍の「広がり」をもって拡散する。ある専門家は、一九一八年に空爆で使われていた最

大のルイサイト弾が十数個あれば、風向きが良好なら、ベルリンの住民すべてを抹殺できただろうと言う。これはおそらく誇張だろうが、もしかするとそれほどおおげさな誇張ではないかもしれない。停戦となっても、ガス研究は続いた。そしてルイサイトを超えた性能のガスが存在するというのは、いまや単なる憶測ではない……。小型手榴弾にカプセルに仕込んだこのガスを装填するだけで、数百平方メートル、あるいは数千平方メートルにわたって完全な死をもたらすことができる、それはそんなガスだ。(96)

科学者コミュニティーのなかでも最も保守的で、産業界との結び付きが最も密接なのも偶然ではない化学者たちは、戦争努力に貢献できたことを誇らしく思っていた。彼らの貢献はもちろん見過ごされることはなかった。《ニューヨーク・タイムズ》は化学者たちの努力は「一般市民によって大いに感謝されねばならない。われらが化学者たちは、民主主義の最高の兵士に数えられ」、「わが国を最も効果的に防衛した」と書きたてた。(97)

化学者たちは軍部や産業界の同志と連帯して、戦後沸き起こった、今後の化学兵器使用を禁止しようという努力に抵抗した。一九二五年国際連盟は、化学兵器と細菌兵器の戦争での使用を禁じるジュネーブ議定書を採択した。クーリッジ政権はこれを支持した。帰還兵の団体、米国化学会（ACS）、そして化学製造業者が反対運動の先頭に立った。八月、ロサンゼルスでの会合で、米国化学会の評議会は全会一致で、「毒ガスに関するジュネーブ議定書の批准に対し、国家の安全と人道主義の両方に反するものとして断固反対することを表明する」と決議した。まだ五〇〇名ほどの化学者が化学戦部隊将校予備隊や化学戦部隊に所属しており、彼らは、化学兵器はじつのところほかの兵器よりも人道的であり、アメリカは次の戦争での化学兵器使用に備えねばならず、また、議定書はアメリカの化学産業を国際連盟の支配下に置くことになる恐れがあると、市民を説得しようとした。上院外交委員会のジョセフ・ランスデル上院議員は、決議が「外交委員会に差し戻され、二度とわれわれの前に現れることのないように深く埋められてしまう」ことを願った[98]。彼の願いは叶った。委員会はこれを議場での票決にかけることはなかった。その後一〇年のうちに、最終的に四〇カ国——アメリカと日本を除くすべての強国も含まれる——がこの議定書を批准した[99]。

## ロシア革命、世界を揺るがす

ガス兵器が最大の成果をあげたのは、東部戦線で装備不足のロシア軍に対して使われたときで、ガスによる死傷者四二万五〇〇〇人、そのうち死者五万六〇〇〇人を記録した[100]。二〇〇万人が死亡し五〇〇万人が負傷したロシアにとって、第一次世界大戦はあらゆる点で惨憺たるものとなった。国民の苦しみに対する皇帝の無頓着さに我慢できなくなったロシアの民衆は、ついに一九一七年三月、ニコライ二世の政権を倒した。しかし、ウィルソンの支持で、臨時政府の法相で実権を握っていたアレクサンドル・ケレンスキーがロシアに戦争を継続させると、多くの者が再び裏切られたと感じた。ロシアの民衆はより徹底的な過去との決別を要求した。

一九一七年、ウラジーミル・レーニンとレオン・トロツキーが率いるボリシェヴィキ党（ロシア社会民主労働党「多数派」）が政権を掌握し、世界の歴史の流れを劇的に変えた。彼らは、一九世紀のユダ

ウラジーミル・レーニンとボリシェヴィキは、1917年11月7日にロシアで権力を掌握し、世界史の流れを激変させた。全世界規模での共産主義革命というレーニンのビジョンは、世界中の労働者や小作農の心を捉え、ウッドロー・ウィルソンのリベラルな資本主義による民主主義というビジョンと真っ向から対立することになる。

ヤ系ドイツ人の知識人で、階級闘争がついには平等主義的な社会主義の社会をもたらすと考えたカール・マルクスに触発されたのだった。皮肉なことに、マルクス自身は経済的・文化的に後進的なロシアで社会主義革命が成功するとは考えていなかった。

そのようなマルクスの警告を無視して、ボリシェヴィキは、ロシア社会を根底から再編成する取り組みを始め、銀行を国有化し、土地を小作農に分配し、労働者たちに工場の管理を行なわせ、教会の資産を没収した。レーニン率いる赤衛隊は、旧外務省に捜索に入ったとき、そこで発見したものを包み隠さず公表した。それは、連合国のあいだで一九一五年から一九一六年にかけて結ばれた、戦後領土をどのように各国の勢力範囲に分割するかを定める、複雑に絡みあった一連の秘密協定であった。二〇一〇年、

1919年9月、カリフォルニア州バークレーのグリーク劇場で演説するウッドロー・ウィルソン大統領。ウィルソンは1916年に「彼は私たちを戦争に巻き込みませんでした」とのスローガンで再選を果たしたものの、アメリカが戦後世界の形成に参加できるようにと考え、第一次世界大戦に参戦した。

ウィキリークスがアメリカの外交公電を公開した際にホワイトハウスが怒り心頭に発したのと同様に、従来の外交慣習を破る無礼に連合国は憤ったが、この公表のおかげで、ウィルソンが呼びかける戦後の「民族自決」が、言葉だけで中身は空っぽであることが暴露された。それらの協定のひとつに、オスマン帝国をイギリス、フランス、ロシアの三国でいかに分割するかを定めたサイクス＝ピコ協定があった。歴史的・文化的なつながりをほとんど無視して土地を分けて、新たな国を作ったこの協定は、石油の豊富な中東でその後多発する紛争の種を蒔いたのであった。

約一二五年前のフランス革命以来、ヨーロッパがこれほど根底から揺さぶられ変化したことはなかった。全世界に共産主義革命を起こそうというレーニンの構想は世界中の労働者と小作農の心を捉え、ウィルソンの自由な資本主義勢力による民主主義という構想に真っ向から対立することになった。

ウィルソンの国務長官でイギリスびいきのロバート・ランシングは、レーニンが発する共産主義のメッセージが労働者に共感を呼び起こしていると、憮然として報告した。一九一八年一月一日、彼はウィルソンに、このように言って注意を促した。レーニンの呼びかけは「すべての国の賃金労働者階級《プロレタリアート》へと、すなわち無知で精神が遅滞した者たちへと向けられており、とほうもない数になる彼らこそ支配者になるべきだとけしかけています。現在世界中で社会不安が起こっていることを考えると、ここに極めて現実的な危険があると私には思えます[101]」。

## ウィルソン、「一四カ条の平和原則」を説く

ウィルソンは、レーニンのお株を奪う大胆な行動を取ることにした。一九一八年一月八日、「一四カ条の平和原則」を発表したのだ。この、自由主義的で、開かれた、反帝国主義的な平和への提言は、民族自決、軍備の縮小、海洋の自由、貿易の自由、そして国際平和機関の設立を謳っていた。このような崇高な使命のみが、「この悲劇的で凄惨な流血と財産の流失」を正当化できる。「征服と拡大の時代は終わりました。そしてまた、秘密の協定の時代も終わったのです」と彼は宣言したが、これはのちに真っ赤な嘘であることが明らかになる[102]。だがやにわに、戦後世界について、二つの対立する新しい構想が登場したのだった。

レーニンはまたも資本主義世界に不意打ちをかけた。停戦の八カ月前にあたる三月三日、彼はドイ

ツとその同盟国のオーストリア＝ハンガリー二重帝国、ブルガリア、トルコとのあいだに講和条約を結び、ロシア軍を撤兵させたのである。平和を強く望んでいたレーニンは、このブレスト＝リトフスク条約の厳しい条項を受け入れた。それは、ポーランド、フィンランド、バルト三国、ウクライナ、グルジア、その他の地域からなる、八〇万平方キロメートルを超える領土と五〇〇〇万の人民への支配を失うということであったのだが。ウィルソンと連合国は憤慨し、迅速な対応を取った。

ロシアの保守勢力は、ボリシェヴィキに対して激しい反革命をしかけた。さまざまな軍勢が四方八方から新しいロシアを攻撃した――西からはロシア人反革命勢力とコサックの連合軍、チェコスロバキア軍、そしてセルビア、ギリシャ、ポーランドの軍勢が、そしてウクライナからはフランス軍が、さらに極東では約七万の日本軍が出兵した。これに対抗して、レーニンと共に革命を率いてきたレオン・トロツキーは決然と、約五〇〇万人の男子を集め赤軍を組織した。元海軍大臣で率直な発言で知られるウィンストン・チャーチルは、あらゆる機会を使って資本主義を擁護し、ボリシェヴィキの思想はその揺りかごのなかで絞め殺されるべきだと訴えた。

推定で四万人のイギリス部隊がロシアに到着し、その一部はバクーの油田を守るためにコーカサスに派遣された。戦闘の大部分は一九二〇年までには終結するが、孤立した一部の勢力による抵抗は一九二三年まで続いた。中央アジアのイスラム勢力の抵抗は一九三〇年代まで続いたが、これは六〇年後の出来事を予示していたと言えよう。

## 革命に介入したウィルソンへの不信感

日本、フランス、イギリス、そしてその他数カ国がロシアに軍隊を送った。生まれたばかりのボリシェヴィキ政権を倒そうとしている保守的な白軍の支援が目的の一つだった。アメリカは当初協力をためらったが、結局ロシア北部と東部に一万五〇〇〇人以上の軍隊を送った。ロシアの抵抗が弱まった対独東部戦線を維持し、日本の得る利益を制約しようとの思惑だった。ウィルソンは、イギリスの閣僚だったウィンストン・チャーチル、連合国軍総司令官のフェルディナン・フォッシュ元帥、そしてその他の連合国の指導者たちからの、ボリシェヴィキ打倒のための直接的軍事介入の提案を拒否した。フォッシュの度重なる嘆願を、ウィルソンは、「軍隊を派遣して革命運動を阻止しようとの試みはどれも、高い潮を箒で掃いて押し戻そうとするような行為に過ぎません。それに、軍内部に、彼らが戦うために送り込まれたはずの共産主義《ボリシェヴィズム》が蔓延してしまいかねません」と言って断わった。[103]とはいえアメリカ軍は、派兵についてのそもそもの論理的根拠がなくなってからも、一九二〇年になるまでロシア国内に留まった。アメリカがこの作戦に参加したことで、新たに生まれたソビエト政権との関係は、最初から損なわれてしまった。[104]このことはまた、ウィルソン自身と、彼の動機に対して、中西部の進歩的な上院議員たちからなる重要なグループが抱いていた不信感を一層深いものとした。この不信感は、ウィルソンが自らの最大のビジョン、国際連盟を実現しようと奮闘する際に彼を苦しめることになる。

## 「革命に介入したのは、ツァーリに貸していた一〇億ドルを回収したかったから」

これら、ロバート・デイヴィッド・ジョンソンらの歴史家が「平和進歩主義者」と名づけた者たちは、ロシアの革命新政権に対する見方はさまざま違っていたが、アメリカの軍事介入という考えは一様に嫌った。カリフォルニア州選出共和党上院議員ハイラム・ジョンソンがリーダーとなった。アメリカは、ウィルソンの「あらゆる国の革命に反対する戦争」の一環だとジョンソンが捉える、武力介入によって新政権を打倒するのではなく、むしろ、共産主義《ボリシェヴィズム》をもたらしたもの——「圧制、貧困、空腹」——に対処すべきだ、というのがジョンソンの弁だった。彼は、「アメリカのどんな軍国主義も、力によってわれわれの意思を弱い国に押しつけることがないように」と望んだ。ミシシッピー州選出のジェームズ・バーダマンは、介入が行なわれたのは、帝政ロシア政府に貸していた一〇〇億ドルを回収したかった国際企業各社のためだったのだと非難した。ロバート・ラフォレットはそれを、「一四カ条」のパロディー——「民主主義、『民族自決』、そして『統治される者の同意』を踏みにじる犯罪のなかの犯罪」——だと嘆いた。[105] アイダホ州選出上院議員ウィリアム・ボーラは、ロシアで数カ月過ごしてアメリカに戻ってきた者たちは、現地の状況について、ウィルソン政権が示してきたのとはまったく異なる話をしていると述べた。「ロシアの人々の大部分がソビエト政権を支持している」とボーラは聞いていた。そして、「もしもソビエト政権がロシア人民を代表しているのなら、つまり、それがロシア人民の九〇パーセントを代表しているのなら、われわれには共和国を建設する権利があるのと同様に、ロシア人民には社会主義国家を建設する権利があるというのが、私の立場だ」と、彼は述べた。[106] ジョンソンは、武力介入のための予算を凍結する法案を提出したが、これが強力な支持を得て、三三対三三と票決が割れ、決着が付かなかった。[107]

国内では、ウィルソンの外交政策のさまざまな側面を疑問視する声が高まっていたが、戦争に疲弊したヨーロッパの人々にとっては、彼はなおも希望の光を提供し続けているようだった。一九一八年一二月一八日、パリ講和会議のためにヨーロッパに到着したウィルソンは、彼を熱烈に支持する群衆に迎えられた。H・G・ウェルズはこう回想している。「わずかなあいだ、ウィルソンは人類のためにひとりで闘った。あるいは、少なくとも、彼は人類のために闘っていると見えた。そしてその短いあいだに、地球全体から、極めて異例で重大な反応が波となって彼に押し寄せた……。彼は普通の政治家ではなくなり、救世主となったのである[108]」。

ドイツは、公正に扱ってもらえるだろうとの期待を抱いて、ウィルソンの一四カ条を前提条件として降伏した。あるドイツの町は、このような横断幕で帰還してくる軍隊を迎えた。「おかえりなさい、勇敢な兵士のみなさん、お勤めは終わりました。あとは神様とウィルソンがやってくれます[109]」。誠実さの証《あかし》として、ドイツ人たちは皇帝も退位させた。しかし、明確に定義されていなかった「一四カ条」は交渉の基盤とするにはあまりに脆弱であった。しかもウィルソンは、戦争中、彼の影響力がまだ強いうちに、連合国を彼の意見に同意させるのを怠る、という失策を犯した。浅はかにも、彼はエドワード・ハウス「大佐」に、「戦争が終わったら、(イギリスとフランスを)われわれの考え方に従わせることができるだろう、なぜなら……彼らは財政的にわれわれに支配されるだろうから」と語っている[110]。

## 連合国から骨抜きにされた一四カ条

大きな恩義があるにもかかわらず、連合国はウィルソンの掲げた条項に尻ごみした。勝利のために高い代償を払った今となっては、世界を民主主義や海洋の自由にとって安全な場所にしようとか、そもそも「勝利なき平和」というような、ウィルソンの高尚な弁に関心などもてなかったのだ。彼らが望んだのは、報復、新しい植民地、そして海洋での優位だった。ウィルソン自身、ロシアの内戦に介入し、兵力をロシアの国内に残留させたことで、中心教義の一つをすでに破っていた。裏切りはそれだけでは終わらなかった。イギリスは、海洋の自由を求めるウィルソンに従う意思はまったくないことをはっきりと表明した。イギリスの通商経路を確保する海軍の能力が制限されてしまうからだ。フランスは、罰則のない協定を受け入れることは絶対にないと明言した。フランスは一〇〇万名を超える兵士を、イギリスは一〇〇万近くの兵を失った。イギリス首相デイヴィッド・ロイド・ジョージは、アメリカ本土では、「掘っ建て小屋ひとつたりとも」破壊されなかったことを指摘した。[111] フランス人たちも、普仏戦争での敗北を忘れておらず、そのことも、ドイツを弱体化させ、分断したいという願望を一層強めた。

一九一九年一月一二日、二七カ国がパリに集《つど》った。とてつもなく大きな課題が彼らを待ち受けていた。程度の差こそあれ、オスマン、オーストリア＝ハンガリー、ドイツ、そしてロシアの、四つの帝国がどれも崩壊していた。新しい国がいくつも生まれつつあった。革命的な変化が迫っていた。飢餓が蔓延していた。病も広がっていた。難民が避難場所を求めていた。明確なビジョンを持った指導者が必要だった。だが、ロイド・ジョージ、クレマンソー、それに、イタリア首相ヴィットーリオ・オルランドにとって、ウィルソンはまったく鼻持ちならなかった。当のウィルソンは、「神の道具たる人間」と自負していたのだが。[112] クレマンソーは、「ウィルソンの一四カ条にはうんざりだ。全能の神

左から、イギリス首相デイヴィッド・ロイド・ジョージ、イタリア首相ヴィットーリオ・オルランド、フランス首相ジョルジュ・クレマンソー、そしてウィルソン。パリ講和会議にて。この会議では、ウィルソンが掲げた「14カ条」の高邁なレトリックのほとんどが、戦後世界での報復、新たな植民地、海軍の優位を望んでいた他の連合国によって拒否された。

でさえ、戒律は一〇しか授けなかったのに！」と言ったという[113]。ロイド・ジョージは、クレマンソーがウィルソンにこう応じたことに大いに喜んだ。「大統領が、時宜に適っているか否かに配慮もせずにやったことも度々あったように、飛行機で紺碧の大空を越えてやってくると、クレマンソーは訝しげにその大きな目を見開いたあとしばしばたたかせ、やがて、『彼はまた休暇を過ごしにやってきましたよ』とでも言いたげに、私のほうに向けた。理想主義者たる大統領は、当初、自分は哀れなヨーロッパの異教徒を救うことを使命とする伝道師だと考えていたのだと、私は本気で思っている」。ロイド・ジョージは、困難な状況のもとでの自らの仕事ぶりを称賛して、「なにしろ、イエス・キリストとナポレオン・ボナパルトのあいだに座っていたのだからね」と述べた。[114]

ウィルソンの一四カ条のうち、最終的な条約のなかに残ったものはほとんどなかった。勝者たち、とりわけイギリス、フランス、そして日本は、一九一五年に秘密に結ばれたロンドン条約で定められた線に沿って、アジアとアフリカにあったドイツの植民地および領地を分割した。オスマン帝国もこれらの国々に分割された。彼らはこれら植民地を「委任統治領」と呼んで、この行為を美化した。ウィルソンは抵抗したが、結局は従った。不本意ながらこの成り行きに従ったことをウィルソンは、ドイツ人たちは住民の基本的な権利を否定して「植民地を冷酷に搾取した」のに対し、連合国は自らの植民地を人道的に扱ってきたと言って正当化した。[115]だが、このような言い草に、連合国の植民地の住民たちは呆れかえった。たとえば仏領インドシナのホー・チ・ミンがそうだ。ホーはタキシードと山高帽を借り、ベトナム人民の独立を求める嘆願書を携えて、ウィルソンとアメリカ代表団に面会した。会議に出席していた西洋以外の地域の代表たちのほとんどがそうであったように、ホーは、解放は宗主国の寛大さによってではなく、武装闘争によってこそなしうるのだと痛感することになる。当時図書館の司書補をしていた毛沢東も同様の苛立ちを表し、「民族自決とはこんなものか。なんと破廉恥な！」と息巻いた。[116]ウィルソンは自分が掲げた原則を大幅にゆるめて、アメリカがアルメニアの委任統治をすることを承知したので、クレマンソーは皮肉混じりにこうコメントした。「あなたがアメリカ大統領でなくなったら、次はオスマン帝国の王様ですかな」。[117]

ホー・チ・ミンは、タキシードと山高帽を借り、ベトナム独立を求める請願書を携えて、パリ講和会議に出席していたウィルソンとアメリカ派遣団に面会した。会議に参加した西洋以外の国々の代表者のほとんどがそうだったように、ホーは、解放は宗主国の寛大さによってではなく、武力闘争によってこそ獲得されるのだと痛感する。

## 過酷なベルサイユ条約——次の戦争の種となる

連合国の指導者たちは、彼らが有色人種の支配を続ける根底に人種差別があることを隠そうともしなかった。これが最も明白に表れたのは、日本の代表者たち——牧野伸顕《のぶあき》男爵と珍田《ちんだ》捨己《すてみ》子爵——が国際連盟規約に人種間の平等を謳った条項を加えることを提案したときのことだった。「国際連盟は国家間の平等を基本原理とし、それゆえ締約国は、連盟加盟国のすべての外国人に対して、法のうえでも事実においても、その人種や国籍を理由としたいかなる区別も行なわず、あらゆる側面において平等で公正な扱いを可及的速やかに与えることに合意する」というのがその提案された条項だった。この日本の提案は、イギリス外相アーサー・ジェームズ・バルフォアとオーストラリア首相ウィリアム・ヒューズをはじめ、大英帝国の立場を守る者たちから完全に拒否された。イギリスの閣僚のひとりとして、ロバート・セシル卿は、その条項は大英帝国に「著しく深刻な問題」をもたらすと説明した。[118]

議事が始まるまえからロイド・ジョージに、国際連盟――ウィルソンは、将来の戦争を防止するにはこれが不可欠だと考えていた――に比べれば、講和の細目には自分はあまり関心がないと認めていたウィルソンは、自ら広く提唱してきた罰則を含まない条約を確定させようと試みたものの、無残に失敗してしまった。条約は、ドイツにとって極めて厳しいものとなった。そこにはのちに国務長官になるジョン・フォスター・ダレスが草案を書いた「戦争犯罪条項」が含まれ、戦争を開始した全責任をドイツに帰し、著しく高額な賠償金の支払いをドイツに義務付けたのだった。ウィルソンは国際連盟にばかり関心を注ぎ、この件をはじめさまざまな重要事項で妥協を繰り返したので、最も強力な支持者たちさえもが失望してしまった。クレマンソーは、ウィルソンは「イエス・キリストのように語ったがロイド・ジョージのように振舞った」と小ばかにしたように言った。[119] 経済学者のジョン・メイナード・ケインズは、ウィルソンがこの「カルタゴの平和」――一四カ条に対する悲劇的な否定――に降伏したことを激しく非難し（訳注　ローマがカルタゴとの戦争に勝利して厳しい賠償を要求した結果カルタゴが滅び、おかげでローマに平和が訪れたことを世界史で「カルタゴの平和」と呼ぶ慣わしがある。ケインズは『平和の経済的帰結』のなかで、ドイツに過酷な賠償を課したベルサイユ体制をそう呼んでいる）、これが次のヨーロッパでの戦争につながることを予言した。[120]

## 共産主義の世界的な盛り上がり

レーニンはパリには招待されていなかったが、ロシアの存在が終始会議に暗い影を投げかけ、ハーバート・フーバーの言葉を借りれば、「バンクォーの幽霊がすべての会議テーブルに座っている」かのようだった[121]（訳注 バンクォーはシェイクスピアの『マクベス』の登場人物。バンクォーを殺害したマクベスは、その幽霊が宴会の席に座っているのを見て不安に苛まれる）。レーニンはウィルソンの一四カ条を空虚な修辞と否定し、資本主義の列強は植民地を放棄することも、ウィルソンが思い描くように対立を平和的に解決することも決してないだろうと述べた。帝国主義体制全体を転覆させるために世界的規模で革命を起こそうというレーニンの呼びかけは、ますます多くの聴衆に受け入れられるようになった。ハウス「大佐」は三月、日記にこう記した。「状況を見るに、まもなく危機がやってくるだろう。不満の声が毎日聞かれる。民衆は平和を望んでいる。共産主義はいたるところで勢いを得ている。ハンガリーが今ちょうど彼らに屈したところだ。われわれは今、扉の開いた火薬庫の上に腰掛けているが、いつの日か火花がそれに火をつけるだろう」[122]。連合国は東欧の共産主義革命を憂慮するあまり、講和条約のなかに、「連合国が適切な時期と判断するまで」、ドイツ軍が東側の国境沿いの諸国から撤兵することを禁じる条項を加えた[123]。その後、ハンガリーに成立するベーラ・クンの共産主義政府は、侵攻してきたルーマニア軍にすぐに打倒されることになったし、ドイツで共産党が権力を掌握しようとする試みも失敗に終わるわけだが、ハウスとウィルソンには、ヨーロッパを席巻し、今やその外側にまで広がろうとする過激な潮流を恐れる理由があった。

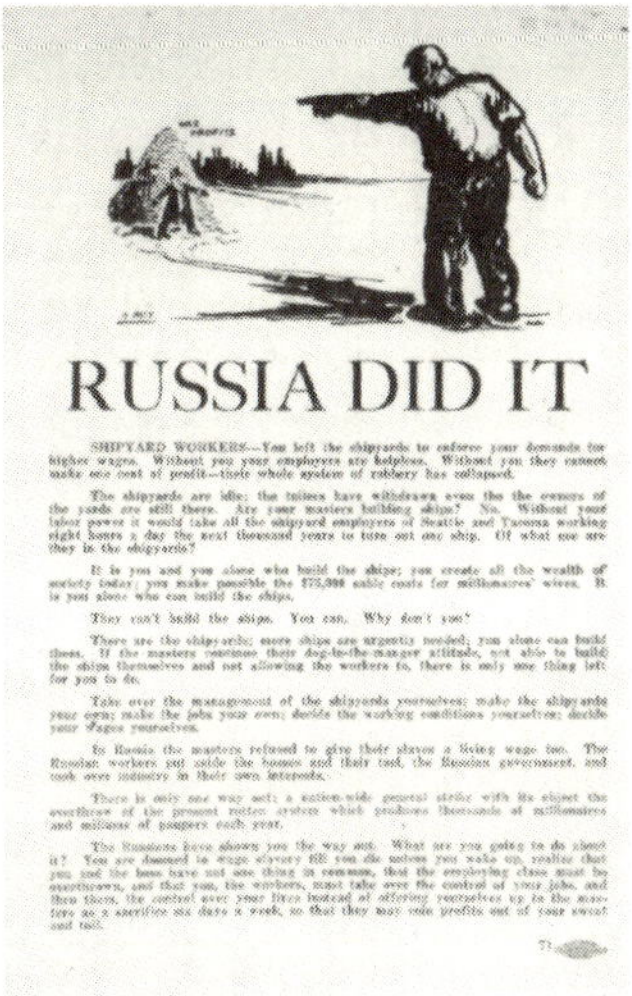

# RUSSIA DID IT

SHIPYARD WORKERS—You left the shipyards to enforce your demands for higher wages. Without you your employers are helpless. Without you they cannot make one cent of profit—their whole system of robbery has collapsed.

The shipyards are idle; the toilers have withdrawn even tho the owners of the yards are still there. Are your masters building ships? No. Without your labor power it would take all the shipyard employers of Seattle and Tacoma working eight hours a day the next thousand years to turn out one ship. Of what use are they in the shipyards?

It is you and you alone who build the ships; you create all the wealth of society today; you make possible the $75,000 sable coats for millionaires' wives. It is you alone who can build the ships.

They can't build the ships. You can. Why don't you?

There are the shipyards; more ships are urgently needed; you alone can build them. If the masters continue their dog-in-the-manger attitude, not able to build the ships themselves and not allowing the workers to, there is only one thing left for you to do.

Take over the management of the shipyards yourselves; make the shipyards your own; make the jobs your own; decide the working conditions yourselves; decide your wages yourselves.

In Russia the masters refused to give their slaves a living wage too. The Russian workers put aside the bosses and their tool, the Russian government, and took over industry in their own interests.

There is only one way out; a nation-wide general strike with its object the overthrow of the present rotten system which produces thousands of millionaires and millions of paupers each year.

The Russians have shown you the way out. What are you going to do about it? You are doomed to wage slavery till you die unless you wake up, realize that you and the boss have not one thing in common, that the employing class must be overthrown, and that you, the workers, must take over the control of your jobs, and thru them, the control over your lives instead of offering yourselves up to the masters as a sacrifice six days a week, so that they may coin profits out of your sweat and toil.

1919年、400万人を超えるアメリカの労働者が、賃上げ、労働条件の改善、そして組織を作る権利を求めてストライキを行なった。この、シアトルのゼネストで配られたリーフレットにも見られるように、ロシア革命はこの激しい労働闘争を引き起こすひとつの要因となった。

アメリカの労働者たちも、この急激な高まりに加わった。三六万五〇〇〇人の鉄鋼労働者が先陣を切ってストライキを敢行し、四五万人の鉱山労働者と一二万人の織物工が続いた。ボストンでは、警察官たちが一一三四対二でストライキに賛成する投票をし、これを受けて《ウォールストリート・ジャーナル》は、「レーニンとトロツキーがやってくる」と警告した。ウィルソンはストライキを「文明に対する犯罪」と呼んだ[124]。そしてシアトルで、ロシア革命を手本とした「兵士、水兵、そして労働者の評議会」が率いるゼネストが起こった。シアトル市長オーレ・ハンソンは、これを「革命未遂」と非難し、ストライキ参加者たちは「アメリカ政府を掌握し、ロシアの無政府状態をここでも生み出そうとしている」と責めた[125]。その年だけで五〇〇〇万人以上の労働者がストライキを行なった。武装警備員、地域の警官、そして新しく就任した保安官代理の保護のもと、スト破りたちを使ってもストライキに対抗できないとわかると、目的を果たすために州の民兵組織や連邦軍までもが出動要請された。これによって労働運動は一気に沈滞し、その状態から一〇年を優に超えるあいだ回復しなかった。強大な権力を持つ資本家たちのために連邦軍を使用することは、一八七七年に大きな論議を引き起こしていたが、それ以来労働者たちは、賃上げ、労働条件の改善、そして組合参加の権利を主張するとき、警察、裁判所、軍、そして国家という機構全体が彼らに対抗するために連携するのだと、ますます深く肝に銘じていたのだ。

## 揺り戻し——J・エドガー・フーバーの暗躍

第一次大戦中を通じて、左翼をかなり弱体化させてきた政府の役人たちは、ここでけりをつけてしまおうとした。一九一九年一一月と一九二〇年一月、司法長官A・ミッチェル・パーマーは、無政府主義者たちによる、ほとんど何の効果もなかった一連の爆弾攻撃を口実に、連邦捜査官を使って全米の急進的なグループや労働団体を強制捜査した。いわゆるパーマー・レイドだが、パーマーの名で呼ばれていたものの、この「左翼狩り」を実際に取り仕切ったのは司法省に新設された諜報部門の長で、当時二四歳のJ・エドガー・フーバーだった。五〇〇〇名を超える者が過激派として逮捕され、その多くが数カ月にわたって起訴もされぬまま拘留された。ロシア生まれのエマ・ゴールドマンをはじめ、数百人の外国生まれの活動家たちが国外追放された。この市民の自由に対する言語道断の侵害は、進歩主義運動に大打撃を与えたのみならず、異議を唱えることを意図的に反アメリカ主義と同一視した。だがフーバーにとっては、これはほんの始まりにすぎなかった。一九二一年までには、破壊行為の潜在性のある個人、グループ、出版物をすべて記載した彼のインデックス・カードのホルダーには、四五万の項目が登録されていた[126]。

## ウィルソンの悲願、国際連盟に参加しなかったアメリカ

パリ講和会議が終わると、ウィルソンは、「ついに世界は、アメリカが世界の救世主だと知るに至った！」と豪語した[127]。しかしアメリカに帰ったウィルソンは、講和条約に反対する者たちから、救世主とは程遠い出迎えを受け、左派、右派双方から批判された。ウィルソンは全米を回ってこれに反撃した。彼はこう論じた。アメリカが条約に批准したのは、その条約によって生じた諸問題を正す唯一の手段である国際連盟に加盟するにはそれが不可欠だったからだ、と。ラフォレット、ノリス、ジョンソンの三名の上院議員をはじめ、条約反対派の進歩主義者を率いるボーラ上院議員は、ウィルソンが提案した国際連盟を、革命を打ち負かし、彼ら自身の帝国主義計画を守ろうとやっきになっている「帝国主義者」の連盟だと非難した。ボーラは、ウィルソンが極端な条約にならないよう努力したにもかかわらず、結局できあがった講和条約は「大英帝国の統一を保証するための連盟」を生み出した「冷酷、破壊的、非人間的な文書」だと考えた[128]。ノリスは、孔子生誕の地である山東省を日本に譲渡するという条項を、「体裁をごまかしてはあるが、実際は罪のない人々を蹂躙することだ」と糾弾した[129]。アメリカが議会の承認なしに軍事行動に引き込まれていくことはないとの保証を望んだ、孤立主義者やその他の者たちが彼らに同調した。

皮肉なことに、ウィルソンの戦時政策そのものが彼の最良の味方たちを遠ざけた。政府公式プロパ

THE GAP IN THE BRIDGE.

《パンチ》1919年12月号に掲載されたこの漫画に示されるように、アメリカの国際連盟加盟を上院が拒否したことで、国際連盟はほとんど役に立たないものとなった。ウィルソンは、戦争中アメリカで形成されつつあった、反帝国主義連合となりえたものの発言を封じ、国際連盟の敗北を確実なものとした。

ガンダ機関、広報委員会（CPI）の委員長、クリールは、一九一八年後半、窮地に立った大統領に告げた。「あなたの反帝国主義の戦争政策を支持した、急進的、あるいはリベラルな友人たちはみな、沈黙させられたか、あるいは脅されました。司法省と郵政公社がそうすることを許可されたのです。あなたが主張するような平和を支持する声はもはや残っていません。国と市民は押さえ込まれてしまいました。急進的な新聞や社会主義的な雑誌はすべて沈黙させられました」(130)。ウィルソンの頑固さが、良くない状況を一層悪化させた。提案された条約の修正について妥協するよりも、ウィルソンは、上院で条約と国際連盟が共倒れになって、とうとう七票足りずに批准を見送られるのをただ見守るほうを選んだ。

## ドイツの賠償金とモルガン家の利益

和平はドイツにとってとりわけ重い負担となった。賠償金は総額三三〇億ドルにのぼった――フランスの要求額の五分の一以下だったが、植民地とポーランド語圏の領地を失い、支払能力が著しく低下していたドイツが予想した倍以上だった。ドイツは、ダンツィヒ（訳注　現在のグダニスク）の港とザールの炭鉱地帯も引き渡した。そして「戦争犯罪条項」に、ドイツ国民は深い遺恨を抱いた。

条約の財政に関する条項はどれも、モルガン家の関与の痕跡が見られた。モルガン財閥の歴史に関する著書で全米図書賞を受賞したロン・チャーナウは、「一九一九年のパリ講和会議では、モルガンの人間がほんとうにどこでもいたので、ウィルソンの側近だったバーナード・バルークは、事を仕切っているのはJ・P・モルガン・アンド・カンパニーだとぼやいた」と記す。モルガン関係者のなかでも最も目立ったのが、モルガン財閥の一番のパートナーだったトマス・ラモントで、ウィルソンは彼を頼りにしていた。別のモルガン関係者、ジョージ・ホイットニーは、ウィルソンはほかの誰よりもラモントの財政に関する意見を信頼しているようだったと述べた。ラモントはドイツの賠償金を四〇〇億ドルに設定することを主張し、のちには、何はともあれドイツは軽い罰で済んだのだと信じて疑わなくなった。パリ講和会議では、彼をはじめとする銀行家たちが、モルガンの利益が十分に保護されるよう画策した。(131)

賠償金と「戦争犯罪条項」が戦後のドイツに敵愾心に満ちた不安定な環境を生み出したのではあるが、その影響はときに強調されすぎてきた嫌いがある。賠償金は、紙の上で見るほどには、実際には重くなかった。一九二一年に始まった実際の返済は、ドイツの返済能力に応じて何度も下方修正された。そして「戦争犯罪条項」――第二三一条――は、実際には「犯罪」については触れていなかった。ドイツは、「ドイツとその同盟国によって彼らにもたらされた戦争」の結果生じた「すべての損失と損害」に対する賠償に責任があると述べているだけであった。[132] しかし、ヒトラーをはじめとするドイツ右翼が、敗北と連合軍の報復で、自分たちは戦後必要以上に酷な仕打ちを受けているという国民感情を利用したのは間違いない事実だ。ドイツの国土ではほとんど戦闘はなかったし、戦時中の政府のプロパガンダもあって、ドイツ人のほとんどが勝利は間近だと信じていたせいで、講和の条件をのむことは一層困難になり、ヒトラーの言う、ドイツは不当に虐げられているという主張に信憑性を与えることになったのだった。

## ファシストの出現――ムッソリーニを支援したアメリカ財界人

経済的、社会的、政治的不安定は、戦後のイタリアも揺さぶり、武装したファシスト党員たち――ベニート・ムッソリーニの追随者たち――が、デモ隊やスト参加者たちとの衝突を繰り返していた。在イタリア米国大使のロバート・ジョンソンは、ムッソリーニの極右勢力が政権を掌握する危険があると伝えた。米国大使館は一九二一年六月、「ファシスト党員のほうが攻撃者であり、共産主義者たちは……『赤い』革命の無法で暴力的な党との汚名をすすぎ、自ら定めた『法と秩序』の党に変貌したようです」と報告した。のちに、ウォーレン・G・ハーディング政権になってリチャード・チャイルドがジョンソンに代わり在イタリア大使となると、チャイルドは正反対の見解を取り、ムッソリーニを称賛し共産主義者たちを酷評した。チャイルドやその他の大使館職員らは、ムッソリーニの極右主義を軽視し、逆にムッソリーニの反ボリシェヴィキ主義と、労働運動を打ち負かすために強圧手段の使用も辞さない姿勢を称賛した。アメリカの支援は、ムッソリーニがファシスト党の独裁をしいて以降も続いた。ムッソリーニの擁護者には、財務長官のアンドリュー・メロン、J・P・モルガンのトマス・ラモント、そして全米市民連盟のラルフ・イーズリーら、アメリカの財界のリーダーたちが名を連ねていた[133]。

## アメリカが世界経済に君臨する時代の始まり

歴史家たちは、第一次世界大戦とヨーロッパの混迷に対する嫌悪が一九二〇年代にアメリカを孤立主義に走らせたというのは虚構ではないかと久しく疑ってきた。じつのところ、第一次世界大戦はヨーロッパの優位が終わり、この戦争の真の勝者であるアメリカと日本が支配勢力になる節目だった。二〇年代には、アメリカの経済と金融が世界中で急速に膨張した。ロンドンに代わってニューヨークが世界金融の中心となった。アメリカが世界経済に君臨する時代が始まったのだ。この動きの先頭集団のなかには、石油企業各社もあった。

戦争は、権力を及ぼし、武力を行使するうえで、石油供給の支配が最も重要であることを証明した。イギリスとドイツは、戦争のあいだ、互いの石油供給路を断とうとやっきになった。石油を運ぶタンカーをドイツに攻撃されて大きな痛手を負ったイギリスが、初めて石油不足に関する懸念を表明したのは一九一六年前半のことだった。連合国も、ドイツが石油資源にアクセスするのを阻止し、一九一六年後半にドイツがルーマニアの石油資源を掌握しようとした際、イギリスのジョン・ノートン＝グリフィス大佐（訳注　イギリスの軍人で土木事業も監督した技術者でもあった）はこの油田の破壊活動《サボタージュ》を行なって石油を無駄にしてしまおうとした。イギリスのカーゾン卿は終戦直後に、「連合国の大義は石油の波に乗って勝利の高みに到達した」と述べたが、ここにこれらの展開の重要性がはっきり見て取れる。戦争期間中、連合国の石油の需要を八〇パーセントもまかなったアメリカは、勝利の要だった。[134]

しかし、戦争が終わるや否や、石油会社はこぞって、新たに発見された石油資源の豊富な土地でわがものにできるところがあれば、すべて手に入れようとした。ロイヤル・ダッチ・シェル社（訳注　オランダとイギリスの石油エネルギー企業）が一九二〇年の年次報告書に、「新しい地域を獲得するこの競争において、私たちが負かされることなどあり得ません……成功の可能性が少しでも存在するところどこでも、弊社の地質専門家たちが派遣されています」と豪語したのに見て取れるとおりだ。[135]

## 石油支配こそ要《かなめ》――ベネズエラへの介入

ロイヤル・ダッチ・シェルは、ベネズエラに照準を定めた。ベネズエラのファン・ビセンテ・ゴメス将軍の政府は、友好的で安定した条件を提示しており、政情不安が続き石油生産も低下しつつあるメキシコよりもはるかに好ましく思われたのだ。[136] イギリスがベネズエラで支配権を握ることを憂慮し、第一次世界大戦中の石油生産でアメリカ国内の石油埋蔵量は相当消費されてしまっただろうとの懸念もあり、やがてアメリカの石油企業もベネズエラの石油を巡る競争に加わった。[137] 石油産業についての先駆的な著書、『石油の世紀――支配者たちの興亡』のなかで、著者であるアメリカの経済学者、ダニエル・ヤーギンは、ゴメスを「冷酷にして狡猾、しかも貪欲な独裁者で、二七年間にわたり、私腹

ベネズエラの独裁者フアン・ビセンテ・ゴメス将軍の冷酷で強欲な支配のせいで、ベネズエラはアメリカやイギリスの石油企業の格好の餌食となった。ゴメスは、私腹を肥やす一方で、各地のカウディーリョ（統領）、彼の支持者たちからなる軍隊、そして国内全域をカバーするスパイ網を使ってベネズエラの安定を保ち、欧米の石油企業に都合がいい状態を維持できるようにした。

を肥やすためにベネズエラを支配した」と評している[138]。たしかに、歴史学者のスティーブン・レーブも、ゴメスはベネズエラを実質的に「彼の私的な大農園《アシエンダ》」にし、同時に、「推定二億ドルの個人資産と八万平方キロメートルの地所をわがものにした」と述べる。この独裁者が一九三五年に死去した際、ベネズエラでは一週間にわたり「自然発生的な市民の暴動」が続き、街頭に繰り出した民衆は「彼の肖像、銅像、建物」を破壊し、彼の「追従者」たちを何人か「虐殺」までして、鬱憤を晴らしたのも無理からぬことだった[139]。

　ゴメスの権力の基盤には、各地の統領《カウディーリョ》、彼の支持者からなる武装集団、そして国内を覆うスパイ網があった。彼を悪く言う者は、厳しい迫害を受けた。米国代理大使のジョン・キャンベル・ホワイトは、ベネズエラの囚人たちは「中世的苛酷さ」で扱われると報告した。アメリカは、必要とあらばいつでも介入する用意があった。一九二三年、革命が差し迫っているという、その後事実無根だったことが判明する噂を受けて、アメリカは、支持の姿勢を示すために、ベネズエラに特殊部隊を送り込んだ[140]。

経済の石油収入への依存が高まるなか、ゴメスは一九二二年、企業優遇の石油法をしいたが、その一部は、アメリカの複数の石油企業の協力のもとに書かれていた。これらの企業は膨大な利益を上げた。ここで割を食ったのが、石油企業の労働者と、そして自然環境である。石油の流出や事故が多発した。一九二二年のある油井噴出事故では、石油が約三五キロメートルにわたって広がり、一〇〇万バレル近い石油がマラカイボ湖に流入した[141]。

ゴメスがしたい放題私腹を肥やし、九七人とも言われる婚外子を作るあいだ、彼の家族と、ゴメシスタと呼ばれる取り巻き連中は最高の地所を買占め、それを外国企業に転売することによって、貧困にあえぎ続ける同胞を尻目に、自分たちのため、そしてゴメスのために莫大な富を蓄積した。これによって、ベネズエラの石油生産は一九二一年の一四〇万バレルから一九二一年には一億三七〇〇万バレルにはねあがり、総生産量でアメリカに次ぐ二位となり、輸出量では初めて世界一になった。ベネズエラの石油市場を支配していた三つの企業のうち、二つがアメリカ人の所有する会社だった――ガルフ・オイルとパンアメリカン・オイルである。後者は一九二五年、スタンダード・オイル・オブ・インディアナに買収された[142]。この二社を合わせると、一九二八年にはイギリスのロイヤル・ダッチ・シェルを抜いて、ベネズエラの石油生産で首位となり、ゴメスが亡くなるまでにベネズエラの石油生産の六〇パーセントを占めるようになっていた[143]。

だが、ゴメスとその後継者たちの独裁政治に対し、左翼の反発勢力が拡大していた。石油労働者は、労働条件改善と賃上げを要求してしばしばストライキを行ない、一九二八年にはカラカスのベネズエラ中央大学の学生たちが独裁政治を糾弾し、より民主的な政府を求めて騒乱を起こした。彼らは「一九二八年世代」と呼ばれている。長年にわたる苦闘が続いたすえ、一九四五年に、ロムロ・ベタンクールの民主行動党（AD）がイサイアス・メディーナ・アンガリータの政権を打倒するのに成功した。ベタンクールは、ベネズエラの利益により適うような石油企業との関係を築いた。しかし一九四八年の軍事クーデターで彼は失脚した。これらの進歩主義的改革者たちは、外国からの投資の必要性を認識しながらも、外国の石油企業によるベネズエラ資源の搾取に対する急進的ナショナリズムと反帝国主義のレジスタンスという伝統を確立したのだった。(144)

## 「砲艦外交」から経済的利益へ

一九二〇年までには、アメリカ人たちはウィルソン的「理想主義」に辟易しはじめていた。この年の大統領選のキャンペーンで、ウォーレン・G・ハーディングが「正常への復帰」を唱えたとき、彼らはそれを歓迎したが、これは、ウィルソン以降最初の二人の共和党大統領（訳注　ハーディングと、その次のクーリッジ）にとっては平凡さへの回帰を意味した。ハーディング、クーリッジ、フーバーの政権は、ルーズベルト、タフト、そしてウィルソンの政権を特徴づけた高圧的な砲艦外交に訴えることなく、中南米におけるアメリカの経済的利益を拡大する方法を探った。一九二〇年の大統領選挙戦中、ハーディングは、民主党の副大統領候補フランクリン・D・ルーズベルトが、〝海軍次官だった当時にハイチの憲法を自分が起草した〟と発言したことを取り上げ、自分（ハーディング）が大統領になったなら、「西インド諸島の無力な隣人たちの憲法を起草して、米国海兵隊が突きつける銃剣のもと、無理やり押しつける権限を海軍次官に与えたりはしない」と聴衆に請け合った。ハーディングはこのほかにも、ウィルソンが行なったことで、自分は絶対に繰り返さないことを列挙した――たとえばこのように。「この数年間にわたり、われわれの友人になるべき国を敵に回してしまったのみならず、その当然の結果として、彼らの信頼できる隣人というわが国の信用を傷つけることになった、西半球のさまざまな小共和国への不当な内政干渉にあたる度重なる行為を、行政権を濫用して秘密のベールで覆い隠すことも、私はいたしません」[145]。

じつのところ、ハーディングと彼のあとに続いた、彼の盟友の共和党出身大統領たちは、これら小共和国の住民たちよりも、アメリカの銀行家たちに大勢の友人を作った。一九二二年五月、《ネーション》誌は、「ブラウン・ブラザーズの傀儡の、極めて不人気なニカラグア大統領」に対して革命家たちが火付け役となって暴動が起こったと報じた。革命家たちが首都を見渡す要塞を占拠したとき、米国海兵隊の指揮官は、要塞をあけわたさなければ大砲を使用すると警告しただけだった。《ネーション》によれば、これは、アメリカの銀行家たちが、アメリカ軍に支えられた傀儡政権をとおして支配している中南米の全域で起こっていることの一つの典型であった。同誌は、この嘆かわしい状況を激しく非難した。

わが国の南側には、独立した共和国が二〇カ国存在する（あるいは、存在した）。少なくともそのうち五カ国――キューバ、パナマ、ハイチ、サントドミンゴ、ニカラグア――ですでに、良くてもかなりの程度まで虚構にすぎない自治しか行なわれていない、植民地同然の状態になってしまっている。さらに四カ国——グアテマラ、ホンジュラス、コスタリカ、ペルー——が、同様の状態に陥りつつあるようだ。ヒューズ氏はメキシコを独立した主権国家として扱っていない。この状態はどこまで行くのか？……アメリカはこの領域に一大帝国を築くのか——議会もアメリカ国民も一切権力を行使できない帝国、その意のままに国も海軍省も資源を提供する、ウォール街の銀行家たちのグループが支配する帝国を？　息子たちを、熱帯の熱病でなければ愛国者の弾丸で失う運命の一般庶民は、これらの問いを投げかける権利がある。(146)

**失われた世代《ロスト・ジェネレーション》**

「大戦争《グレート・ウオー》」と呼ばれた第一次世界大戦のあと、孤立主義に陥るどころか、アメリカはその帝国を拡張する、戦争よりも効果的な方法を見出した。実際、ほとんどのアメリカ人にとって、戦争が残した後味はますます悪くなっていた。アメリカが第一次世界大戦に加わった期間は比較的短く、ほとんどの点において大成功だったが、塹壕戦と化学兵器を特徴とした戦争の性格と、戦後の調停が難航したことが相俟って、戦争の栄光そのものが損なわれてしまった。戦後になって、アメリカ人は一層幻滅を感じるようになったわけだ。世界を民主主義にとって安全な場所にするための戦争は、その目的において失敗だったように思われた。この戦争がすべての戦争を終わらせるという希望も大してなさそうだった。それでも、アメリカは自由と民主主義のための偉大な聖戦を行なったのだと信じ続ける者たちもいないわけではなかった。だが、そうでない者たちには、そんな言い草は空しく響くばかりだった。最初の戦争の陶酔感は、その戦争が実際に達成したことの現実によって、やがて消し去られてしまうのだということを、国全体が再び学んでいたころ、深い幻滅感を特徴とする戦後文学として、E・E・カミングス、ジョン・ドス・パソス、アーネスト・ヘミングウェイ、エズラ・パウンド、トマス・ボイド、ウィリアム・フォークナー、ローレンス・スターリングス、アーウィン・ショー、フォード・マドックス・フォード、ダルトン・トランボ、そしてその他の著者らの一群の作品が出現した。ドス・パソスの一九二一年の小説、『三人の兵士』のなかで、負傷した主人公、ジョン・アンドリューズは、YMCAの代表者がやってきて、彼の精神を高揚させせようと、「さぞかし急いで前線に戻って、もっと大勢のドイツ野郎を倒したいと思っておられるでしょう……。自分の義務を果たしていると感じるのは素晴らしいですよね……。ドイツ野郎どもは野蛮人で、文明の敵です」などとしゃべりまくるのに、嫌な思いをする。「これまでに考えられた最善のこと」が、こんなことになり下がってしまったことに不快感を覚えた。「希望のない焦燥感が猛烈な勢いで彼を呑み込んだ……。強欲と憎悪と冷酷さよりも、もっとましなものが世界には存在するはずだった」とドス・パソスは綴っている。[147]

戦争に対する怒りをあらわにした者たちがいた。ただ戦後の深い倦怠感を表明した者たちもいた。一九二〇年F・スコット・フィッツジェラルドは、『楽園のこちら側』で、エイモリー・ブレインとその若い友人たちのことを、「成長してみたら、すべての神は死に絶え、すべての戦争はもう戦われてしまい、人間に対するすべての信頼がぐらついているのを目の当たりにした、新しい世代がここにあった」と描いた。[148]ガートルード・スタインは、アーネスト・ヘミングウェイとその飲んだくれの友人たちにこれと同じ倦怠感《アンニュイ》を見てとり、「戦争で役目を果たしたあなたたち若者全員。あなたたちは失われた世代《ロスト・ジェネレーション》だわ」と口にした(149)。

作家たちに負けじと、ハリウッドも優れた反戦映画をいくつか生み出した。今日なお古典として高く評価されているものもある。レックス・イングラムの『黙示録の四騎士』（一九二一年）で、ルドルフ・バレンチノは一躍スターとなった。キング・ヴィダーの『ビッグ・パレード』は一九二五年、映画として最高の収益をあげた。ウィリアム・ウェルマンの『つばさ』（一九二七年）は、第一回アカデミー作品賞を獲得し、ルイス・マイルストンの『西部戦線異常なし』（一九三〇年）は、今もなお史上最高の反戦映画の一つである。

## 人間の知性を貶めた第一次大戦

この戦争は、無数の微妙な点でも気力を喪失させるものであった。戦争前の、人類の進歩への信頼を基盤とした文明の行進は、野蛮と堕落を暴露したと思われる戦争によって、無に帰されてしまった。要するに、人間の可能性と人間の品位への信頼が消え去ってしまったのだ。これは、大西洋の両側ではっきり見て取れたが、それも無理からぬことだった。一九二〇年代にアメリカでその名が広く知られるようになったジークムント・フロイトの思想の変遷には、このメンタリティーの変化が典型的に現れている。彼は戦前には、快楽原則と現実原則のあいだの緊張を強調していたのだが、戦後になると、人間の本質は死の欲動にあるとする悲観主義へと移行したのだった。

人間性に対する否定的な見方は、人間の本質的な能力への信頼の喪失として表れた。軍隊は心理学者たちにとって人間の知性について実験を行なう巨大な研究室の役割を果たし、三〇〇万人の徴集兵は、ほかではありえない人間モルモットの供給源となった。軍の兵士たち――その多くがジョージア州フォート・オグルソープでテスト実施法の訓練を受けていた――の協力を得て、心理学者たちは、四万一〇〇〇人の将校を含む一七二万七〇〇〇人の新兵に知能テストを行なった。教育水準に着目して蓄積されたデータは驚異的なものだった。新兵の約三〇パーセントが読み書きができなかったのだ。[150]教育を受けた年数は、グループによって大きく異なっており、中央値でいうと、アメリカ生まれの白人で六・九年、移民で四・七年、南部の黒人で二・六年だった。知能テストの結果は、これよりなおショッキングだった。大雑把で、文化的な偏見も混じった知能テストではあったが、白人の召集兵の四七パーセント、黒人の召集兵の八九パーセントが、当時の言葉でいう「魯鈍《ろどん》」に当たるという信じがたい結果となった。[151]

## 理性に訴えてみても、人類の四パーセントにしかアピールできない

このあと、人間知性はなお一層貶められたが、そんな人間観があからさまに見られる場所は、戦後の広告をおいてほかにない。一九二〇年代は、広告の黄金時代――この業界が、最も重要な資本主義の芸術形態へと花開いた一〇年――と見なされることが多い。歴史家のマール・カーチが、《プリンターズ・インク》という広告業界専門誌について研究を行なった結果として示したところでは、一九一〇年以前には広告主は概して、消費者たちは理性的で自己本位的で、この仮定に基づいて広告を作れば消費者にアピールすることができると考えていた。しかし、一九一〇年から一九三〇年にかけて

は、大多数のコメントが、広告主は消費者を非理性的と見なしていると示すようになった。その結果、広告は、「なぜかという理由」を示すアプローチを徐々に捨て去って、幻想や感情に訴えかけるようになっていった。[152] 一九二三年アトランティック・シティで開催された広告協議会ではある講演者が、「理性に訴えかける広告を作っても、人類の四パーセントほどにしかアピールできない」と述べたが、この状況をうまく捉えた発言と言えよう。[153] この諦観じみた感想が広告主たちに受け入れられ、常識となった。J・ウォルター・トンプソン広告代理店のウィリアム・エスティは同僚たちに、専門家はみな、「知性や論理に基づいて大衆にアピールしようとしても無駄だ」と考えていると教えた。[154] 米国広告代理店協会の会長、ジョン・ベンソンは一九二七年、次のように述べた。「ありのままの真実を告げても少しもアピールしないだろう。善《よ》かれと思うなら、人々をだますことが必要なのかもしれない。医者や、牧師までもがこのことを認識しており、実行している。平均的知性は驚くほど低い。理性よりも、無意識の衝動や本能によって導くほうがはるかに効果的だ[155]」。

この戦後の悲観主義は、ほかのどこよりもウォルター・リップマンの著書にはっきりと表れている。リップマンは、多くの点において、一九二〇年代アメリカの、知名度も高い傑出した知識人であった。戦前は社会主義と進歩主義を先導したリップマンの人間理性への信頼は、戦後徐々に失われていった。一九二二年に出版された名著、『世論』のなかで彼は、人々の頭のなかにあるものの、現実には対応していないイメージを指して、「ステレオタイプ」という言葉を導入した。彼は、一般大衆にとって世界は複雑になりすぎてしまったので、科学教育を受けさせた専門家たちを大衆に置き換えるべきだと提案した。二年後、『幻の公衆』を出版するまでに、彼の民主主義への信念は一段と弱まった。民衆はせいぜい、彼らを導く良い指導者を選ぶくらいしかできないというのがそのころの彼の考えだった。そして一九二九年の名著『モラルへの序論』では、一九二九年から一九三〇年にかけてアメリカ全体を覆っていた存在の危機を反映し、無意味な宇宙のなかでの人間存在の目的そのものに対する絶望感を彼は表明した。

民主主義を最も辛辣に批判したのが、「ボルチモアの賢者」H・L・メンケン（訳注　二〇世紀前半、最も影響力があったとされるアメリカのジャーナリスト、批評家）であることは間違いない。メンケンは、宗教その他の迷信から抜け出せない庶民を、「ブーブス・アメリカヌス」という種《しゅ》の一員、「ブーブ（間抜け）」と呼んだ。また、ジェファーソンが民主主義のバックボーンとして選んだ、独立自営農民《ヨーマン》に対して軽蔑の念を表明し、「われわれはこの貪欲な愚か者を……卓越した市民として、国家の礎石として、尊敬することを求められている！……ヨーマンなどくそくらえだ。やつらに悪運あれ！」と罵倒した(156)。

## 古き良きアメリカの喪失

一九二〇年代前半までに、ジェファーソン、リンカーン、ホイットマン、そして若きウィリアム・ジェニングス・ブライアンのアメリカは存在しなくなった。それは、マッキンリー、セオドア・ルーズベルト、J・エドガー・フーバー、そしてウッドロー・ウィルソンの世界に取って代わられたのだ。ウィルソンの失敗は、多くの意味で、理想主義、軍国主義、貪欲、そして現実的政治が、アメリカにおいてユニークなかたちに交じり合ったものが、この国を大国への道へと駆り立てた時代に、その仕上げとして頂点を飾るものとしてふさわしい。ウィルソンは、「アメリカは世界で唯一の理想主義国家だ」と宣言し、それが真実だと信じているかのように行動した。[157] 民主主義を広め、植民地主義を終わらせ、世界を変貌させることを彼は望んだ。彼の業績は、そんな素晴らしい目標にはとても届かなかった。民族自決を支持し、国体としての帝国に反対した一方で、彼はロシア、メキシコ、そして中央アメリカ全域で、他国の内政に繰り返し干渉した。改革を奨励しておきながら、庶民の暮らしを実際に改善するであろう、根本的でときには革命的でもありうる変化については、深い疑いを抱いたままだった。社会正義を擁護しながら、財産権は極めて神聖で、決して侵害されてはならないと信じていた。人類はみな兄弟だという考え方を支持していた一方で、有色人種は劣っているとの思い込みがあり、連邦政府内で人種差別を復活させた。民主主義と法による支配を口では称賛しておきながら、市民の自由のはなはだしい侵害を見過ごした。帝国主義を非難しながら、世界に帝国主義的秩序が維持されるのを認めた。懲罰を課さない公平な和平を宣言しておきながら、ヒトラーとナチスの台頭の前提条件を生み出す、厳しい報復を含む和平に黙従した。ベルサイユにおけるウィルソンの働きが唖然とするほどぶざまだったことは、上院で国際連盟加盟も含めたベルサイユ条約の批准が可決されなかった一因となった。

こうして見るように、この戦争は、戦場での恐怖をはるかに超える結果をもたらした。アメリカは国際連盟にはまったく加盟せず、おかげでこの国際組織は、一九三〇年代のファシストの武力による侵略を前に無力であった。アメリカは偽りの口実を使って第一次世界大戦に加わったのであり、そのあいだに銀行家や軍需品の製造業者——のちに「死の商人」と呼ばれる者たち——が膨大な利益をあげたことが暴露されると、外国の問題への介入に対する懐疑が広まったが、じつはこれからの時期こそ、アメリカが真の「悪の枢軸」――ドイツ、イタリア、日本――に立ち向かうべきときだったのである。アメリカが行動を起こしたときには、すでにあまりに遅すぎた。しかし、ついにファシズムと戦わねばならなくなったことは、アメリカが、過去の偉大さとモラルに基づくリーダーシップの基盤であった、民主主義と平等主義の伝統をまがりなりにも取り戻す機会となった。そして、第二次世界大戦への参戦も開戦から何年かのちのことではあったが、アメリカはヨーロッパのファシストを倒すうえで重要な支援を行ない、また、日本の軍国主義者を打ち破るうえで決定的な役割を果たした。だが、第二次大戦の最後に広島と長崎に原子爆弾を投下したことで、アメリカはまたもや、追い詰められた世界が切に求めているようなリーダーシップを提供できる段階にはまだ達していないことを露呈したのだった。

# 第2章　ニュー・ディール――「私は彼らの憎しみを喜んで受け入れる」

## 世界大不況下のアメリカとFDR

一九三三年三月四日、大統領に就任したフランクリン・デラノ・ルーズベルトに突きつけられた世界は、一三年前に彼が副大統領候補に選出されたときの世界とは、まったく様変わりしていた。一九二〇年、世界は第一次世界大戦から立ち直りつつあった。しかし一九三三年には、克服できそうもない問題が山積していた。アメリカ合衆国にとって史上最悪の不況が四年めに突入している。失業率は二五パーセント。GNPは五〇パーセント減。農家の収入は六〇パーセント急落。工業生産も五〇パーセント以上落ち込んだ。金融システムは破綻。あらゆる町や都市で救援食料の配給を受ける人が列をつくり、ホームレスが街をうろついている。国中が惨めな思いで、絶望感が蔓延していた。(1)

世界の大部分はアメリカよりもさらにひどい状態だった。一九二〇年代に比較的豊かな時代を経験したアメリカとは違って、ほとんどの交戦国は世界大戦による荒廃から完全には立ち直っていなかった。そういう国々の市民には、世界規模の経済メルトダウンの影響を和らげてくれるクッションがあまりなかった。そして、あちこちでもめごとが起こり始める。

イタリアでは、ベニート・ムッソリーニが一一年にわたる独裁的支配を経て、確固たる権力の座におさまった。ドイツでは、アドルフ・ヒトラーとナチ党が、戦後の不満と経済苦境につけ込んで権力を手にした。ルーズベルト就任のわずか一週間前、ヒトラーは国会議事堂の火事に乗じて国中で独裁的な締め付けを強め、ドイツ共産党、社会民主党、労働組合、および左翼の知識人に対して、激しい攻撃をしかけた。

アジアでも雲行きが怪しくなっていた。一九三一年九月、ソ連と中国と朝鮮に挟まれ、資源豊富で奪い合いの地だった満州を日本軍が占拠し、一九三二年、新たに満州国と命名した。国際的な抗議に対抗して、日本は一九三三年に国際連盟を脱退する。

大恐慌による打撃はあったが、アメリカのムードは確かにもっと明るかった。ルーズベルトの就任式の日、ニューヨーク・タイムズ紙の社説が政権交代を取り巻く興奮をとらえている。

アメリカ人は揺るぎない希望を抱く国民である。……しかし、今年ほど新しい大統領の就任が熱望されることはめったにない。……彼らは驚くほど辛抱強く苦難に耐えてきて、その苦難はルーズベルト氏がホワイトハウスに入るだけで和らぐ、あるいは消え去るのだと、いつの間にか信じるようになった人が大勢いる。……ルーズベルト氏は……待ちかまえる複雑にもつれた問題を前にしても、明るく楽観的な印象を与えている。……憂鬱な気持ちで沈んでいる市民でさえも……任期の初めに「アメリカ合衆国に不可能なことはない」という信念で行動する大統領への、ひとかけらの敬慕の念は失っていない。……これほど強くほとばしる国民の信頼と期待を受けて、これほど大きなチャンスに恵まれたアメリカ合衆国大統領は、いまだかつていなかった[(2)]。

ルーズベルトは大胆に行動する方針を固めた。国が彼を後押ししている。民主党は上下両院を支配しており、国民は行動を求めている。ウィル・ロジャースは大統領の就任間もないころについて、こうコメントしている。「もし彼が議事堂を焼き払ったとしたら、私たちは喝采してこう言っただろう。『よし、とにかくまずは火をおこしたぞ[(3)]』」。

## 「あこぎな両替商」との決別

待ち望まれたルーズベルトの就任演説は、苦難との闘いに向けて国民を奮い立たせた。「われわれが恐れなくてはならないのは、恐れそのものだけである」という言葉は、振り返ってみれば、問題の深刻さに対して現実離れしていたように思える。しかし、ルーズベルトはもっと深い現実と通じていた──アメリカ人には新たな希望と自信がどうしても必要だったのだ。そして彼は復興に乗り出した。

彼は目下の悲惨な状況が誰の責任なのかを、こう断定している。「あこぎな両替商はわれわれの文明という神殿の権力の座から逃げ出した。いまこそ、その神殿に古来の真理を取りもどそう。取りもどせるかどうかは、われわれが単なる金銭的利益よりも高邁な社会的価値を、どれだけ求めていくかにかかっている」。そして「あらゆる銀行業務、信用取引、および投資を厳しく監督すること」と「他人の資金による投機を終わらせること」を求めた[(4)]。

1933年3月4日、ルーズベルトの就任式のために米国議事堂に向かうフランクリン・デラノ・ルーズベルトとハーバート・フーバー。就任式は楽観ムードをあおった。ウィル・ロジャースは大統領の就任間もないころについて、「もし彼が議事堂を焼き払ったとしたら、私たちは喝采して『よし、とにかくまずは火をおこしたぞ』と言っただろう」とコメントしている。

1933年2月の取り付け騒ぎ。1930年から32年までに、アメリカの銀行の5分の1が破綻していた。ルーズベルト就任までに、いたるところで銀行業務が完全に停止するか、あるいは厳しく制限されていた。

ルーズベルトは、任に就いたあかつきにどんな政策を採用するかについて、ほとんど表明していなかった。選挙運動中には、ハーバート・フーバー大統領の強引すぎる歳出と赤字予算を、右派的な見地から攻撃することもあれば、国民の苦しみを認めて「新規まき直し」を求めることもあった。これから、ごく現実的でごく実際的な問題を解決しなくてはならない。フーバーは、選挙からルーズベルト就任までの四カ月の空位期間中、協調行動を取ろうという自分の申し出を無視することで、ルーズベルトは悪い状況を意図的にさらに悪化させていると非難していた。もう待ち時間は終わりだ。まずは銀行制度である。

## 銀行制度にメスを入れる

一九三〇年から三二年までに、アメリカの銀行の五分の一が破綻し、倒れそうな銀行がほかにもたくさんあった。一九三二年一〇月三一日、ネバダ州知事が連邦政府の融資を求めてワシントンに出向いているあいだに、モーリー・グリスウォルド副知事が一二日間の銀行休業を宣言した。預金者が自分の資金を引き出せないようにして、取り付け騒ぎを避けるためだ。国中の市長や知事は後に続くのをためらい、状況を心配そうに見守った。事態が展開したのは、ミシガン州が二月一四日に八日間の銀行休業を宣言し、五五〇の州立銀行と国法銀行を閉じたときのことである。ニューヨーク・タイムズ紙は神経をとがらせている読者に、「[ミシガンが]先例とされるべき理由はない」と請け合った。メリーランド州とテネシー州は行動する十分な理由があると判断し、ケンタッキー州、オクラホマ州、アラバマ州も続いたところ、パニックに陥った預金者たちが、できるうちに自分の財産を引き出そうと列をなした。(5) ルーズベルト就任までに、いたるところで銀行業務が完全に停止するか、あるいは厳しく制限されていた。

銀行制度を劇的に変える条件がそろっていた。株価暴落以来、銀行家に対する大衆の怒りは膨らんでいた。前年の一九三二年二月、ニューヨーク・タイムズ記者のアン・オヘア・マコーミックが、ウォール街の銀行家に対する反感の全国的な広がりを、こう伝えている。「昨年、二〇〇〇件以上の銀行が倒産した国で……国の内外で起きたことのほとんどすべてを銀行家のせいにする風潮が生まれている。……金融界の有力者に対する感情がこれほど苦々しいものになったことは、少なくともこの時代にはこれまでなかった。……一般市民はずっと金融界の支配層のモラルを疑ってきたが、いまやその不信感はさらに募っている。その知性さえも疑われているのだ」[6]。

## ウォール街への不信――ペコラの公聴会での大暴露

一年後、経済崩壊の助長に銀行が果たした役割に関する上院の調査が火に油を注ぎ、ウォール街の投資家に対する不信は最高潮に達した。上院銀行通貨委員会のピーター・ノーベック委員長は、元ニューヨーク郡地方検事補のフェルディナンド・ペコラを公聴会の運営役に指名した。ペコラは全国の主要な銀行家を激しく非難する。二月初旬、世界最大の銀行であるナショナル・シティ・バンクの取締役会長として影響力を持つチャールズ・E・ミッチェルが、証言のために呼ばれることが発表されたとき、サウスダコタ州選出の共和党議員であるノーベックは声明を出した。「これまでの調査で、いくつかの大手銀行が大荒れの株式市場ブームに大きく関与していたことが明らかになっている。……販促キャンペーンを行なっていた銀行もある。……それは大衆から丁重にお金を巻き上げるやり方だった」。ノーベックはさらに、ワシントンの連邦準備制度理事会（FRB）が株式市場ブームを抑えようとしたとき、ニューヨーク連邦準備銀行の役員だったミッチェルが「FRBに食ってかかり、ブームを加速させた。彼はFRBに対して『くたばれ』という態度を取ったが、処罰を免れた」と付け加えている[7]。

公聴会のニュースは各新聞の第一面を飾った。ペコラは、非常識な高給、未払いの税金、秘密のボーナス、倫理にもとるローンなど、アメリカ有数の銀行家側の不正と悪事を暴露した。そのため、国内屈指の有力者だったミッチェルが辞職に追い込まれる。それでも、八五万ドルの所得税を政府からだまし取った罪では無罪判決を勝ち取り、一〇年の実刑判決をかろうじて免れた。

各誌は銀行家をギャングスターにかけて「バンクスター」と呼ぶようになった。ネーション誌は「二五ドルを盗んだ人は泥棒だ。二五万ドルを盗んだ人は横領犯だ。二五〇万ドルを盗んだ人は銀行家だ」[8]と述べている。この風潮のなかでなら、ルーズベルトはやりたいことを自由にやることができただろう。顧問団のレイモンド・モーリーは、「のるかそるかの瞬間があったとしたら、それは一九三三年三月五日だ——あの日、型破りの発想がこの資本主義体制から残っていた最後の力を奪ったかもしれない」。ブロンソン・カッティング上院議員は、ルーズベルトは「一言の抗議も受けずに」銀行を国有化できると断言した。農業調整局のレックスフォード・ガイ・タグウェル局長をはじめとする顧問たちは、そうするようにルーズベルトに強く勧めた。

## 資本家から資本主義を守るために

しかし、ルーズベルトが選んだ行動方針は、はるかに保守的だった。四日間の全国的な銀行休業を宣言し、就任初日に丸一日をかけてアメリカ有数の銀行家たちと話しあい、有事立法を通すために特別議会を招集し、かの有名な炉辺談話を初めて行なって、市民の不安を和らげたのだ。議会は法案を可決し、ルーズベルトはおもに銀行家自身によって書かれた緊急銀行法に署名する。銀行制度は根本的な改革なしに元にもどった。ウィリアム・レンカー下院議員は「大統領は三月四日にあこぎな両替商を首都から追い払った——そして九日に彼らは全員もどって来た」と言っている[9]。銀行危機に対するルーズベルトの解決策は、彼がほとんどの問題にどう対処するかの見本になっている。彼の直観は基本的に保守的だった。彼は資本家から資本主義を守ろうとしたのだ。アメリカ史上初の女性閣僚、フランシス・パーキンス労働長官の説明によると、ルーズベルトは「わが国の経済システムの現状を、自分の家族のように当たり前と見なしていた。……それに満足していた」[10]。しかし彼が資本主義を救うために使った手段は大胆で、先見的で、人間味があった。それがアメリカ人の生活を数十年にわたって、いや、おそらくもっと長きにわたって、変えることになった。

ルーズベルトは決して急進派ではなかったが、就任後一〇〇日間で、意欲的な復興計画を展開した。たとえば、農業を救うための農業調整局、若者を森林や公園で働かせるための市民保全部隊（CCC）、連邦政府が各州を支援するためのハリー・ホプキンス率いる連邦緊急救済局（FERA）、大規模な公共事業を統合するためのハロルド・イッキーズ率いる公共事業局（PWA）、投資商業銀行業と銀行預金のために設立された連邦保険とを区別するグラス・スティーガル法、産業復興を促進する全国復興局（NRA）等々。

## 全国産業復興法（NIRA）――自由放任資本主義の終わり

ルーズベルトが「アメリカ議会によって制定された最も重要で遠大な法律」と見なす全国産業復興法（NIRA）によって設立されたNRAは、第一次世界大戦中にバーナード・バルークが監督していた戦時産業局（WIB）を一部モデルにしている[11]。NRAは独占禁止法を一時停止させ、自由放任の資本主義を事実上終わらせた。代わりに中央集権的計画で、疲弊した経済を活性化しようというの

（上）アイダホ州のボイシ国有林で働く市民保全部隊（ＣＣＣ）の隊員。（下）公共事業局（ＰＷＡ）によってニュージャージー州で高校建設のためのレンガを運ばされる人たち。ＣＣＣとＰＷＡはルーズベルトが就任後100日間で展開した意欲的な復興計画の一部。

ルーズベルトが「アメリカ議会によって制定された最も重要で遠大な法律」と見なす全国産業復興法（ＮＩＲＡ）によって設立されたＮＲＡは、独占禁止法を一時停止させ、中央集権的計画を支持することによって、自由放任の資本主義を終わらせるかのようだった。

だ。ＮＲＡのもと、各産業は、賃金、価格、生産量、そして労働条件を網羅する、独自の規準を策定した。大手企業がそれぞれの産業分野の規準設定プロセスを牛耳っていて、労働者と消費者のグループはせいぜい脇役を果たすだけだった。

　最初のＮＩＲＡ立法は急いでまとめられたので、順守するべき明確なガイドラインが示されていなかったが、多くのリベラル派はそれを称賛した。ネーション誌は「集産化社会」への一歩だと歓迎している[12]。ＮＲＡに独特の空気が生まれたのは、ルーズベルトがその長官にヒュー・ジョンソン将軍を選んだからである。ジョンソンはバルークの部下で、二人はＷＩＢで緊密に協力しあっていた。ジョンソンは軍を引退したあと、バルークの商取引の補佐役になった。ジョンソンがＮＲＡのリーダーになったことは、ニュー・ディール政策がファッショ的だという主張をあおった――ばかげた危険な意見だが、のちにロナルド・レーガンや、もっと最近では保守派の著述家ジョナ・ゴールドバーグによって広められた。レーガンは一九七六年の大統領選挙運動中、「実はニュー・ディール政策の基盤はファシズムだった」と言って、人々の神経を逆なでしている[13]。

ジョンソンはむしろ例外だった。彼はファシストへの共感を隠していない。一九三三年九月、彼は二〇〇万人あまりのNRAのパレードをニューヨークの五番街で視察した。タイム誌の報道によると、「ジョンソン将軍はずっとファシストの敬礼のように手を上げていて、そのパレードは『私がこれまで見たなかで最もすばらしいデモンストレーションだ』と明言した[14]」。ジョンソンはフランシス・パーキンスに、ラファエロ・ヴィリオーネによるファシスト支持の小論文『全体主義国家』を渡している。最終的にルーズベルトは、とっぴな行動、癇にさわる性格、過度の飲酒、そして労働者から反感を買う傾向を理由に、ジョンソンを解任した。彼はひどく感傷的な別れのスピーチで、ベニート・ムッソリーニの「輝かしい名前」をほめたたえている[15]。

## ルーズベルトはファシストか？

ルーズベルトが国をどこに導こうとしているのか、ひどくあいまいなところがあったために、アメリカをファシストのイタリアと比べる人もいた。クオータリー・レビュー・オブ・コマース誌は一九三三年秋に、「彼の政綱に一種のアメリカ・ファシズムに向かう動きを見る人もいる。実際、大統領の手に膨大な権力が集中しているなか、全国産業復興法による競争を規制する新しい規準、最低賃金と業界の最大労働時間の決定、そして経済計画と生産量調整の一般的政策、すべてがイタリア・ファシスト党綱領の基本的特徴を強く示唆している」と書いている。記者はジョンソンの反労働運動の傾向について解説し、一〇月一〇日に彼が「はっきりした言葉で労働者に対し、ルーズベルトの計画のもとで『ストライキは不要』であり、いかなる反対も許容されないと警告」を発したことも述べている。[16]

一九三〇年代に右翼グループがやたらと出現したが、シンクレア・ルイスが一九三五年の小説『ここでは起こりえない』で警告したファシズムの脅威は、アメリカでは根づかなかった。だからといって、ムッソリーニやヒトラーの崇拝者がいなかったわけではない。タイム誌とフォーチュン誌は、臆面もなくムッソリーニを支持した。一九三四年、フォーチュン誌の編集者はイタリアのファシズムを、「秩序、義務感、勇気、名誉、犠牲など、人類の古来の美徳」を具体化していると、ほめそやしている。[17]多くのアメリカ在郷軍人会員も同じように感じていた。在郷軍人会のアルビン・オウズリー会長は、一九二三年、「イタリアにとってのファシスト党は、アメリカ合衆国にとっての在郷軍人会である」と明言し、同会は一九三〇年の全国大会にムッソリーニを講演者として招待した。[18]ペンシルベニア州のデイヴィッド・リード上院議員をはじめ、選挙で選ばれた議員さえもムッソリーニを称賛し、「もしこの国がムッソリーニのような人物を必要とすることがあるなら、それはいまだ」と述べている。[19]

## アメリカ国内のヒトラーの擁護者

ヒトラーの擁護者もアメリカに大勢いた。とくによく知られているのが、ペンシルベニア州選出の共和党下院議員、ルイス・T・マクファデンである。彼は一九三三年五月に下院本会議場で、国際的なユダヤ人の陰謀を非難した。ユダヤ人による世界乗っ取りの陰謀を証明するという趣旨の反ユダヤ主義の長論文『シオン長老の議定書』から、いくつか文章を読んで連邦議会議事録に記録させ、大統領の金本位制放棄によって「国の金と法定貨幣は、フランクリン・D・ルーズベルトと親しい国際的なユダヤ人金融業者に与えられた」と述べた。そして「この国は国際金融業者の手に渡ってしまった」と非難し、こう問いかけている。「今日のアメリカ合衆国では、キリスト教徒が紙きれを持っているのに、ユダヤ人が金と法定貨幣を持っているというのが事実ではないだろうか？　そして、この履行拒否の法案は、ユダヤ人の国際金融業者が自分たちの権力を持続させるために、とくに考えて書いた法案ではないのか？」[20]。

ミシガン州ロイヤル・オークの悪名高い「ラジオ神父」、チャールズ・コフリン神父は放送電波を使って、協調主義《コーポラティズム》とますます反ユダヤ主義を強めるビジョンを明言した。彼が毎週発行していたソーシャル・ジャスティス誌は『議定書』を連載し、武装した民兵組織クリスチャン・フロントに参加するよう信奉者に促した。一九三八年のギャラップの報告によると、ラジオを持っているアメリカの家族の一〇パーセントは定期的にコフリンの説教を聞き、二五パーセントは時々聞いていたという。固定リスナーの八三パーセントが神父のメッセージに賛成している[21]。一九四〇年になっても、ソーシャル・ジャスティス誌を毎週読む人は二〇万人を超えていた[22]。

さらに右寄りに、いわゆるシャツ運動があった。ムッソリーニの黒シャツとヒトラーの褐色シャツにヒントを得たものだ。ウィリアム・ダドリー・ペリーのシルバー・レギオンは、一九三三年に二万五〇〇〇人ものメンバーを擁していたようである。カンザス州では、一〇万人の読者を誇るデフェンダー紙を発行する「ジェイホーク・ナチ」ことジェラルド・ウィンロッドが、一九三八年、カンザス州選出の上院議員予備選挙で、共和党員票の二一パーセントを獲得した[23]。ウェストバージニア州のナイツ・オブ・ザ・ホワイト・カメリア、フィラデルフィア州のカーキ・シャツ、テネシー州のクルセーダー・ホワイト・シャツ、ニューヨーク市のクリスチャン・モビライザーなど、国中に過激派があふれていた[24]。なかでもとくに過激だったのが中西部を拠点とするブラック・レギオン、一九二五年にクー・クラックス・クランから分離したグループである。クランの白いシーツの代わりに黒いローブを身にまとうレギオンのメンバーは、一九三五年には六万人ないし一〇万人と推定されていた。リーダーの電気技師ヴァージル・エフィンガーは、アメリカのユダヤ人を絶滅させる必要性について公然と語っていたが[25]、一九三七年に連邦政府がこのグループを厳しく取り締まった。「シャツ仲間」ではないが、洋品店の経営に失敗したハリー・トルーマンは、もっと早い時期にクランのメンバーに志願していたが、のちに考え直した。

### 国際的な問題は二の次――あくまでアメリカ人のために

現実には、ニュー・ディールに対するヒュー・ジョンソンの影響はつかの間のことで、極右は存在しなかった。ニュー・ディールはファシズム流の解決策を拒んだだけでなく、理路整然とした統合的指針を押しつけようとする努力に抵抗した。どちらかと言うと、さまざまな手法の寄せ集めだったのだ。レイモンド・モーリーが書いているところによると、ニュー・ディールを一貫した計画の産物だと見るのは「男の子の部屋にヘビの剝製、野球の写真、学校の旗、古いテニスシューズ、大工道具、幾何学の本、それに化学実験の道具が集められているのを、インテリア・デザイナーの仕事かもしれないと考えるようなものだ」。ルーズベルトはイデオロギーより実用を重視した。そして、自分の前任者たちが想像もできなかったくらい大きな役割を政府に担わせたのである。[26]

ルーズベルトは最初から、アメリカ経済の活性化とアメリカ人の雇用回復に重点を置いていた。国際的な問題の解決は二の次だ。そのことを、一九三三年七月にロンドンで行なわれた世界経済会議で、はっきりと打ち出した。四月にすでにアメリカの通貨政策を金の制約から解き放つよう大統領命令を出していたが、アメリカも、可能であれば世界のほかの国々も、金本位制にもどる見通しを示していた。ところが夏までに彼は心変わりした。そのため、自国のインフレによる経済回復計画か、ヨーロッパの通貨安定ニーズと国際的な金本位制復活への同調か、選択を迫られたとき、ルーズベルトは前者を選んだ。ロンドン・サミットに出席していた五四人の世界的指導者たちは、ルーズベルトがイギリスおよび金本位制国とともに、金本位制に回帰して為替レートへの投機を止めるという共同声明を支持すると期待していたので、アメリカ合衆国は為替レート安定化にも金本位制にも加担しないという、七月三日のルーズベルトの発表に面食らった。会議は物別れに終わり、大半のヨーロッパの指導者たちはひどく失望した。ヒトラーをはじめ大勢が、アメリカは国際問題から撤退しようとしているのだと断定した。

自国にもどったルーズベルトに対する反応はまちまちだった。J・P・モルガンのフランク・A・ヴァンダーリップやイレネー・デュポンなど、一部の実業界および金融界の大物は、少なくとも表向きは慎重な支持を示した。[27] モーリーは、銀行家一〇人のうち九人は——「ロウアー・マンハッタンの人たちでさえ」――ルーズベルトの金本位制拒否を支持すると見ていた[28]。しかし、元民主党大統領候補でニュー・ディールの批判者となったアル・スミスは、ルーズベルトの通貨政策を「金ドル」ではなく「でたらめドル」の公約と呼んで退けた。スミスは「民主党はつねに紙幣増発推進派や、自由な銀貨鋳造推進派、補正ドル推進派、そして変人の集団になる運命にある」と驚きを露わにしている[29]。

## 実業界vsFDR――通貨政策に対する財界からの批判

モーリーの確信とはうらはらに、多くの銀行家がルーズベルトの通貨政策に断固反対した。全国の主要銀行家で構成される連邦準備制度諮問委員会は連邦準備制度理事会に対して、経済復興には金本位制度が必要だと警告した。「推論にもとづく……通貨インフレとさらなる信用インフレに対する需要は……痛ましい錯覚であることが何度も証明されている[30]」と委員会は教示した。しかし、ルーズベルトとその通貨に関する決定を最も厳しく非難したのは商工会議所である。ニューヨーク州商工会議所は、ルーズベルトの通貨政策を支持する決議を否決したあと、鉄道界の大物レオノール・F・ローリーが「金本位制度の終結は、ドイツが戦時中にベルギーの中立を無視したのと同じくらい、信用を踏みにじり、その紙幣に印刷されているものを否定するものである[31]」と言い放つと、拍手が起こった。批判の集中砲火を浴びせられたルーズベルトは、翌年の五月、アメリカ商工会議所の年次総会に「オオカミが来たとうそをつくのを止めて」、「協力して復興のために努力して」ほしいと依頼する手紙を送らなくてはならないと感じていた[32]。しかし、ルーズベルトとそのニュー・ディール政策に対する実業界からの攻撃は、強まる一方だった。一九三四年一〇月のタイム誌は、ルーズベルトに対する実業家の敵意は個人攻撃になっていると指摘している。「もはや実業界対政府の問題ではなく、実業界対フランクリン・デラノ・ルーズベルトの問題だ」[33]。

ルーズベルトの内向きのアプローチは、すべてにわたって明白だった。以前は支持していた国際連盟への参加を否定し、国内復興を促進するためなら外国との貿易も犠牲にする覚悟だ。彼は一四万人を擁する軍隊を削減する措置まで講じ、そのためにジョージ・ダーン陸軍長官の訪問を受けることになった。ダーンに同行したダグラス・マッカーサー将軍は、大統領が国の安全を脅かしていると話した。回想録のなかでマッカーサーはこう語っている。

大統領は私に思いきり嫌みをぶちまけた。彼は興奮し、ひどく熱くなった。手がつけられないほどテンションが上がり始め……。私は無謀にも、次の戦争で私たちが負けて、敵の銃剣を腹に突き刺し、敵に瀕死の喉を踏みつけられているアメリカ兵が最後に吐き出すのろいの言葉が、マッカーサーではなくルーズベルトという名前であることを願う、というようなことを話した。大統領は激怒し、「大統領にそんな口のきき方をするな！」と怒鳴った。

ひどく緊張していたマッカーサーは謝罪し、参謀長を辞職すると申し出て、外に飛び出し、ホワイトハウスの階段に吐いた[34]。

ウォール街と軍隊に公然と反抗することは、一九三〇年代のアメリカでは賢明な政略であり、ルーズベルトは抜け目ない政治家以外の何者でもなかった。そして一九三四年の中間選挙では、国がどれだけ左に動いたかが示された。実際、有権者の多くはニュー・ディールよりもさらに左寄りだったのだ。その投票行動は通常のパターンを明らかに逸脱しており、与党が野党を決定的に打ち負かした。上院の選挙戦で民主党が三五議席のうち二六議席を獲得し、上院における共和党に対する優勢は六九対二五となり、一議席は進歩党、一議席は農民労働党が獲得した。下院におけるリードは三二二対一〇三に急伸し、七議席が進歩党、三議席が農民労働党のものとなった。ニューヨーク・タイムズ紙によると、「アメリカの政治史上最も圧倒的な勝利であり、大統領に明確な統治権が与えられ……そして……文字どおり共和党の右翼が粉砕された」[35]。

この選挙を共和党に対する警鐘と見て、アイダホ州の共和党上院議員ウィリアム・ボーラは記者団に対し、「共和党が保守的な執行部から解放され、かつての自由主義原理にしたがって再編されなければ、単なる臆病な政治家のホイッグ党のように滅びる」と語った。彼は党の執行部を「独自の代案を示しもせずに」ニュー・ディールに反対していると批判した。ボーラは、国中の共和党員が執行部にニュー・ディールへの代案を求めたとき、「出てきたのは憲法だった。しかし人は憲法を食べて生きていけない」と不満を述べている[36]。

## 左翼思想の広まりとソ連経済の成長

過激な思想が広まっていた。『ジャングル』の著者アプトン・シンクレアは、耕作されていない農地を農民に、稼働していない工場を労働者に、生産的に活用するために委ねることを提案する「カリフォルニアの貧困を終わらせよう」キャンペーンを打って、もう少しでカリフォルニア州知事選に勝つところだった。カリフォルニアの医師、フランシス・タウンセンドは、経済を刺激するために六〇歳以上の人たちに月二〇〇ドルを給付せよと要求し、非常に多くの支持者を得た。そしてルイジアナ州のヒューイ・ロング知事の「富の分かち合い」計画と「金持ちにふっかける」税制計画もまた、富の再分配と公正で平等な社会へのビジョンを示すものである。

ソビエト連邦は、のちにスターリン主義者の計り知れない残酷さが知られるようになったとき、アメリカの左派にとって大きな頭痛の種になったが、一九三〇年代初めには、左翼的な改革の訴求力を強めていた。ソビエト共産主義は、ダイナミックな平等主義社会を生み出し、瀕死の資本主義経済秩序に対する現実的な代案を示しているように思えた。ソビエトの指導者たちが一九二八年に第一次五カ年計画を発表したことで、アメリカのインテリの関心に火がついた。その計画は、科学技術の力を存分に発揮することによって富を築く、合理的な集権的経済を約束していた。社会主義者と進歩主義者はずっと前から、個々の資本家が利益の最大化を根拠に意思決定する無政府体制のようなものより、合理的な計画を好んでいた。計画というコンセプトは、一八八八年のエドワード・ベラミーによる社会主義小説の傑作『かえりみれば』と、進歩主義運動のバイブルとも言える一九一四年のウォルター・リップマンによる『漂流と統制』ほど、まったく異なる作品を生んでいた。多くの知識人はネーション誌の編集者、オズワルド・ギャリソン・ヴィラードと同意見だった。彼は一九二九年末、ソビエト連邦を「人類の過去最高の試み」と表現したのだ。(37)

その成果を見るかぎり、そのような表現は嘘ではないように思えた。アメリカをはじめとする資本主義世界がさらに深い不況へと沈んだのに対し、ソ連経済は急成長しているように見えた。一九三一年初めにクリスチャン・サイエンス・モニター誌は、ソ連が世界大恐慌を免れた唯一の国であるだけでなく、その工業生産は前年になんと二五パーセントも跳ね上がったと報告している。一九三一年末、ネーション誌のモスクワ特派員が、ソビエトの国境を「世界の経済危機が越えられない魔法の境界」と表現し、「海外では銀行が倒産しているのに、ソ連では建設と国家開発がすさまじい勢いで続いている」と書いている[38]。ネーション誌はリベラルな刊行物だと片づけることもできるが、バロンズ、ビジネス・ウィーク、ニューヨーク・タイムズといったメディアに載った同様の記事は無視しがたい。アメリカの失業率は二五パーセントに近づいていたので、ソ連が外国人労働者を雇うつもりだというタイムズ紙の記事を読んで、やけになっていた失業中のアメリカ人が、アメリカ国内にあるソ連の会社に押し寄せた。ソ連の公式の否定にもかかわらず、ビジネス・ウィーク誌はソ連が六〇〇〇人のアメリカ人を受け入れる計画で、一〇万人が応募したと報告している。人々の目の前で、ソビエト社会は発展の遅れた農業社会から近代化された産業社会へと、信じられない変貌を遂げつつあるように見えた[39]。

## 輝かしいロシア人

アメリカ合衆国のブルジョア文化は人を無能にするのに対して、ソ連は知的で芸術的で科学的な活気あふれる場所と考えるようになったアメリカの知識人も多かった。経済学者のスチュアート・チェイスは、一九三一年に、「ロシア人にとって世界はスリルがあって、刺激的で、魅力的だ」と書いている。そして翌年、「なぜ、ロシア人に世界をつくり直す楽しみをすべて取られなくてはならないのか？」と問いかけた[40]。ニュー・リパブリック誌のエドマンド・ウィルソン編集長は、ソ連を訪れたとき、まるで「光が決して消えない宇宙の精神の頂点に」いるように感じたと述べている。万人のための医療社会化制度、科学の飛躍的進歩、すばらしい経済成長――ソビエトの進歩は、経済的な苦戦を強いられているライバルの資本主義国をはるかにしのいでいると、多くのアメリカ人が信じていた[41]。

大勢のアメリカ人が別の道を探しているとき、ソビエトの成功を目の当たりにして、アメリカ合衆国共産党の魅力が大きく増した。活気づいた共産党は、一九三〇年代の急進主義成長にかなり貢献することになったが、それはもっとはるかに大きいパズルの一つのピースにすぎなかった。共産党とは無関係のものも含めて、多くのグループがこの一〇年のあいだに急進主義になった。急進化のペースはグループによってさまざまで、最初に反応したのは失業者である。一九三〇年五月六日、全国で何十万人が仕事と救済を求めてデモを行なった。知識人が後に続き、一九二〇年代のアメリカ生活の浅はかな物質主義と、多くの作家や芸術家が文化の救いを求めてヨーロッパに逃げ出す原因となった反知性主義を拒絶した。エドマンド・ウィルソンが一九三二年に書いた文章が、これを完璧にとらえている。

ビッグビジネス時代に育って、その蛮行をつねに不快に思っていた私と同世代の作家や芸術家にとって……この数年間は憂鬱ではなく刺激的だった。愚かな巨大詐欺組織が突然思いがけず破綻するのを見ると、人はつい愉快な気持ちになる。そのおかげで私たちは新たな自由を感じ、銀行家がいつもと違って大損をしているのに、私たちはまだ生き続けているのがわかると、新しいパワーを感じる。[42]

## 経済復興の兆しと労働運動の激化

労働者の急激な台頭は、経済が復興の兆しを見せ始めた一九三三年に始まり、それから一〇年続いた。労働者がマスティ信奉者（訳註　オランダ生まれのアメリカの政治活動家、Ａ・Ｊ・マスティの主張に共感した人々）やトロツキー主義者、共産主義者にリーダーシップを求めるなか、一九三四年にはトレド、ミネアポリス、そしてサンフランシスコで大規模なストライキが起こり、さらに全国的な繊維業のストライキも起こった。失業者協議会と失業者連盟は職のない労働者を取り込んで、スト破りとして仕事に就くよりむしろストライキを支持した。あらゆる分野の労働階級からの幅広い支持を受けて、このようなストライキはしばしばほかの産業にも広がり、サンフランシスコで起こったように、都市全体を機能停止させることもあった。ロサンゼルス・タイムズ紙の記事によると、「サンフランシスコの状況は『ゼネスト』という言葉では表現しきれない。実際にそこで進行していることは暴動であり、共産主義者が引き起こし、主導している政府組織への反乱である」[43]。ポートランドのオレゴニアン紙は大統領の介入を求めた。「サンフランシスコは激しい暴動の真っただ中で、麻痺状態にある。ポートランドは数日のうちにほぼ確実にゼネストに直面することになり、同様にこの町も麻痺するだろう」。サンフランシスコ・クロニクル紙は「急進派は決着を望んだことなどない。彼らが望むのは革命だ」とかみついている。[44]

一三年前から大きな打撃を受け、組合員の急減に苦しんでいた労働組合にとって、これは歓迎すべ

ニュージャージー州カムデンでの失業者デモ。労働者が急進派グループにリーダーシップを求めるなか、1934年にはトレド、ミネアポリス、そしてサンフランシスコで大きなストライキ、さらに全国的な繊維業のストライキも起こった。失業していた労働者は、スト破りとして仕事に就くよりむしろスト参加者を支持した。

き変化だった。経営者と労働者の立場を公平にするニュー・ディール立法の助けを借りて、一九三五年の産業別労働組合会議の設立によって、労働運動は重工業にまで浸透し始める。その組織化には共産党員が大きな役割を果たした。会社側の抵抗はしばしば暴力的で血を見るような対決を生んだ。しかし急進派の労働者たちは、座り込みストライキのような新しい戦術を採用し、状況によってはそれがとくに効果的であることが証明されている。

アフリカ系アメリカ人の経済的苦境は、人種差別のせいでさらに深刻だった。世界大恐慌が事実上「ニグロ仕事」の分野すべてを消し去ったため、黒人の失業率は急速に上昇した。一九三二年、南部では都市の黒人失業率が

ミズーリ州ニューマドリード郡高速道路60号線沿いで強制退去させられた小作人たち。世界大恐慌のあいだ、アフリカ系アメリカ人の経済的苦境は人種差別のせいでさらに深刻だった。

五〇パーセントを超える。北部も大差はなく、フィラデルフィアでは黒人失業率が五六パーセントを上回っている。仕事と市民権の両方を求めてもがいていた多くの黒人は、時代の流れを考えるとNAACP（全米有色人地位向上協会）による法律尊重主義のアプローチはゆっくりすぎると見て、共産党とその偽装組織に頼った。全国的な党執行部はモスクワから進軍命令を受けていたかもしれないが、その情報はたいていの場合、草の根レベルまでは伝わらなかった。

一九三〇年代初めには国中で最も保守的だった科学者集団――一九三三年、社会学者のリード・ベインは、彼らが無関心で社会的に無責任なことから「共和制国家の最悪の市民」と呼んだ――が、三〇年代の終わりには、最も急進的なグループの一つになっていて、反ファシスト運動の最前線に立ち、社会に恩恵を与える科学技術の応用を資本主義が阻止しているのではないかと疑問を提起した。[45] 一九三八年一二月、アメリカ最大の科学者団体であるアメリカ科学推進協会の会長選挙で、得票数トップの五人は左翼の科学と社会運動のリーダーであり、勝利した有名なハーバード大学の生理学者、ウォルター・キャノンは、国中で最も公然と左翼活動をしていた科学者の一人である。[46]

## 急進化の時代――リベラルと呼ばないで

この激動の時代、多くのリベラル派は社会主義者または急進派を自称するようになった。ミネソタ州のフロイド・オルソン知事は、「私はリベラルではない。……急進派である」と宣言している。[47] 多くの左派にとって、リベラルでさえも臆病に近い穏健派を意味した。一九三四年、リリアン・サイムズはネーション誌に「このような時期に、人の心に浴びせられる侮辱として、これ「リベラルと呼ばれること」以上ひどいことはない」と書いている。[48] 共産党が実行可能で急進的な代案を提示しているように思えるとき、社会党に加わることについても、同じように感じる人が多かった。ジョン・ドス・パソスは一九三二年に、共産党支持をこう説明している。「いま社会党員になることは、誰にとっても、ビールもどきを飲むのと同じ影響をおよぼす[49]」。

皮肉なことに、共産党員が最大の支持を獲得していた一九三五〜三九年の人民戦線期、ファシズムに対抗する幅広い協調体制の構築を望んで発言を意識的に抑えていた共産党よりも、ノーマン・トマスの社会党のほうが左寄りになることが多かった。何十万ものアメリカ人が共産党に入るか、または支部組織と協力した。なかにはアーネスト・ヘミングウェイ、アースキン・コールドウェル、ジョン・ドス・パソス、エドマンド・ウィルソン、マルコム・カウリー、シンクレア・ルイス、ラングストン・ヒューズ、シャーウッド・アンダーソン、ジェームズ・ファレル、クリフォード・オデッツ、リチャード・ライト、ヘンリー・ロス、リリアン・ヘルマン、セオドア・ドライサー、トーマス・マン、ウィリアム・カルロス・ウィリアムズ、ネルソン・オルグレン、ナサニエル・ウェスト、アーチボルド・マクリーシュなど、アメリカ屈指の作家も大勢いた。

しかし一九三〇年代が進むにつれ、西側の知識人が抱いていたソビエト共産主義に対する初期の情熱は薄れ始める。敵対的な資本主義諸国に囲まれて、新たな戦争を恐れたヨシフ・スターリンは、急速な産業化政策に着手し、そのために多くの犠牲者が出ることになった。飢饉と飢餓、政治裁判と抑圧、ずさんな官僚制、秘密警察、残忍な刑務所、イデオロギー的正統主義、さまざまな報告がソ連から漏れ伝わってきた。農業の集団化に抵抗した富農は虐殺された。スターリンの独裁統治下で、一三〇〇万人以上が死亡している。組織立った宗教は弾圧され、軍部指導者が粛清される[50]。そしてソ連から漏れ伝わってくる恐ろしい報告を信じようとしなかった人たちも、一九三九年、ドイツと不可侵条約を結ぶというスターリンの裏切り行為にショックを受けた。共産主義者はその時点で大挙して党を離れたが、最後まで残った人たちは、スターリンの方針転換について、スターリンがしつこく集団防衛を求めていたにもかかわらず、西側の資本主義国家がソ連のヒトラー阻止に協力するのを拒否したせいだと主張した。

左傾の議会、エネルギッシュで進歩的な大衆、そして反応が早く気配りする大統領がそろって、アメリカ史上最長の社会実験が可能になった。一九三〇年代半ばの急進主義の急激な高まりが、ニュー・ディールをさらに左に押しやったあとは、とくに条件がそろった。一九三五年一二月、ハロルド・イッキーズは大統領に「国の民心は政権のそれよりはるかに過激だと思う」と言った。ルーズベルトは同意し、実業界への攻撃を強めた。一番の重砲を一九三六年一月三日の年頭議会教書に取っておき、夜にラジオの全国放送で発表した。それまで大統領が夜に演説を行なったのは、一九一七年四月二日、ウィルソンが上院に対し、アメリカの参戦を求める声明を読み上げたときだけである。ルーズベルトは右派の敵を激しく非難した。「われわれは強欲に凝り固まった者たちの憎しみを買った。彼らは利己的な権力を取りもどそうとしている。……彼らにやらせておけば、過去のあらゆる絶対権力を手にする道を選ぶだろう――自分たちは権力を手にし、市民を奴隷にするのだ[51]」。

## ルーズベルトの進歩的施策は続く――雇用促進局（WPA）など

進歩主義の高まりで左寄りに押されたルーズベルトは、一九三六年の選挙運動中ずっと、実業界に対して厳しい攻撃を続けた。彼は進歩的な成果を次々と吹聴した。雇用促進局（WPA）その他の政府プログラムによって、何百万人もの失業者が政府の仕事に就いている。経済および金融システムは再編された。政府は一時的とはいえ初めて、雇用主に対抗する労働者の側につき、労働組合の発展を促進した。社会保障制度が、それまでほとんどの労働者は享受できなかったささやかな老後の安心を約束している。税の負担はますます富裕層に重くなっている。

投票前日、ルーズベルトは実業界に傲然と対抗するメッセージを、マディソン・スクエア・ガーデンで支持者に訴えた。

われわれは平和の宿敵と闘わなくてはならなかった――それは実業界と金融界による独占、投機、見境のない銀行の階級対立、派閥主義、戦争成金だ。彼らはアメリカ合衆国政府を、自分たちの商売の添えものにすぎないと考えるようになった。いまわれわれは、組織化された金持ちによる政府は、組織化されたギャングによる政府と同じくらい危険であることを知っている。……彼らはみな一様に私を憎んでいる――そして私は彼らの憎しみを喜んで受け入れる。(52)

投票日が来ると、勢いづいた民主党は共和党をあらゆるレベルでぶちのめした。ルーズベルトはカンザス州のアルフ・ランドン知事を、選挙人数にして五二三対八で破り、メイン州とバーモント州以外のすべての州で勝利した。民主党は上機嫌で「メイン州で負けると全国で負ける」という言い習しを「メイン州で負けるとバーモント州では負ける」と修正した。(53) 農民労働党を含め、ジョージ・ノリスを無所属とすると、民主党は下院を三三一対八九、上院を七六対一六で支配することになった。シカゴ・トリビューン紙は、この一方的な票数を大統領の政策に対する明確な支持と見ている。「選挙結果はルーズベルト氏とニュー・ディールに対する信任票である。……言ってみれば、昨日アメリカ国民の圧倒的多数がサインした白地小切手を手にして、彼は二期めに入るのだ」。保守的なトリビューン紙は、ルーズベルトが築いた農民労働党、アメリカ労働党、社会党、そして共産党との連立を懸念した。「ルーズベルト氏が急進派のパートナーに対する責任をどうやって果たすかが、大きな関心事になる」[54]。

## FDRのつまずき――ルーズベルト不況

しかし、さらなる改革に対するほぼ万民の期待は、日ごろ抜け目のない大統領の側の政治的・経済的な誤算によって、くじかれることになった。ルーズベルトは、最高裁判所が繰り返しニュー・ディール計画に反対することにいら立ちを募らせ、進歩派の判事を送り込んだが、その作戦が災いして選挙直後の勢いを失った。ニュー・ディールをつまずかせたのが最高裁だとしたら、それを完全に打ちのめしたのは一九三七年の経済危機であり、批判者は即座にそれを「ルーズベルト不況」と名づけた。経済発展は自律的で、大恐慌の終わりが見えているという誤った考えのもとに、政府関係者は歳出を削減して財政を健全化しようとしたのだ。ルーズベルトはとくに雇用促進局と公共事業局を大幅削減のターゲットにした。経済はほぼ一夜にして落ち込んだ。実際、暴落があまりにもひどくて、ルーズベルトはじめ政府関係者は、ルーズベルトの失脚をねらう実業家たちによる意図的なやらせだと信じたほどだ。株はあっという間に三分の一の価値を失い、企業利益は八〇パーセント減少。何百万人が職を失い、失業率は急上昇した。

改革論者は防戦に回った。それでも多くのアメリカ人は、一つの大切な人間としての要求がまだ手つかずであることに気づき、その見落としを正そうと試みた。一九三八年から三九年にかけて、アメリカ合衆国が国民医療プログラムの導入にどれだけ近づいていたかを理解している人は少ない。進歩的な医師の反乱分子グループ「医療改善のための医師の委員会」は、おもに国内屈指の医大を拠点として、保守的なアメリカ医師会（ＡＭＡ）に逆らって活動し、全面的な国民医療制度をつくる全国的な運動の火つけ役となった。行政機関はその運動を支援し、医療は特権ではなく権利だと主張して、労働者やさまざまな改革志向組織の強い支持を受けた。実際、政府があまりにも強く支持したので、ネーション誌の編集者たちは、これほど世論を動かし、「このようなプログラムの展開に、専門家の労力と半数以上の閣僚の時間と関心を注ぎ込んで、そのあと見捨ててしまう政府はない」と確信していた。[55] 一九三九年二月末、ニューヨーク州選出のロバート・ワグナー上院議員は、政府の支持を受けた国民医療に関する法案を提出し、アメリカ国民からこれほど「幅広い承認」を受けた法律はないと断言した。[56] しかしＡＭＡの激しい反対に遭い、選挙を間近に控えてやっかいな争いを避けたかったルーズベルトは、その取り組みを断念することにした。ニュー・ディール改革はこれできっぱり終わった。[57]

## 実業界のまき返し――アメリカ自由連盟

ニュー・ディール推進者が実行できたはずの進歩的な改革は、依然として力を持つ実業界からの激しい反対を引き起こした。ルーズベルトと顧問のレックスフォード・ガイ・タグウェル、局長のハリー・ホプキンスとデイヴィッド・リリエンタール、そしてヘンリー・ウォレス、ハロルド・イッキーズ、フランセス・パーキンスのような進歩派の閣僚たちは、実業界と金融界の大部分から激しい怒りを買った。ジョセフ・ケネディのように、目先のことしか見えない資本家から資本主義を救ったことをルーズベルトに感謝した実業家もいたが、大半は彼を敵と見なし、ニュー・ディールとあらゆる段階で闘った。アメリカ商工会議所会員への調査に、ニュー・ディールの考えに対する反対は九七パーセントと記録されている(58)。

このような実業家の最右翼は、ニューヨーク・タイムズ紙に載った共和党右派の「死亡記事」が時期尚早であったことを証明しようと立ち上がった。一九三四年八月、中間選挙の数カ月前、アメリカ自由連盟の結成を発表したのだ。ただし、勢力集めはずっと前に始まっていた。

アメリカ自由連盟は、デュポン家のメンバー、たとえばイレネー、ピエール、ラモットの兄弟や、姻戚で最高幹部のロバート・「ルーリー」・カーペンターらの発案だった。カーペンターは、ルーズベルトが「[フェリックス・]フランクフルターと二八人のホットドッグ――狂信的で共産主義のユダヤ人教授集団」に操られていると主張する人物だ。彼は元民主党全国委員会委員長のジョン・ラスコフを、この運動に引き抜いた。税負担を富裕層から労働者階級に移すことを強く提唱していたラスコフは、デュポンによるゼネラル・モーターズ買収を計画し、同時に、両社の最高財務責任者を務めていた。ほかにもGMのアルフレッド・スローン社長、元民主党大統領候補のアル・スミスとジョン・デイヴィス、ナショナル・スチールのアーネスト・ワイアー社長、サン・オイルのJ・ハワード・ピュー社長、ゼネラル・フーズのE・F・ハットン会長らが引き入れられた。チャールズ・リンドバーグは会長にという連盟の依頼を断わっている(59)。

アメリカ自由連盟は一九三四年八月二二日に公表され、急進主義と闘い、財産権を守り、憲法を支持するという目的を宣言した。会長は元民主党執行委員会委員長のジュエット・シャウスで、五人からなる執行委員会のメンバーはイレネー・デュポン、アル・スミス、ジョン・デイヴィス、元共和党ニューヨーク州知事のネイサン・ミラー、ニューヨーク州下院共和党議員ジェームズ・ワーズワース・ジュニア。シャウスは二〇〇万から三〇〇万人の会員と数百万人の献金者を集める計画を発表した。連盟は、進歩主義の流れを食い止める組織的努力として、ほとんど効果はなかったにせよ、大規模な「教育」キャンペーンをそれから数年にわたって展開した。けれども会員と資金集めの目標ははるかに届かず、会員は一二万五〇〇〇人、献金者は二万七〇〇〇人と言われていた。しかし大半は幽霊会員で、資金の大部分はデュポンはじめ一握りの右派実業家から出ていたのだ。さらに、一九三四年と三五年に行なわれた二つの厳しい議会調査で、その評判も傷ついた。[60]

## スメドリー・バトラーの告発――実業界の陰謀明らかに

最初の調査は短期間だったが、その意味合いは衝撃的だった。一九三四年一一月、多数の勲章を持つ元海兵隊大将のスメドリー・バトラーが、下院非米活動特別委員会で、アメリカ在郷軍人会マサチューセッツ支部のウィリアム・ドイル支部長と債券セールスマンのジェラルド・マクガイアが、ルーズベルト政権に対する軍事クーデターを計画するために、彼を引き抜こうとしたことを話した。ニューヨーク・イブニング・ポスト紙とフィラデルフィア・レコード紙の記者をしていたポール・コムリー・フレンチは、マクガイアが「共産主義者が国をたたき壊し、われわれがアメリカに築いたものをすべてつぶしたがっているから、国家を救うために、この国にはファシスト政府が必要だ。それをする愛国心があるのは兵士だけであり、スメドリー・バトラーが理想的なリーダーだ。彼なら一晩で一〇〇万人を組織できるだろう」と言うのを耳にしたと証言し、バトラーの話を裏づけた。マクガイアはバトラーがアメリカで編成できる軍隊のモデルとすることを念頭に、ファシストの退役軍人の動きを研究するためにフランスに行っていた。

バトラーはマクガイアの誘いを断わった。「少しでもファシズムのにおいがするものを支持する兵士五〇万人をあなたが集めるなら、私も五〇万人を集めて、あなたを徹底的にやっつけるから、この国で本当の戦争が起きる」と彼は警告した。証言により、ドイルとマクガイアは、アメリカ自由連盟をつくったのと同じモルガンとデュポンにつながる銀行家や実業家の代弁者だったことが明らかになる。マクガイアは容疑を否認し、ニューヨークのフィオレロ・ラガーディア市長はそのエピソードを「カクテル・クーデター」だと一笑に付した。モルガンのパートナーだったトマス・ラモントは、この主張を「まったくのたわごとだ！　あきれてものが言えない！」と断じた。しかしアメリカ在郷軍人会の会長でのちに議員となったジェームズ・ヴァン・ザントは、「ウォール街の代理人」が自分にもアプローチしてきたと報告して、バトラーの証言を支持している。[61]

証言を聞いたあと、マサチューセッツ州のジョン・マコーマックを委員長とする下院委員会は、「バトラー大将による関連の発言をすべて立証する」ことができたと報告し、唯一の例外としたマクガイアによる直接の依頼についても、事実として受け入れた。そして「アメリカ合衆国内でファシスト組織を設立しようとする試みが……論じられ、計画され、資金援助者が得策だと見なしたときには、実行に移されていたかもしれない」と結論を下した。[62]委員会は妙なことに、グレイソン・マーフィー大佐、ダグラス・マッカーサー将軍、アル・スミス、元アメリカ在郷軍人会会長のハンフォード・マクナイダー、ジョン・デイヴィス、ヒュー・ジョンソン、トマス・ラモントら、多くの関係者を証言に呼ばないことにした。バトラーは、彼らの名前が最終報告書から削除されたことを非難している。

## ジェラルド・ナイの公聴会――軍需産業は「国際的なたかり屋」

もう一つの公聴会のほうが先に始まったが長く続き、指揮を執ったのはノースダコタ州選出のジェラルド・ナイ上院議員である。ナイは前任者の死亡によって上院議員に任命され、二回再選されていた。彼はすぐに、ジョージ・ノリス、ウィリアム・ボーラ、ロバート・ラフォレットら、進歩派に共感した。アメリカを外国の戦争に巻き込みかねない海外のごたごたを避けたい気持ちと、アメリカ人実業家の海外投資を守るために軍を利用することに反対する立場が共通だったのだ。一九三四年二月のナイの提案が、アメリカ史上最も注目すべき議会調査になった。彼は上院外交委員会に対して、兵器、軍需品など戦争の道具を製造・販売する個人および企業を調査するように求めた。そのターゲットには、鉄鋼、航空機、自動車の製造会社や、兵器と武器弾薬のメーカー、そして造船会社が含まれていた。銀行家ではなく武器商人への着目は、アメリカの戦争参加を激しく非難したハリー・エルマー・バーンズら、修正主義の歴史家の見解から一歩踏み出した発展と言えよう。バーンズは一九三四年に、武器商人は「一九一四年から一七年までのアメリカの銀行家ほど、戦争の促進に強い影響力をおよぼしてはいない」と書いている[63]。

公聴会のアイデアは、平和と自由を求める国際婦人連盟アメリカ支部の事務総長を務めていた精力的な平和活動家、ドロシー・デッツァーから出たものだった。デッツァーの双子の弟が第一次世界大戦で、化学兵器のマスタードガスの犠牲になっていた。彼女は上院での提議を発起してくれる人を求

1934年に始まったアメリカの兵器産業に関する公聴会の指揮を執ったノースダコタ州選出のジェラルド・ナイ上院議員。公聴会はアメリカ軍需企業の非道な行為と莫大な戦時利益を暴いた。「委員会が連日話を聞いている人たちは、本人がまさに国際的なたかり屋であることを示す行為を必死に擁護し、戦争のために世界を武装させる駆け引きを通じて利益を得ることに夢中になっている」と彼は言う。聴聞会では、アメリカの企業がナチスドイツの再軍備を助けていることも明らかになった。

めて、二〇人の上院議員にアプローチしたが、全員に断わられた。ジョージ・ノリスからナイに話してみるよう勧められ、ようやくナイの同意を得られたのである。そして全国の平和団体が決議への支持をまとめた。四月、上院は「軍需品トラスト」への聴聞を許可する。焦点は戦争成金、政府を戦争へと押しやる武器メーカーの宣伝活動の役割、そして利益を動機とする戦闘をなくすために、政府はすべての武器製造を独占するべきか。決議の共同発起人だったアーサー・ヴァンデンバーグ議員は、国は「不和と誤解を、次に紛争を、そして大惨事を、人為的にけしかけることなく国内の平和を保ち、隣国とも仲よくやっていく」ことができないのかどうかを調べると約束した。ヴァンデンバーグは、「よそに存在することがわかっている浅ましい陰謀」が、アメリカでも起こっているかどうかを解明したいと思っていた。[64]

## 「殺人株式会社の広範な世界的ネットワークが存在する」

ナイ、ヴァンデンバーグ、そしてジョン・ナンス・ガーナー副大統領は、四人の民主党員――ワシントン州のホーマー・ボーン、ミズーリ州のベネット・チャンプ・クラーク、ジョージア州のウォルター・ジョージ、そしてアイダホ州のジェームズ・ポープ――と、三人の共和党員――ナイ、ヴァンデンバーグ、そしてニュージャージー州のW・ウォーレン・バーバー――を選んだ。クラークがナイを軍需産業調査特別委員会の委員長に推薦し、ポープがその推薦に賛成した。委員会に調査を始める時間を与えるために、公聴会は先延ばしにされた。調査をまとめたのは、社会福音を説く著名な牧師ウォルター・ラウシェンブッシュの息子、スティーブン・ラウシェンブッシュである。アルジャー・ヒスという名の若いハーバード大学法科卒業生が、農業調整局のジェローム・フランクから借り出されて、法律関係の助手を務めた。[65]

進歩派が大義のもとに結集した。レールロード・テレグラファー誌の記事が、第一次世界大戦から一五年がたってもなお、多くの労働者が軍需メーカーに感じていた煮えたぎる怒りをとらえている。「一握りの高慢な富裕層をつくるために、戦争と虐殺と拷問をけしかけ、普通の男女のことは重い借金に苦しむままにしておく体制に、アメリカ国民は気づいている様子である。……何百万人もの労働者があらゆる戦争で闘い、塹壕の泥とシラミと血に苦しむことを求められている一方で、上官は私腹を肥やし、上官の息子は将校になる。そして戦争が終わったあと、労働者が次から次へとつけを払っている」。ニュー・リパブリック誌は「殺人株式会社」というタイトルの論説で、調査員は「血に染まった資金のいまわしい流れを追う」必要があり、「その流れは存在し、血の滴る利益が存在し、殺人株式会社の広範な世界的ネットワークが存在する」と述べている。[66]

## 告発本『死の商人』『鉄と血と利益』刊行さる

国が公聴会の開始を待っているあいだ、二冊の重要な本がタイムリーに出版され、大衆の怒りに油を注ぎ、尋問者にさらなる話の種を提供した。ブック・オブ・ザ・マンス・クラブの選定図書に選ばれたH・C・エンゲルブレヒトとF・C・ハニゲンの『死の商人』と、ジョージ・セルデスの『鉄と血と利益』が、一九三四年四月の同日に発売されたのだ。どちらも、アメリカの軍需品メーカーの浅ましい取引だけでなく、世界のほかの地域にいる同国人の取引についても、詳細に述べている。さらにダブルデイ社は、フォーチュン誌の三月号から「武器と人間」というタイトルのヨーロッパ軍需産業に関する驚くべき暴露記事を、小冊子のかたちで転載している。その記事も心の底からの怒りでわき返っている。始まりはこうだ。

最も正確な会計数値によると、第一次世界大戦中に兵士一人を殺すのに約二万五〇〇〇ドルかかっている。このことに関して政府の無駄遣いを非難するために――ギャング個人の自主性に任された活動としての殺人であれば、一人を殺害するコストは一〇〇ドルをめったに超えないことを指摘するために――立ち上がらなかった大物実業家グループが、ヨーロッパに一つある。その大物実業家たちが沈黙する理由はごく単純だ。殺人が彼らのビジネスなのである。彼らの在庫品は兵器、顧客は政府、製品の最終消費者は、歴史的に同国人と敵とがほぼ同じ割合だ。それはどうでもいい。重要なポイントは、はじけた砲弾のかけらが最前線にいる人間の脳、心臓、あるいは腸に進入していくたびに、二万五〇〇〇ドルの大部分が、その利益の多くが、兵器メーカーの懐に入っていくことである。[67]

ルーズベルトは公聴会への同意を表明し、「もしこのまま続けば戦争を引き起こしかねない狂気じみた軍備競争」に歯止めをかける、国際的な措置の強化を強く要求した。「世界平和に対するこの深刻な脅威は、少なからず、『破壊推進機構』のメーカーと商人が無制限に活動していることが原因である」と付け加えている。[68]

委員会の調査員と会計士八〇人が、アメリカ有数の企業の帳簿を綿密に調べた。その結果に委員会メンバーは驚愕する。人々は公聴会中に「公表される強欲、陰謀、戦争不安の宣伝、そしてロビー活動の話にびっくりするだろう」と、ポープ議員が断言した。さらに、その情報が「開示されれば国全体が衝撃を受ける」とも言っている。[69] 公聴会開始の直前にニューヨーク・タイムズ紙は、七人の委員会メンバーの大半が軍需物資製造工場の完全な国営化を支持していると報道した。ポープは、証拠があまりにもおぞましいので、そのような措置に対して「ほぼ万民から要求」があるだろうと、楽観的な意見を述べている。[70]

## ナチスドイツに協力していたアメリカ企業

九月一二日、フェリックス、イレネー、ラモット、そしてピエール・デュポンがともに証言台に立ち、戦時中の会社の莫大な利益について質問攻めにされた。デュポンは一九一五年から一八年までに一二億四五〇〇万ドルを受注していて、これは戦争前の四年間の受注額に対して一一三〇パーセント増である。(71) 戦争中、デュポンは株式発行時額面の四五八パーセントの配当を払っている。一九三二年に陸軍参謀長ダグラス・マッカーサー将軍がトルコに行ったが、カーチス・ライト社の重役からの手紙によると、彼は「どうやらトルコの一般幕僚との話し合いのなかで、アメリカの軍装備品を熱心に宣伝したらしい」ことも、その日の聴聞で明らかになった。その時点でナイが口をはさんだ。「私にはマッカーサー将軍がやり手のセールスマンのように思えますね。陸軍と海軍は民間産業のセールス組織なのかと、疑問に思われるようになりますよ(72)」。

公聴会でやっかいな事実が次々に暴露された。アメリカと外国の武器ディーラーはカルテルを結成して外国市場を分けあい、秘密と利益を共有し、第一次大戦中に連合軍の船を沈めるのに忙しかったドイツの潜水艦を設計していたのだ。もっと最近では、アメリカ企業がナチスドイツに協力していた。ユナイテッド・エアクラフト社およびプラット・アンド・ホイットニー社の役員の証言では、ドイツに飛行機と航空機器を売ったのは、軍用ではなく商用だったと主張されている。ナイは信じなかった。「その交渉中ずっと、ドイツが軍用目的で買おうとしているのだという考えは、みじんも浮かばなかったと言うつもりですか?(73)」。一九二一年以降、アメリカの方針はドイツに対する軍装備品の販売に反対していたと、コーデル・ハル国務長官があらためて表明した。

## 軍需産業を国営化せよ

委員会が次から次へと強打を繰り出すと、公聴会は左右中道あらゆる政治勢力から支持を受けた。九月下旬、アメリカ在郷軍人会の立法委員会代表のジョン・トマス・テイラーが、戦時中の異常な利益の九五パーセントを政府が差し押さえるべきだという戦争政策委員会が提案した計画を支持すると発表した[74]。ナイはすかさず、戦争による利益を完全に排除するために、アメリカ合衆国が戦争に突入したその日に、一万ドルを超えるすべての所得に課す所得税を九八パーセントに上げる法案を提出すると宣言した[75]。さらにナイは、自分を含め委員会メンバー三人は、また戦争が起きた場合は軍事産業全体を国営化するほうがいいと思っている、とも述べている[76]。

公聴会に対する大衆の関心はおおいに高まった。イギリスも独自の公聴会を開く計画があった。ラテンアメリカの数カ国ではすでに公聴会が行なわれていて、国と兵器メーカーの非道な取引に関する気がかりな事実が暴露されたことで勢いづいていた。ナイのもとには一万通を超える祝いの手紙と電報が届き、講演の依頼が殺到した。ワシントン・ポスト紙はナイがちやほやされることを懸念し、支持が一気に高まるのは当然だと社説で論じている。なぜなら「査問がセンセーショナルな情報を次々と暴露し、意図的ではないにしても事実上、世界平和を守る努力と対立する勢力が野放し状態だということを、普通の市民が新たに理解したのである。基本的に裏取引だったものが派手に公表されるのを見て、よりよい世界秩序を望む人たち全員が一致して反応したのだ」。ポスト紙は委員会の「すばらしい仕事」をしぶしぶ称賛している[77]。

一〇月上旬、ナイはNBCラジオで全国に向けた演説のなかで、軍事産業を国営化して戦時税を大幅に引き上げる計画を主張した。「それをすれば主戦論者の数が減る」。そのような措置を講じれば、「戦争は思われているほど不可避ではないだろう」とも断言している。彼はその時点までの委員会公聴会をこう要約した。「委員会が連日話を聞いている人たちは、本人がまさに国際的なたかり屋であることを示す行為を必死に擁護し、戦争のために世界を武装させる駆け引きを通じて利益を得ることに夢中になっている」(78)。

## ルーズベルトのごまかし――疑われる政府加担

ナイら委員会メンバーによる国有化の要求は、一九三四年末に全国的な激しい論争を引き起こした。一二月、ワシントン・ポスト紙はナイの提案をあざけり、このテーマがジュネーブで過去一五年にわたって徹底的に吟味され、「賢明な意見」がそれに反対であることは「議論の余地のない事実」だと主張する論説記事を、読者に示している。デュポンらも同様の路線で論争に加わった(79)。一方、解説者はナイの計画がはらむ問題点を指摘した。武器産業が国営化された場合、アメリカは他国への武器輸出についてどうやって決めるのかと、ウォルター・リップマンは問いかけている。アメリカが武器産業を国営化したら、ほかの国々もあとに続くだろうか？　そうなれば、軍需工場がない国はどうなるのか？　軍事目的だけでなく商用にも使える多くの製品については、どうやって決定が下されるのか？　シカゴ・トリビューン紙はとくに、日本がアメリカの金属くずを買っていることを指摘し、大量の綿が戦争の軍需品になりうるというデュポンの主張を引用している。平時の軍需産業はどうなるのかと問う人もいた。もし工場が老朽化して使われなくなった場合、国は緊急事態に対応できるスピードで準備することができるのか？[80]

断固たる行動を求める世論の圧力が高まり、ルーズベルトは先手を打って争点をぼかすことにした。一二月一二日、政府と業界のリーダーからなる有能なグループに、戦争による利得行為を終わらせるためのプランを考えるよう依頼したと、ルーズベルトが発表した。そして記者団に「戦争から利益を排除する時が来たのだ」と語っている。三時間後、グループがホワイトハウスに集まって仕事を始めた。腕を組んでやって来たのは、ほかでもない、委員長のバーナード・バルークと、事務局長のヒュー・ジョンソンだ。法案作成の手伝いを依頼された者はほかに、国務長官、陸軍長官、労働長官、農務長官、海軍長官、鉄道調整官のジョセフ・B・イーストマン、陸軍参謀長のマッカーサー、海軍次官補のルーズベルト、農務次官補のタグウェル、労働次官補のエドワード・F・マグレディ、輸出入銀行総裁のジョージ・ペックである。ナイ委員会のメンバーは怒りを爆発させ、調査が完了する前に自分たちの査問を制限しようとする政府を糾弾した。[81]

ルーズベルトの動機に疑念を示す人もいた。ワシントン・ポスト紙のコラムニストのレイモンド・クラッパーが、ワシントンでうわさされていた理由をいくつか挙げている。一つは、調査のおかげで新聞のトップニュースになっている共和党のナイとヴァンデンバーグ両議員から、スポットライトを横取りしたかったというもの。もう一つは「政府も軍需品の利益を得ているので、その悪評を払おうとしていた」というものだ。[82]

ナイはルーズベルトがよからぬことをたくらんでいると考えた。「実のところ政府の各省は、軍需産業や戦争成金と共犯だ」と主張している。彼はそのころになってようやく、国際的な兵器販売に対する政府の加担度合いに気づきだしたのだ[83]。

## 告発されるデュポン家、新聞王

政府に出し抜かれまいと、ナイ委員会はさらにトップニュースになるような暴露記事を発表した。デュポン家の人々は相変わらずナイのターゲットだ。アルジャー・ヒスは、とめどない強欲の証拠をさらに明らかにした。ワシントン・ポスト紙は、一九三四年一二月のある日の一面記事に「八〇〇%の戦争利益が査問で明らかに――デュポンが取引」という見出しを付けている。ヒスは軍需製品にさまざまな局面で関与する企業のリストと、彼らに対する派手な見返りを発表した。さらに、一九一七年に一〇〇万ドルを超える所得を報告した一八一人を発表し、そのうち四一人が初めて番付に登場していることを指摘した。リストに入っていたのはデュポン家が四人、ドッジ家が四人、ロックフェラー家が三人、ハークネス家が三人、モルガン家が二人、ヴァンダービルト家が二人、ホイットニー家が二人、そしてメロン家は一人だけだ[84]。

ナイが敵意を見せれば見せるほど、委員会への攻撃は激しくなった。シカゴ・トリビューン紙は、証人をののしる委員会のやり方は「不公正で、不見識で、胸が悪くなる」と非難した[85]。しかし、調査に対する支持は相変わらず強かった。ナイは一二月下旬にルーズベルトと会談している。それまでに委員会は一五万通を超える好意的な手紙を受け取っていた。会談後、ナイは記者団に自分がルーズベルトの動機を誤解していたと断言した。そして、大統領は調査を全面的に応援していて、調査がすべ

て終わるまで新たな立法行為はない、と述べている。(86)

委員会メンバーは国民に、切迫しているヨーロッパ戦争について警告しようとした。ポープは、世界中の政府が軍需品メーカーを援助しているのは「パラドックス」だと考えた。そして、各国は「自分たちを破滅に追いやるモンスターに支配されているようだ。次の戦争への準備が熱心に行なわれている。それは避けられないというのが一般的な前提になっている」と嘆いた。(87)

一九三五年二月初旬、サウスカロライナ州選出のジョン・マクスウェイン下院議員が、物価を宣戦布告日のレベルに凍結する法案を提出する。バルークもジョンソンもその法案のために証言し、両者ともナイのもっと全面的な国営化の提案には反対した。

一方、公聴会では、ベスレヘム・スチール社とベスレヘム造船会社のユージン・グレース社長が、会社の利益は戦争前の六〇〇万ドルから開戦後の四八〇〇万ドルに跳ね上がり、彼は一五七万五〇〇〇ドルと一三八万六〇〇〇ドルのボーナスを受け取ったと認めた。ボーン議員は「ベスレヘムの利益は……不当で不正だった」という財務省の告発について、彼を質問攻めにした。長年法廷での争いが膠着していた一一〇〇万ドル訴訟のことである。(88)

二月、委員会は新しい路線の質問を始める要求を検討した。全米教育協会（ＮＥＡ）の監督部会の年次総会で、元アメリカ歴史協会会長のチャールズ・ビアードが、新聞王ウィリアム・ランドルフ・ハーストの「潜行性影響力」を激しく非難した。ビアードは、ハーストが「下劣な趣味に迎合し、アメリカの伝統のなかで最も崇高で最も優れたものをすべて敵に回した」と主張したのだ。タイムズ紙によると、ビアードが語り終えたとき、出席していた大勢の教育者が「立ち上がって数分間拍手を送った」という。NEAの会員は「ナイ委員会によって明かされたいまわしい腐敗のなかでも、アメリカの軍需品メーカー側が利益を追い求める邪悪な強欲には衝撃を受け、怒りを覚えた」と表明する決議が可決された。さらに決議は委員会に対して、「新聞、学校、映画、およびラジオで進められている、戦争の不安をあおり、武器の販売を促進する宣伝活動」を、とくにハーストの新聞も含めて調査するように求めた。ナイは、そのような調査は確かに委員会の活動範囲内にあると回答し、さらなる情報を要求する。しかしさらに検討した結果、その調査は行なわないことに決めた[89]。

## 政府の歴史上、最も過激な計画——非常事態戦時法

三月下旬、戦争で利益を得ることを禁じる上院の法案が具体化し始めた。ニューヨーク・タイムズ紙はそれを「政府の歴史上、明らかに最も過激な計画」と形容している。ワシントン・ポスト紙も賛同し、「没収も同然のところがあまりにも過激なので、半年前なら一蹴されたであろう。……機敏な委員長であり、委員会の最も過激なメンバーであるジェラルド・P・ナイ議員が、いままで提言を検討したあらゆるものを超えている」と表現した。調査スタッフのジョン・フリンが委員に説明し、委員が大統領と会って話しあったところ、驚いたことにルーズベルトの反応は前向きだった。それでもコーデル・ハル国務長官はルーズベルトに、戦争による利益を排除する具体的な法律はいっさい支持しないようにと助言している。

しかし大統領の後ろ盾を得て、委員会メンバーはその提案を法律の形にすることに決めた。暫定的な条項は、一万ドルを超える所得すべてに一〇〇パーセントの税金をかけ、それ以下の所得も、六パ

ーセントまでの利益に五〇パーセント、六パーセントを超える利益には一〇〇パーセントという非常に重い税を課し、会社役員を軍に徴兵し、戦争期間中はすべての証券取引を休止し、すべての商品投機を禁止し、すべての基幹産業とサービスを徴発するとしている。フリンは委員会にこう述べた。「戦時の利益、物価の急上昇、国難による恥ずべき収入の浅ましい争奪、これらを阻止する唯一の方法は一つ、最初にインフレを防ぐことです。一九一七年と一八年、私たちは戦争をして、そのつけを子供や孫に回したのです。文明的かつ知的な生きものとして、次の戦争では、国民の一部――軍隊――が戦場で戦っているあいだ、故国に残る国民は費用を払うのだと決意しなくてはなりません」[90]。

フリンの提案に少しだけ修正が加えられ、四月初旬、非常事態戦時法として提出された。法案は、三パーセントを超えるすべての利益と一万ドルを超えるすべての個人所得を、政府が没収することを義務づけていた。ナイは「法案が過激なのは戦争が過激なものだからだ。人の金を集めに来る収税官など、人の玄関扉をノックしておまえの若い息子を差し出せと迫る徴兵官ほど、重々しくも恐ろしくもない」とコメントしている[91]。

下院がもっと穏健なマクスウェインの法案を票決しようとすると、大混乱が起こった。反対の声があらゆる側から上がったのだ。ニューヨーク・タイムズ紙の記事によると、「反戦感情が下院で高まり、マクスウェインの案は原形をとどめないほど修正された」。修正には、過剰な戦時利益に対する一〇〇パーセント課税、国の金銭的および物的資源の政府管理、そして工業、商業、運輸、通信の各業界の役員徴兵が含まれていた[92]。法案は、二一歳から四五歳までの男性全員を徴兵するが、管理職の徴兵は削除されて、下院を通過した。最終版でもっと過激なナイ法案からの条項を付け加えやすいような枠組みになっていた。

ニューヨーク・タイムズ紙の記者、アーサー・クロックは、両法案を痛烈に批判した。「マクスウェイン法案は反戦主義、ナイ法案は労働組合主義、社会主義、あるいは共産主義の色が濃い。……どちらの法案も、宣戦布告で確実に金持ちが破滅するようにして、戦争を阻止しようとしている。労働者と消極的反対者のことしか配慮されていない。法案のすべての条項は、一方の賃金やストライキ、そして他方の徴兵、それぞれが制限されないように考えられている」[93]。バルークもナイ法案の条項に対する反論に加わり、この法案はインフレを増大させ、軍需産業を麻痺させ、国を大規模攻撃に対して無防備にすると主張した。ナイはバルークが実業界の代弁者となっていて、本当は戦時利得の排除を望んでいないと糾弾した[94]。

五月初旬、ナイはマクスウェインの戦時利得法案の修正案として、自分の法案を上院に提出した。これは委員会から出てくるいくつかの法案の第一号にすぎないと予告し、「アメリカ国民の意見はこの法案を支持していると信じている。全世界が戦争のうわさに悩まされているいまこそ、アメリカは、一握りの人たちを裕福にするためのばかげた不毛な試みの道具として、戦争を再び使用するつもりがないことを、自国民と世界に警告するべきだ」と説明している[95]。

委員会は上院に三つの決議を提出した。一つは交戦国またはその国民への融資の禁止。二つめは交戦地帯に入る国民へのパスポート発行拒否。三つめは、交戦国への武器輸送がアメリカを紛争に巻き込む可能性がある場合の禁輸措置。上院外交委員会は最初の二つの法案を承認し、三番めについて議論していたところ、ハルが委員会メンバーを、他国との取引におけるアメリカの選択の自由を確保するように説得した。高まるエチオピア危機が念頭にあったため、委員たちは最終決定をする前に三法案すべてを再検討することにした。

九月に議会が休会となったとき、戦時利得法案の下院版と上院版のちがいはまだ解決されていなかった。これはシカゴ・トリビューン紙にとって安心材料だった。同紙は戦時法案を「共産主義的防衛法」と呼び、戦争が起こったら、大統領は「レーニンがロシアを共産主義化したのと同じくらい完璧に、アメリカ国家を共産主義化」できるとしている。(96)

## コーカスルームの対決――財界vs公聴会

その時点で、劇的な行動を求めるプレッシャーを受けて、ウィルソンの元陸軍長官ニュートン・ベーカーが、事態を混乱に陥れた。彼は、平和愛国者の会のウィリアム・フロイド会長がニューヨーク・タイムズ紙に出した手紙への回答として、アメリカが第一次大戦に参加する準備段階で、アメリカの民間部門の商業的・財政的利益を守ることについての議論があったことを否定し、「銀行家の口を封じたり、軍需品メーカーの操業を停止させたりすることでは、将来的な戦争からアメリカを守ることはできない」と主張した。(97)四日後、銀行家のトマス・ラモントがフロイドの証言に異議を唱え、アメリカの参戦はアメリカの商業的利益のためではなく、ドイツの攻撃のせいだという文章を新聞に寄せている。(98)

この問題自体が、一九三六年初めに新たな委員会調査の核心となった。モルガン家をはじめウォール街の企業が、連合国に貸した莫大な資金を取りもどすために、アメリカを戦争に追いやったというのは本当なのか？　どちらの側も闘いに備えた。十分に予想された決定的対決が起こったのは、一月七日、Ｊ・Ｐ・モルガンがパートナーのラモント、ジョージ・ホイットニー、さらに元ナショナル・シティ・バンク総裁のフランク・ヴァンダーリップとともに委員会に現れたときのことだ。ジョン・Ｗ・デイヴィスがモルガンの弁護士として同行した。要望された記録的な数の席を収容するために、委員会は公聴会の場を上院議員会館の広く壮麗な集会室、コーカスルームに移した。ナイ委員会の調査員はほぼ一年にわたって、巨大銀行の帳簿やファイルを熟読し、二〇〇万通以上の手紙、電報、その他の文書を吟味してきた。公聴会の前夜、会社はラモントとホイットニーによるオフレコの背景説明のために、記者団をショアハム・ホテルの四〇室あるスイートに招いた。一方のナイは、ラジオを利用して自分の立場を全国の聴取者に説明した。「私たちがアメリカの中立政策を拡大解釈して、融資を容認するまで商業的利益を受け入れるようになったあと、連合国はアメリカが最終的にどうするかについて、まったく疑っていなかった。私たちがわかっていなかったらしいこと、つまり、私たちも私たちの心も結局は、私たちの財源があるところにあるのだということを、彼らは知っていたのだ」。

モルガンはそのような主張を否定する九ページの声明を発表した。「これらの融資が担保付きであったことに、とくに注意を促したい。なぜならある方面では、連合国への融資はアメリカが参戦しなければ水の泡になっていた、そして出資者が『融資を埋め合わせる』ために政府を戦争に駆り立てた、という印象が持たれているからである。この根も葉もない見解を正当化する事実はいっさいない。融資はつねに返済されていた。その安全性を心配する者は誰もいなかった」。アメリカの実業界は連合国に物資を供給することですでにうるおっていたので、アメリカを参戦させることに大きなメリットはなかったと、この声明は主張している(99)。

この論争で負ければ、深刻な結果になりかねない。ナイとクラークは、アメリカの過去の参戦について提示された証拠が、その週に提出しようとしている重要な中立性法案の運命を左右する可能性があることを認めていた。

その最初の公聴会で委員会は、ウィルソン大統領がウィリアム・ジェニングス・ブライアン国務長官の強い反対を押しきってロバート・ランシング陸軍長官の側につき、銀行家に交戦国への融資を認める決定をしたことを示す文書を公表した。それは一九一四年、政策変更が公になるずっと前のことだった。休会の前に、クラーク議員がヴァンダーリップに最後の質問をした。「イギリスは戦争に負けたとしても、借金を返済したと思いますか？」。ヴァンダーリップは答えた。「はい、たとえ戦争に負けていても、返済したでしょう(100)」。

## 第一次大戦参戦にかんするウィルソンへの疑惑

次の公聴会で、ナイをはじめ委員会メンバーは、アメリカが第一次大戦では初めから中立ではなく、ドイツの潜水艦との衝突はウィルソンが介入の口実として利用したにすぎないことを示そうとした。そのためにナイが最後の爆弾を落とす。ウィルソンはアメリカが参戦する前に連合国の秘密条約を知っていたのに、上院外交委員会のメンバーには、あとになってベルサイユで知ったのだと話して記録を「改竄《かいざん》」した、と主張したのだ。

ナイ委員会の調査によって、ウィルソンが事実上、国をだまして戦争に導いたことが明らかになった。彼は連合国への融資その他の支援を許すことによって中立性を弱め、ドイツの残虐行為をわざと誇張し、秘密条約を知っていた事実を隠蔽《いんぺい》していた。さらなる民主主義のための戦争とはほど遠く、帝国の特権を再分配するための戦争だったのだ。

ウッドロー・ウィルソンの誠実さに対する中傷は、多くの民主党上院議員にとって我慢の限界を超えていた。彼らは委員長の激しい非難に反旗を翻す。その様子をワシントン・ポスト紙は「抗議と恨みのトルネード」と表現している。テキサス州のトム・コナリー上院議員が突撃の先頭に立った。「どうして告発がなされたかはどうでもいい。これは恥ずべきことだ。生きているときは偉大な男であり、善良な男であり、敵と顔を突き合わせ、にらみあう勇気のある男だった故人の記録について、ノースダコタ州出身の上院議員であり、委員会の委員長であり、われわれを平和に導こうとしているこの男が口にしたような言葉は、どこかのぼろ家の裏部屋でチェッカーをしたりビールを飲んだりしながら話すのがお似合いだ」。コナリーはナイと委員会の「行為は、第一次大戦におけるアメリカの業績を傷つけ、汚そうとするもので、みっともないと言っていい」と非難した。論争は委員会自体をも分裂させた。ポープとジョージの両議員は抗議して公聴会を退席している。ポープはもどり、「ウッドロー・ウィルソンの偉大な人格をおとしめるために、彼の動機に異議を唱える試み」に対し、彼とジョージの怒りを表す声明を読み上げた。二人は調査の目的が見失われていることは遺憾だとし、「改善のための立法」を確実にするチャンスを逸することを心配していた。そして委員会の調査の信頼性を疑った。「ウィルソンとランシングを糾弾するような試みは……調査が行なわれる際の偏見と先入観をあらわにしている」。二人は委員会を辞任するつもりはなく、最終報告書の票決にもどると明言した。もう一人の委員会メンバー、ヴァンデンバーグ議員は、自分もウィルソンを尊敬しているが、経済的な動機が「決定的な否応なしの衝動」となってアメリカを戦争に追い込んだ、と補足している。彼はそのようなことが二度と起こらないようにしたいと考えていて、委員会がなし遂げたことを誇りに思うと言った。「この四八時間で歴史が書き換えられた。何が現れようと、歴史はありのままの姿を明かされるべきだ」。ナイはポープとジョージに、自分はウィルソンに対して悪意はなく、一九一六年には彼に投票したのだと断言し、「われわれが戦争に引きずり込まれる危険を減らす可能性があるかぎり」、目的を貫くと約束した。[101]

## ウィルソン問題は「煙幕」か？

次の日も上院での抗争は続いた。ウィルソン政権の最後の数カ月、財務長官を務めたバージニア州選出の七八歳のカーター・グラスは、ナイの行為は「恥ずべき中傷」であり、「亡き大統領に対する口に出してはならない非難であり、ウッドロー・ウィルソンの墓に泥を塗っている」と糾弾した。書類に血が飛び散るほど激しく机をたたきながら、カーターは嘆いた。「ああ、モルガン家がウッドロー・ウィルソンの中立の方針を曲げたなどとは、なんとひどいデマだろう、なんとひどいうそだろう！」。ナイはついに上院の議場で反論するチャンスを得た。彼が何に驚いたかと言えば、自分の委員会の仕事を中止させる「一致団結の試みがもっと早く」起きなかったこと、モルガンとそのパートナーが登場してはじめて敵対心が明らかになったことだった。彼はいっさい謝罪することなく、代わりに、「アメリカが戦利品についての合意ができていることを知りながら参戦した」ことを示す手紙と文書を読み上げ、「それなのに私たちは秘密条約のニュースは平和会議でいきなり知らされたと教えられていた」と、あらためて述べている(102)。

二日後、ナイはモルガンとそのパートナーに、翌週予定されていたさらなる調査のために出頭する必要はないと告げた。委員会は妨害に遭い、調査を続けるために必要な九〇〇〇ドルの上院歳出が承認される見通しは暗かった。ナイは反対者がウィルソン問題を「煙幕」として使ったと非難した。彼らの真のねらいは、「あらゆる手段を利用し、あらゆる口実を設けて、戦争から得られるいまわしい利益を脅かす法律を葬り去ることだ」と、ナイは主張している(103)。

誰もが驚いたことに、そしてナイにとってはうれしいことに、公聴会は打ち切られなかった。一月三〇日、上院は調査を仕上げるための歳出七三六九ドルを全会一致で認めた。コナリーさえもそれまでの態度をくつがえし、資金追加に賛成票を投じたが、委員会に対して、生きている人に的を絞り、死者の「墓地」に侵入しないことを強く求めた(104)。ニューヨーク・タイムズ紙によれば、上院が心変わりしたのはこういうわけだった。「第一次大戦時の最高指揮官に対する中傷に憤慨したウィルソン信奉者たちが、資金を奪うことで調査を中断させると脅したとき、議会の郵便袋は、一九一四年から一八年までの経緯がすべて語られることを強く求める手紙で膨れ上がった。これほどの反戦ムードが示されたおかげで、長年のあいだに起こった同様のどんな出来事よりも激しい敵意を引き起こしたこの調査が、続行を許されたのである」。タイムズ紙は、委員会はすでに「目覚ましい改革」をなし遂げたと称賛している。「そのおかげで、武器メーカーがライセンスを取得するのに必要な規則が制定され、すべての貨物が国務省に報告されるようになった。その結果、兵器産業と造船産業が法外な利益を上げないようにする法案が考え出され、その提案がやがて何らかのかたちで法律になると期待されている。しかしその一番の成果は、戦争と平和と利益についての世論を動かしたことである(105)」。

## 世論による圧倒的査問委員会支持――それを報じないマスコミ

最後の公聴会でモルガン家の代表者は、連合国への融資がアメリカ参戦に影響したという嫌疑をかわそうと最善を尽くした。ニューヨーク・タイムズ紙は二月五日の記事に「モルガン、友人ナイに『釈放』されて上機嫌で去る」という見出しを付けた。タイムズ紙は安堵のため息をついた。二月九日の社説のタイトルは「査問が無事終了」。同紙によると、モルガンが「軍需品の販売で膨大な利益」を上げ、アメリカの参戦を確実にするために「強大な影響力を行使」したことを論証しようとした委員会の努力は完全に信用を失い、「モルガン氏と『友人ナイ』が明るくおめでとうと言いあうような雰囲気のなか、査問は終了した」。社説はこう締めくくられている。「この結果は大きな公共の利益である。……逆の結果になっていた場合のやっかいな影響は想像に難くない。人々は銀行業界全体に腐った部分があると断定して落胆していただろう(106)」。

ナイはすぐさまタイムズ紙の記述に反論した。「上院査問委員会には、査問がモルガン銀行の潔白を証明できたと考えているメンバーは一人もいない」。投資を守るためにアメリカが参戦するようしむけた責任をモルガンに負わせることはできないにしても、「私たちの参戦を避けられないものにした構造の中心部に銀行家がいたと言っていい」とナイは述べている。ウィルソンがモルガンに連合軍

の銀行になることを許した時点で、「私たちが戦争に向かう道に舗装が施され、油が引かれた」とも付け加えている。(107)

委員会の聴聞が望ましい影響を与えていることを示す証拠が、三月七日に発表されたギャラップ世論調査にははっきり出てきた。「私的利益のための軍需物資の製造と販売は禁止されるべきですか?」という問いに、アメリカ人の八二パーセントが「はい」と答え、「いいえ」はわずか一八パーセントだった。最も支持が強かったのはネバダ州で、九九パーセントが利益をなくすことに賛成。支持が最も弱かったのはデュポンの本拠地であるデラウェア州で、はいと答えたのは六三パーセントにとどまった。ジョージ・ギャラップの報告によると、前年一〇月に会社が世論調査を始めて以来、どの調査でも支持のほうが多かったのは老齢年金だけだったという。ギャラップはペンシルベニア州西部の食料品店主の言葉を引用している。「軍需物資の利益構造が何世代にもわたって私たちを戦争に導いてきた」。(108) ナイでさえも、一七カ月前に公聴会を始めたときには、そのような考えは信じがたいと思っていた。「軍需品製造の国営化は、私たちが検討したなかで最もとっぴなアイデアだった」と認めている。(109) とくにワシントン・ポスト紙は、ナイとその委員会が「軍需物資の取引で展開されてきた不正や……兵器が入手しやすいかどうかと戦争の関係」について、国民に教えたことを称賛している。(110) 翌日、ミシガン州グランドラピッズで演説したエレノア・ルーズベルトは、軍需産業からすべての利益を取り上げることを求めた。モルガンと軍需品メーカーを擁護したばかりだったニューヨーク・タイムズ紙は、ギャラップ世論調査が発表されたことさえ報道していない。

## ヒトラー・ドイツと結びついた多国籍企業のカルテル

四月、ナイ委員会は長らく待ち望まれた三通めの報告書を提出した。結論としては「この委員会に出された証拠からは、戦争開始の理由が軍需品メーカーとその代理人の活動だけであるとは言えないが、戦争の原因が一つだけということはめったにないことも真実であり、委員会としては、利己的な組織が国をあおったり脅したりして軍事行動に走らせるのを放任しておくことは、世界平和に反すると考える」(111)。委員会のメンバー七人のうち四人――ナイ、クラーク、ポープ、ボーン――は、軍需産業を全面的に政府の所有とすることを求めた。少数派――ジョージ、バーバー、ヴァンデンバーグ――は、「軍需物資の厳正かつ確実な管理」を求めた(112)。しかし戦争から利益を上げないようにするための法案は、ナイの最大の批判者であるコナリーが委員長を務める小委員会が担当していた。そこで放置されたあげく、骨抜きにされてようやく提出されたときには、必要な票を得られなかった。それから五年にわたってナイらが提出した同様の法案も、注目されることはなかった。

公聴会で提起され、調査員をずっといら立たせていた問題がいくつかあったが、アメリカの実業家がヒトラー政権の不快なところにとっくに気づいていたのに、ドイツの経済的・軍事的再生に力を貸したこともその一つだった。一九三三年以降、ヒトラーは共産党員、社会民主党員、そして労働者のリーダーを投獄し、殺害していたのだ。ユダヤ人殲滅《せんめつ》運動が始まるのはまだ数年先だが、彼の卑劣なユダヤ人差別は明白だった。アメリカとドイツの実業家および銀行家どうしの結びつきは、ヒトラーが権力の座に就く前の数年に築かれていた。おもにモルガンとチェースの銀行関係者によって集められたアメリカの融資は、一九二〇年代の低迷するドイツ経済を下支えしていた。トマス・ワトソン率いるIBMがドイツのデホマク社の経営権を買収。スローンのゼネラル・モーターズは一九二九年から三一年のあいだにドイツの自動車メーカー、アダム・オペルを買収した。フォードはドイツの子会社、フォード・モーター・カンパニー・アクツィエンゲゼルシャフトへの投資を増やし、この動きは両国間に橋をかけることになると力説した。[113] ワトソンも同じ考えで、「世界貿易による世界平和！」と好んで宣言している。[114]

世界平和がどれだけ尊くても、資本家の一番の関心は競争市場によって富と力を手に入れることだけだった。目が回るほど次々と公式または非公式の商取引が成立して、アメリカ、イギリス、ドイツに拠点を置く多国籍企業のネットワークが、市場を占有して価格を支配しようと結託した。一九三九年三月、イギリス産業連合会とドイツ連邦産業連盟がデュッセルドルフで通商上の合意に達したことが発表され、「イギリス、ドイツ、およびあらゆる国々の相互利益のために、有害な競争はどんな場合も、世界貿易を育成するための建設的協力に置き換えることが重要であるという合意に達した」と宣言された。[115] 大半の観測筋が、そのような協定がどれだけ広範囲におよんでいたかを認識したのは、戦後のことである。スタンフォード大学のセオドア・クレップスが一九四五年五月に述べているように、「経済学論文のわかりにくい専門用語だった『カルテル』という言葉が、最近急に日刊紙の第一面を飾るようになった」。[116] このような協定の典型として、エドセル・フォードがドイツの化学会社IGファルベンのアメリカ子会社、ゼネラル・アニリン・フィルムの取締役になり、ファルベンのゼネラル・マネージャー、カール・ボッシュがフォードのヨーロッパ子会社の取締役になった。同様の取り決めがファルベン、デュポン、GM、スタンダード・オイル、そしてチェース銀行を結び合わせた。

一九三七年、ワトソンはヒトラーに会ったあと、「戦争はない。戦争を望む国はないし、戦争をする余裕がある国もない」(117)という総統のメッセージをうのみにし、ベルリンで開かれた国際商工会議所の会合で律儀に伝えた。数日後、七五歳の誕生日に、ワトソンはドイツ鷲大十字勲章を受章した。ヒトラーが彼にそれを授与したのは、デホマクのパンチカード機のおかげで、ドイツ政府が一九三〇年の国勢調査を集計し、その結果としてユダヤ人を特定できたからである。デホマクの計数機は、データ統合の飛躍的進歩を象徴していた。それがのちに同社がナチスの支配下にはいったとき、アウシュヴィッツへの列車を時間どおり運行させるのに役立った。

## ナチスの手本となったヘンリー・フォードの著作

ヘンリー・フォードもヒトラーの平和志向を証言している。一九三九年八月二八日、ポーランド侵攻のわずか四日前、フォードはボストン・グローブ紙に、ヒトラーは虚勢を張っているだけだと請け合った。ドイツ人は「戦争をする勇気などなく、そのことを承知している」。一週間後、ドイツによる侵攻が始まったあと、彼は厚かましくも友人にこう言っている。「発砲はされていない。すべてはユダヤ人銀行家のでっちあげだ」(118)。

フォードもワトソンも、もっとよく考えるべきだった。一九三七年、フォードのドイツ子会社はドイツ軍のために大型トラックと兵員輸送車を製造していた。一九三九年七月、この子会社はフォード＝ヴェルケに社名を変えている。のちにアウシュヴィッツで合成ゴム工場を運営し、ユダヤ人を皆殺しにするために使われた悪名高いチクロンBの錠剤を供給し、人道に対する罪で有罪判決を受けたフ

反ユダヤ主義の記事を集めたヘンリー・フォードの『国際ユダヤ人』ドイツ語版。のちのナチ党指導者に広く読まれた。

アルベンが、フォード＝ヴェルケの株一五パーセントを所有していた。一三九三年に戦争が始まったとき、フォードとGMはまだドイツの子会社を監督下に置いて、ドイツの自動車産業を支配していた。のちに否定したものの、彼らはドイツの債権を放棄することを拒否し、軍需生産の設備を一新せよというドイツ政府の命令に応じさえした。その一方で、自国の工場を一新せよというアメリカ政府からの同じような要求には抵抗していた。GMのスローンはそのような行動について、一九三九年三月、ナチスによるチェコスロバキア占領の直後、ドイツの事業は「高利益」だったという事実を根拠に正当化している。彼の主張によると、ドイツの国内政策は「ゼネラル・モーターズの経営とは無関係と考えるべきだ」。オペルはリュッセルスハイムにあった一七五万平方メートルの複合施設をドイツ空軍向け戦闘機の生産設備に変更し、ドイツのJU‐88中距離爆撃機用推進装置の優に五〇パーセントを供給する一方、アメリカのP‐51ムスタングより時速一六〇キロ速いスピードを出せる世界初のジェット戦闘機、ＭＥ‐２６２の開発にも協力した。彼らの努力を認めて、ナチス政府は一九三八年、ドイツによるオーストリア併合の四カ月後、ヘンリー・フォードにドイツ鷲大十字勲章を授与し、一カ月後にはＧＭの最高海外責任者だったジェームズ・Ｄ・ムーニーに同様の栄誉を授けている。フォードの親会社は戦時中、子会社の実質的な支配権を失ったが、その間《かん》、フォード＝ヴェルケは政府に兵器を供給し、近くのブーヘンヴァルト強制収容所から囚人を強制労働者として雇っていた。元囚人のエルザ・イワノワが一九九八年に会社を相手取って訴訟を起こしたとき、フォード・モーター社は無節操な行為をごまかし、「民主主義の武器庫」という好ましいイメージを盛り上げるために、かなりの数の調査員と弁護士を雇った。しかし戦争直後、アメリカ陸軍のヘンリー・シュナイダー調査官による報告書は、フォード＝ヴェルケを「ナチズムの武器庫」と呼んでいる[119]。そして自動車産業専門家ブラッドフォード・スネルが、同産業の独占的慣行に対する議会の調査で暴いたとおり、「自動車生産の多国籍支配を通じて、ＧＭとフォードは民主主義の軍隊だけでなく、ファシズムの軍隊にとっても主要な供給者となった」のである[120]。

ヘンリー・フォードはドイツ軍にトラックを供給しただけではない。ナチスがいまわしいイデオロギーを磨くのにも力を貸した。一九二一年に彼が出版した反ユダヤ主義の記事を集めた『国際ユダヤ人』は、のちのナチ党指導者に広く読まれた。彼は『シオン長老の議定書』を五〇万部印刷する資金も提供している。この『議定書』は偽造文書であることが広く知られていても、フォードは思いとどまらなかった。元ヒトラー・ユーゲント指導者でナチス占領下のウィーン総督だったバルドゥール・フォン・シーラッハは、第二次大戦後のニュルンベルク裁判でこう証言している。

当時私が読んだ決定的な反ユダヤ主義の本は、ヘンリー・フォードの『国際ユダヤ人』でした。私はそれを読んで反ユダヤ主義になったのです。この本は……私の友人にも私自身にも強い印象を与えました。なぜなら、ヘンリー・フォードのなかに成功の象徴だけでなく、進歩主義的社会政策の象徴を見たからです。貧困にあえぎ惨めだった当時のドイツでは、若者はアメリカを目指し……私たちにとってアメリカの象徴がヘンリー・フォードでした。……彼がユダヤ人は非難されるべきだと言うなら、当然、私たちは彼を信じました。[121]

ヒトラーはミュンヘンのオフィスにフォードの肖像画を掛け、一九二三年にシカゴ・トリビューン紙の記者にこう語った。「選挙戦に力を貸すため、シカゴその他のアメリカの大都市に私の突撃隊を送り込めたらと思う。われわれはハインリッヒ・フォードをアメリカで成長中のファシスト党のリーダーと見ている」。一九三一年にはデトロイト・ニュース紙の読者に、「ヘンリー・フォードは私にとって発想の源だ」と語っている。[122]

## アメリカ発、優生学のすすめ

ドイツ人は、一九二〇年代から三〇年代にかけてアメリカ人が不吉にももてあそんだ、優生学と「民族衛生学」からも発想を得ている。強制断種への道筋をつけたのは、六万件の施術の三分の一以上を占めたカリフォルニア州だったが、ほかの州も大差なかった。[123] このような試みの世間体を整える研究に、ロックフェラーとカーネギーの資金が投じられた。この展開がドイツで注目されないはずがない。『わが闘争』のなかでヒトラーは、優生学の分野におけるアメリカのリードをたたえている。彼はのちにナチスの同志に、「子孫が民族の血統にとって価値がない、あるいは害になるかもしれない人たちの生殖を阻止することに関して、アメリカのいくつかの州法を非常に興味深く研究した」と話している[124]。

その一つがバージニア州で、「頭の弱い」若い女性に不妊手術を行なうことを良しとした州の政策が、かの有名な一九二七年のバック対ベル裁判における最高裁判決につながった。南北戦争を戦った八六歳のオリバー・ウェンデル・ホームズ判事は、多数意見による判決を書くなかで、バックの子をもうける自由を犠牲にすることは、兵士が戦時に自分の命を犠牲にすることに相当する、と論じている。「公益のために最高に善良な市民の命が求められる場合があることを、私たちは一度ならず見ている。無能な人間があふれるのを防ぐために……すでに国家の力を徐々に奪っている人たちに、このような小さな犠牲を要求できないとしたら、それはおかしな話である」。ホームズはこう結論づけている。「劣化した子孫を犯罪者として処刑する、あるいは彼らが愚かなせいで飢えるのを待つ代わりに、明らかな不適格者が同類を存続させるのを社会が阻止できれば、全世界にとってそのほうがいい。……痴愚は三世代で十分である」[125]。強制断種の件数でバージニア州はカリフォルニア州に次いで二位だったが、まだ十分ではないと感じている人もいた。断種法を拡大するよう州議会に強く主張していたジョセフ・デジャーネット博士は、一九三四年、「われわれは得意分野でドイツ人に負けている」と不満を述べている[126]。

## プレスコット・ブッシュとナチス資本家との結びつき

ヒトラーの支配するドイツで事業を営んでいたアメリカ企業の大半は、一九三九年か四〇年にアメリカ人役員を解任したが、ほとんどの場合、経営権は会社をアメリカ企業の子会社として運営してきた同じドイツ人実業家のもとに残っていた。そしてそのあいだも、利益は封鎖された銀行口座にたまっていった。

ナチスの資本家とつながっていたアメリカ人資本家のなかで目立っていたのは、一人の大統領の父であり、もう一人の大統領の祖父である、プレスコット・ブッシュである。研究者は長年にわたり、ブッシュとフリッツ・ティッセンのつながりがどういうものだったのか、その詳細を究明しようとしてきた。ティッセンは裕福なドイツ人実業家であり、一九四一年の回想録『私はヒトラーに支払った』に明かされているとおり、ヒトラーへの資金供給に重要な役割を果たした。ティッセンは最終的にナチスの独裁者と縁を切り、自身が投獄されることとなる。

投獄されているあいだ、ティッセンの莫大な財産は海外で、主としてブラウン・ブラザーズ・ハリマンの投資会社によって、持株会社のユニオン・バンキング社を通じて守られていた。一九四二年、アメリカ政府は対敵取引法のもと、ティッセンが所有するロッテルダムのバンク・フォール・ハンデルと関係があるという理由で、ユニオン・バンキング社を差し押さえた。さらに政府はほかにも、ティッセンとつながりがあって口座をブッシュが管理していた四社、すなわちオランダ・アメリカ貿易会社、シームレス・スチール・イクイップメント社、シレジア＝アメリカ社、海運業のハンブルク＝

アメリカ・ライン社も差し押さえた[127]。

戦後、ナチスにからんだ資金のほとんどが封鎖を解除された。ユニオン・バンキング社の取り分はブッシュにもどり、凍結されていたデホマクの利益はIBMが取った。フォードもGMもドイツの子会社を再び吸収した――さらには、連合軍の爆撃で破壊されたヨーロッパの工場に対する補償金を、GMの場合で三三〇〇万ドルも受け取っている[128]。

## アレン＆フォスター・ダレスと国際決済銀行の役割

このような実業家だけではない。多くのアメリカ企業が日本の真珠湾攻撃まで、ナチスドイツと事業を継続していた。フォード・モーター社が、フォード＝ヴェルケの活動に関する二〇〇一年の調査で進んで指摘したように、開戦時、二五〇のアメリカ企業が四億五〇〇〇万ドル相当以上のドイツの資産を所有していて、その五八・五パーセントは上位一〇社のものだった。そのような企業には、スタンダード・オイル、ウールワース、IT&T、インターナショナル・ハーヴェスター、イーストマン・コダック、ジレット、コカ・コーラ、クラフト、ウェスティングハウス、ユナイテッド・フルーツなど、おなじみの名前もあった。フォードは一六位で、アメリカの投資額合計のわずか一・九パーセントを占めるにすぎなかった。スタンダード・オイルとGMがリストのトップで、それぞれ一四パーセントと一二パーセントを占めていた[129]。

このような企業の大半の代理人を務めていたのが、のちの国務長官ジョン・フォスター・ダレスが率いる大手法律事務所、サリヴァン・アンド・クロムウェルである。彼の弟でのちにCIA長官となったアレン・ダレスはパートナーだった。アメリカとドイツの戦争賠償金のルートとして一九三〇年にスイスに設立された国際決済銀行（ＢＩＳ）も、彼らのクライアントだった。

宣戦布告のあとも、ＢＩＳは第三帝国に金融サービスを提供し続けた。ナチスのヨーロッパ侵略中に略奪された金《きん》の大半は最終的にＢＩＳの金庫に入り、資本移転によって、ナチスは通常なら対敵取引法で封鎖される口座に入っていた資金を入手することができた。数人のナチ党員および支持者が上層部でかかわっており、例として挙げられるヒャルマル・シャハトとワルター・フンクは、二人とも最終的にニュルンベルク裁判にかけられたが、シャハトは無罪となった。このプロセスを推し進めたのはアメリカ人弁護士で同銀行の会長だったトマス・マキトリックで、「中立性」を主張していたが事実上はナチスを支援していた。ＢＩＳの活動があまりにも下劣だったので、財務長官のヘンリー・モーゲンソーは、同銀行の一四人の取締役のうち一二人は「ナチ党員か、ナチスに支配されている」と非難している。(130)

チェース、モルガン、ユニオン銀行、およびＢＩＳはすべて、ナチスとの協力をあいまいにしていた。チェースは、第三帝国の従属国家で傀儡政権だったビシー政権のフランスとの協力を続けた。その預金は戦時中に倍増している。一九九八年、ホロコーストの生存者が、同銀行はその時代から封鎖された口座を保有していると主張して、訴えを起こした。

## 公聴会の功罪

アメリカの資本家が海外投資からの稼ぎをたくわえ、ドイツ政府に取り入るために手を尽くしているあいだ、[131]ジェラルド・ナイと彼の優秀な調査員チームは、兵器メーカーと金融業者の影響力や陰謀についての浅ましい真実を暴くことに見事に成功し、アメリカ兵の出征時に繰り返された高遠な言葉の裏に、醜い現実が隠されていたことを暴露した。しかし公聴会にはほかに二つの影響があり、あとで振り返ってみると、それは遺憾に思って当然のことかもしれない。第一に、彼らは戦争の原因を単純化しすぎる傾向があった。第二に、彼らは想像できるかぎり最悪のタイミングで——アメリカの影響力が大惨事を招きかねないときに——国の孤立主義的傾向を強めた。アメリカはもつれ合う国家間の連合や世界情勢への関与を避けるべきだという一般的な考えを、公聴会が正当化したのだ。ファシズムなどの危険な勢力が人間性におよぼす真の脅威を考えると、強い反戦感情がはけ口をまちがえてしまったのは、アメリカ史上この時だけかもしれない。のちにコーデル・ハルは、ナイ委員会の公聴会は「孤立主義的感情」を触媒する危険な効果があり、「われわれの影響力の重みをしかるべき場所にかけるために、自由にしておくべきだった政府の手を縛ってしまうことになった」と書いている。[132]一九三五年一月、クリスチャン・センチュリー誌は「今日、アメリカ人一〇〇人のうち九九人が、またヨーロッパで戦争が起きた場合にアメリカは再び参戦するべきだと言う人は愚か者だと考えるだろう」と述べている。[133]

## 独伊日の軍国化進む

ヨーロッパで起きた出来事によって、すぐに考え直した人もいる。まず、ヒトラーがベルサイユで課された軍備制限を拒否した。次に一九三五年一〇月、ムッソリーニがエチオピアに侵攻する。通過したばかりの中立法にすべての交戦国への兵器販売を禁止され、イタリア系アメリカ人はだいたいムッソリーニを支持し、アフリカ系アメリカ人はエチオピアを支持するという具合に、国内住民の忠誠心がはっきり分かれていたアメリカは、第三者の立場を維持する。国際社会もこの侵攻を強く糾弾しなかった。国際連盟はイタリアの武力侵略を非難し、壊滅的な影響をおよぼす可能性のある石油禁輸の強制を目指し、調整委員会が非加盟国に応じるかどうかを尋ねた。当時、アメリカは世界の石油の半分以上を供給していた。アメリカが協力すれば、ファシストの武力侵略を阻止するのにおおいに役立っただろう。しかし自国内の孤立主義感情に押されたルーズベルトは、石油その他の重要資源の「道義的禁輸」を発表する。イタリアへのアメリカ資源の輸送は次の数カ月間にほぼ三倍増したので、「道義的禁輸」はまったく効果がなかったということだ。[134]国際連盟は弱気なイギリスとフランスにしたがい、イタリアを怒らせることを恐れて骨抜きにした、限定的で権限のない制裁措置を可決する。

ムッソリーニの作戦は成功した。ヒトラーと日本は、イギリスとフランスとアメリカは戦争する気がなく、軍事行動に対しては立ち向かうより黙認するだろう、と結論を下した。一九三六年一月、日本はロンドン軍縮会議を退席し、野心的な軍事化計画を始めた。一九三六年三月、ドイツ軍がラインラントを占領する。それはヒトラーの大きな賭けであると同時に、大きな虚勢でもあった。しかし功を奏した。彼はのちに、武力で抵抗されたら退却せざるをえなかっただろうと認めている。「ラインラント進軍後の四八時間が、私の人生で最も神経の磨り減る時間だった」と彼は言う。「あのときフランスがラインラントに進撃していたら、しっぽを巻いて退却しなくてはならなかっただろう。われわれの自由になる軍事資源では、ちょっとした抵抗にもまったく歯が立たなかった[135]」。

エイブラハム・リンカーン旅団退役軍人の初会合での式典。共産党の支援を受けてスペインでフランコのファシストと戦うために出征した伝説の義勇兵団で、120人が戦死し、175人が負傷した。

## スペイン内戦――ファシズムの強大化を座視する民主主義国

スペイン内戦に対する国際的な反応の弱さは、さらに気を滅入らせるものだった。一九三六年七月、フランシスコ・フランコの軍隊が、選挙で選ばれたスペイン政府を打倒してファシスト体制を打ち立てようと目指したことで、戦闘が勃発した。共和国政府は進歩主義政策とビジネスに対する厳しい規制によって、アメリカの当局者や企業幹部に敵をつくっていた。共産党員の影響を主張し、共和国政府の勝利は共産党支配をもたらすのではという不安を口にする者もいた。アメリカのカトリック教徒や教会関係者は、共和国政府の強引な反教権主義に腹を立て、フランコ支持に結集する。ヒトラーとムッソリーニも同様に行動し、航空機、パイロット、何千人という軍隊を含め、豊富な支援を提供した。ドイツはこの戦争を利用して、のちにポーランドなどのヨーロッパで展開した武器と戦術を試すつもりだったのだ。スターリンは人民戦線に航空機と戦車を送ったが、ベルリンとローマからの大規模な支援には到底およばなかった。しかしルーズベルトは共和国軍をいっさい支援しなかった。イギリスとフランスも同様だ。アメリカはイギリスとフランスに追随し、両軍への武器の輸送を禁止したので、包囲され銃の数で負けていた政府軍の力を弱めることになった。フォード、GM、ファイアストーン、その他のアメリカ企業はファシストにトラック、タイヤ、工作機械を提供した。親ファシストのトーキル・リーバー大佐が陣頭指揮を執るテキサコ石油会社は、フランコに必要な石油をすべて——つけで——供給すると約束した。ルーズベルトは激怒し、石油輸出を禁止すると脅し、テキサコに罰金を科す。しかしリーバーは誰にも邪魔はさせないと言い張り、ヒトラーに石油を供給して、ライフ誌でもてはやされた[136]。

進歩派のアメリカ人は共和主義の大義のもとに集まった。共和国軍にどうしても必要な武器を送る戦いに上院を導いたのは、熱烈な反戦主義者であるジェラルド・ナイで、これには驚かされた者もあったようだ。三〇〇〇人あまりの勇敢なアメリカ人義勇兵がファシストと戦うために、まずフランスに飛び、それからピレネー山脈をこっそり越えてスペインに入った。四五〇人が共産党の支援を受けて伝説のエイブラハム・リンカーン旅団を結成したが、一二〇人が戦死し、一七五人が負傷した。とびきり有能なアフリカ系アメリカ人のスポーツ選手で、知識人で、俳優で、歌手でもあったポール・ロブソンは、軍隊を慰問するために戦場まで出かけている。

戦いはだらだらと三年続いた。共和国政府は一九三九年の春に倒れ、一〇万人以上の共和軍兵士と五〇〇〇人の外国人義勇兵だけでなく、多くの人々の希望と夢も葬り去った。一九三八年までに、ルーズベルトは自分の政策がいかに愚かだったかに気づき、共和国政府に内密に支援を送ろうとした。しかしその支援は少なすぎたうえに遅すぎた。自分の政策は「致命的な過ち」だったと、ルーズベルトは内閣に語っている。そして、すぐに代償を払うことになると警告した。[137]

一九三七年の日本による中国侵略を世界はほとんど阻止しようとしなかったが、多くの傍観者はその戦いの報道に震え上がった。一九三七年七月の盧溝橋事件を皮切りに、戦闘は国のあちこちに広がった。蔣介石の軍隊が退却すると、日本は中国の民間人に残忍な仕打ちをする。見境のない強姦、略奪、殺人などの残虐行為が、上海と南京でとりわけひどかった。

ファシズムと軍国主義の勢力が広がるなか、世界は急速に戦争へと向かっていた。ファシストへの共感から、あるいはソビエト共産主義への嫌悪から、あるいは前回の世界大戦で引き起こされたのと同じ地獄の苦しみに落ちることへの恐怖から、欧米の民主主義国は、イタリアと日本とドイツが世界の勢力バランスを力ずくで変えようとするのを傍観していた。

# 第3章　第二次世界大戦——誰がドイツを打ち破ったのか？

アメリカ人にとっての第二次世界大戦は、いわば古き良き戦争だ。アメリカを中心とする連合国が力を合わせ、ドイツのナチズムとイタリアのファシズム、それに日本の軍国主義を見事に打ち破ったとされている。しかしほかの国々から見ると、第二次世界大戦は史上最悪の戦争だった。犠牲者の数は全世界で六〇〇〇万人を超えた。その内訳はロシア人が二七〇〇万人、中国人が一〇〇〇万～二〇〇〇万人、ユダヤ人が六〇〇万人、ドイツ人が五五〇万人、非ユダヤ系ポーランド人が三〇〇万人、日本人が二五〇万人、ユーゴスラビア人が一五〇万人。またオーストリア、イギリス、フランス、イタリア、ハンガリー、ルーマニア、アメリカの犠牲者がそれぞれ二五万～三三万人程度だ。

**枢軸国の侵略、始まる**

先の第一次世界大戦とは違い、第二次世界大戦の開戦はゆっくりと、段階的に進んでいった。まず最初に起こったのは、一九三一年の満州事変だ。日本の関東軍と中国軍が満州で衝突し、日本が圧倒的な勝利をおさめた。

一九世紀末、西欧の列強が植民地支配を広げるなかで、日本は列強の仲間入りをする機会を狙っていた。そのころ日本は急速な近代化と産業化を遂げつつあり、軍事力も確実に強まっていた。一八九四年から一八九五年の日清戦争では中国軍に勝利し、それからちょうど一〇年後には日露戦争で強国ロシアを打ち破った。東洋の国が西欧を打ち破るのは、実に七〇〇年ぶりのことだった。チンギス・ハンの時代以来だ。ロシア側のダメージは大きく、一九〇五年には政府への反感が高まりロシア第一革命が勃発した。混乱はその後もつづき、専制政治への不満や第一次世界大戦でのドイツ軍による深刻な打撃も相まって、やがて一九一七年の大規模なロシア革命へとつながっていく。また日露戦争の遺恨は、そのあと数十年にわたって日本とロシアの関係に影を落とすことになった。

一方でドイツは、第一次世界大戦の無念をはらすため、周辺の国々に侵略の手を広げようとしていた。ヒトラーとムッソリーニは一九三六年に枢軸国として手を結び、フランシスコ・フランコ率いるスペインの反乱軍を支援し始めた。そうしてファシスト政権がエチオピアやスペインに侵攻していくのを見ても、アメリカやイギリスなどの民主主義国はそれを止めるでもなく、ただ手をこまねいているだけだった。諸国の弱気な態度を見たヒトラーは、ヨーロッパ征服が十分に実現可能であることを確信。またソ連のスターリンは諸国の態度に失望し、ナチスが攻め込んできたとしてもイギリスやフランスやアメリカの協力は得られないだろうと考えるようになった。

そして一九三七年、日本と中国が本格的な戦争に突入。日本軍は中国の都市を次から次へと落とし、一二月には南京を制圧して大規模な虐殺をおこなった。民間人の犠牲者は二〇万から三〇万人、レイプされた女性の数は八万人にのぼるとも言われている。日本はまもなく中国東岸を掌握し、二億人の人々を支配下におさめた。

一九三八年に入ると、国際情勢はさらに悪化した。ドイツはオーストリアを併合し、連合国側はヒトラーの要求をのんでチェコスロバキアのズデーテン地方をドイツに引き渡した。このときイギリスのネビル・チェンバレン首相が「これでわれわれの時代の平和は保たれた」と宣言したのは有名な話だ。(1)

アメリカのルーズベルト大統領は、もうすこし現実的な見方をしていた。彼に言わせれば、イギリスとフランスは無力なチェコスロバキアを見捨てたのであり、「その手は裏切りの血に染まった」のだ。(2)ただしルーズベルトは、アメリカの行動が大差ないことも自覚していた。ナチスに立ち向かう人々への支援はほんの申し訳程度だったし、ドイツやオーストリアに住むユダヤ人を助けることも十分にはできていなかった。一九三九年には法律の上限である二万七三〇〇人の移民をドイツとオーストリアから受け入れたが、それもこの年だけの話だ。何十万人というユダヤ人が亡命を望んでいるなかで、アメリカの対応はあまりにも不十分だった。移民の受け入れ数は一九二四年の差別的な移民法によって低く制限されていたが、ルーズベルトはそれをあらためようともしなかった。(3)

### スターリンのあせり――独ソ不可侵条約

一九三九年三月、ヒトラーがふたたびチェコスロバキアに侵攻。次はソ連が狙われる番だ、とスターリンは悟った。ソ連の独裁者スターリンは、数年前から諸国にヒトラーとムッソリーニ打倒のため

ヒトラーとムッソリーニは1936年にベルリン・ローマ枢軸体制を打ち立て、エチオピアおよびスペインに対する侵略行動を開始した。アメリカやイギリスなどの民主主義国は、ほとんど行動に出ることなくこれを傍観していた。

の連帯を呼びかけていた。一九三四年には国際連盟への加入までおこなった。しかし度重なる嘆願にもかかわらず、ファシストに立ち向かおうというソ連の呼びかけはことごとく無視されていた。今回ヒトラーのチェコスロバキア侵攻を受けて、スターリンはふたたびイギリスとフランスに東ヨーロッパ防衛のための協力を呼びかけた。だが彼の声は、誰にも届かなかった。

ドイツとポーランドがソ連に攻め込んでくることを恐れたスターリンは、なんとか時間を稼ごうと考えた。そして一九三九年八月、彼は苦々しい思いを抑え、宿敵ヒトラーと取引をおこなった。ドイツと不可侵条約を結び、あわせて東ヨーロッパの分割に関する秘密議定書を取り交わしたのだ。ヒトラーとスターリンが手を結んだ事実は、世界中に衝撃を与えた。実のところ、ソ連はイギリスとフランスにも同様の取引を持ちかけていたのだが、抑止効果のためにポーランドにソ連軍を展開するという提案は両国から拒否されていた。

九月一日、ドイツ軍がポーランドに侵攻すると、連合国はドイツに宣戦を布告。つづいて九月一七日、ソ連軍もポーランドの自国側に侵攻した。まもなくソ連はバルト海沿岸を掌握し、エストニア、ラトビア、リトアニアの三カ国を支配下において、さらにフィンランドに軍を進めた。

ヒトラーは短い沈黙のあと、一九四〇年四月に猛攻撃を開始。デンマーク、ノルウェー、オランダ、ベルギーの各国が立てつづけにドイツの手に落ちた。一九四〇年六月二二日には、フランスがドイツに降伏。第一次世界大戦で若い戦力を失い、また保守的な支配階級に反ユダヤ主義が根づいていたフランスが落ちるのに、時間はかからなかった。残されたイギリスはその夏を通じてドイツに抗戦したが、見通しは暗かった。イギリス空軍の奮闘により、ドイツが九月に計画していたイギリス上陸作戦は阻止することができたが、イギリスに対するドイツ空軍の攻撃はやまなかった。

ルーズベルトはイギリスの力になりたいと考えていたが、行動に出ることは容易ではなかった。法律では中立が定められていたし、軍備も十分には整っていなかった。国内の世論も、戦争に手を出さない孤立主義を求めていた。さらに閣僚や軍幹部からも、イギリスの負けは確定なので本国の守りに集中すべきだという声が上がっていた。そんななかで、ルーズベルトはできるかぎりの軍事支援をしようと手をつくした。法を犯すことも承知で上院の合意を得ずに話を進め、アメリカ大陸周辺の英軍基地を九九年間利用する権利と引き換えに、五〇隻の旧式駆逐艦を提供する取り決めを結んだ。ルーズベルトの独断的な行動は、もちろん国内からの反発を招いた。だが、激しさを増す戦闘のなかでイ

ギリス軍の士気を高めるためなら、そうした反発はあえて受けとめる覚悟だった。(4)

## ルーズベルトが選んだ副大統領候補

各国の首脳は日本の中国侵略に非難の目を向けていたが、激しい攻撃に苦しむ中国に対して、具体的な支援の手を差し伸べる者は少なかった。一九三九年七月、アメリカは日本への抗議の意味を込めて、一九一一年に結ばれた日米通商航海条約の廃棄を決定。これによってアメリカは日本の軍事利用につながる物資の輸出を停止し、日本への主要な原材料の流れを断ち切った。

同じ年、満州では国境線をめぐってソ連と日本の大規模な衝突が発生。ゲオルギー・ジューコフ率いるソ連軍が勝利を収めたが、東アジアの緊張はますます高まっていった。そして一九四〇年九月、ドイツとイタリアと日本は三国同盟を結び、「枢軸国」としての協力体制を打ち立てた。この同盟にはまもなくハンガリー、ルーマニア、スロバキア、ブルガリアの各国も参加することになる。

戦争の影が迫っていることを感じたルーズベルトは、大統領は二期までという慣習を破り、民主党候補として三期めとなる大統領選に出馬した。対する共和党の候補は、インディアナ州の弁護士ウェンデル・ウィルキーだ。ウィルキーは最近になって民主党から共和党に鞍替えした議員で、政治的立場は穏健派だった。民主党のニュー・ディール政策を大枠で支持し、イギリスへの軍事支援にも積極的だった。このようなウィルキーが大統領候補に指名されると、共和党内の保守派はあからさまな反発を示した。元上院議員のジェームズ・ワトソンは、次のように辛辣なコメントを残している。「もしも売春婦が悔い改めて教会にやってきたら、喜んで信者席まで案内してやるでしょう。しかし初日にいきなり聖歌隊の指揮をまかせようとは夢にも思いませんね」[5]。

一方、ルーズベルトは副大統領候補の選出をかなり慎重に進めていた。戦争が迫っているこの状況で、人選を間違えるわけにはいかない。検討を重ねた結果、ルーズベルトが選んだのは、農務長官を務めていたヘンリー・A・ウォレスだった。党内から反発が起こることはわかっていた。ウォレスはアイオワ出身で、代々つづく共和党員だったからだ。ウォレスの祖父は《ウォレス・ファーマー》という農業誌を立ち上げ、科学的農業の発展に努めた人物だった。ウォレスの父親は、一九二四年に亡くなるまでずっと共和党のハーディングとクーリッジの政権で農務長官を務めていた。ウォレス自身は一九二八年の選挙で民主党のスミス候補を支持し、一九三二年の選挙でもルーズベルトを支持していた。ただし、正式に民主党に移ったのは一九三六年になってからだ。共和党保守派がウィルキー候補に反発していたのと同様、民主党内でもウォレスの忠誠心を疑問視する声が上がった。だがルーズベルトは、まったく不安に思わなかった。ウォレスが味方であることは明らかだったからだ。それまでウォレスは農務長官として必死に働き、農業の繁栄にすばらしい成果を上げていた。

## ヘンリー・ウォレスのラディカルな手腕

ウォレスが農務長官に就任した一九三三年、アメリカでは人口の四分の一が農業に従事していたが、その暮らしぶりは悲惨なものだった。農産物は市場にあふれ、余りすぎて価格がどんどん下がっていた。この問題は一九二〇年代からつづいており、一九二九年以降はとりわけ危機的な状況になった。一九三二年の農業所得合計は一九二九年の三分の一にまで下がり、アメリカの農家は絶望に包まれていた。ルーズベルトのニュー・ディール政策を成功させるためにも、なんとか農業を復興させなくてはならない。

ウォレスがとった対策は、かなり議論を呼ぶものだった。彼はまず農家に対して、補助金を支払うから生産量を減らしてほしいと申し出た。市場に出まわる量を減らせば需要のほうが多くなるので、自然に価格が上がるという算段だ。しかし一九三三年の状況を改善するには、それだけでは足りなかった。綿花の値段は一ポンドあたり五セントにまで落ち、倉庫は余った在庫ではち切れんばかりになっていた。このまま収穫の時期を迎えれば、また大量の在庫がなだれ込んでくることになる。こうした状況を見たウォレスは、思いきった手段に出た。農家に補助金を与えて、未収穫の作物の二五パーセントを破棄してもらうことにしたのだ。心の痛む決断だった。彼自身、何年もかけてトウモロコシの品種改良に取り組んできたし、世界平和には豊富な食料が不可欠だと固く信じていたのだ。「生長途中の作物を破棄するなんて、現代文明のひどい現実を見せつけられた思いです」と彼は語っている。その年の八月、一〇〇〇万エーカー（四万平方キロメートル）以上の綿花が畑のなかでつぶされていった。

だが厳しい現実は、それだけにとどまらなかった。次は豚肉が余っている問題をなんとかしなくてはならない。ウォレスは養豚農家と相談し、体重一〇〇ポンド未満（市場に出まわる豚とくらべて約半分の体重）の子豚およそ六〇〇万頭を処分することに決めた。一部の人は、ウォレスを「豚の子殺し」などと呼んで非難した。だがウォレスは堂々と反論した。「子豚を殺すのが残酷なら、大人の豚を殺すのも同じように残酷でしょう。……彼らの話を聞いていると、どうも豚をペットか何かだと思っているみたいですね」。また、ウォレスは処分した豚の用途についても気を配った。一億ポンドの豚肉とラードと石鹸《せっけん》を、貧しい国民に分配することにしたのだ。彼はこの政策について、次のように振り返っている。「あまり気づかれていませんでしたが、これはかなりラディカルな政策だったんです。多く持っている人から政府が買い上げて、それを貧しい人に分け与えたのですからね」。

ウォレスの政策は非難を浴びたが、効果は抜群だった。綿花の値段は二倍に跳ね上がり、農業所得は一年で三〇パーセントも上昇した。ただしウォレスの心の中には、こうしたやり方に対する葛藤があった。

「一〇〇〇万エーカーの綿花を破棄し、六〇〇〇万頭の子豚を殺すなど、まともな社会のやることじゃありません。あくまでも非常時の対応です。一九二〇年から一九三二年までの世界政治の迷走によって、のっぴきならない状況に追い込まれていたということです[6]」。ウォレスはこのように、やむを得ない対策だったことをはっきりと主張していた。それでも、人々が食うに困る生活をしているなかで、農作物や家畜を無駄にしたという印象をぬぐい去ることはできなかった。ニュー・ディール政策に対するイメージは悪化し、人々に苦難を強いる経済政策だという見方が広まった。

しかし全体としては、ウォレスの政策は高く評価できるだろう。歴史家のアーサー・シュレジンジャーも、ウォレスについて次のように述べている。「ウォレスはすぐれた農務長官だった。……彼の関心は売るための農業から、零細農家の暮らしや田舎の貧困問題へと広がっていった。都会の貧困に対しては学校給食や食費補助を与えればいいが、田舎の農家に対しては土地利用計画を導入し、土壌保全や侵食対策を広めるといった取り組みが必要だった。また彼は作物や家畜の病気についても研究を推し進め、乾燥に強く豊富に収穫できるような品種改良に尽力した[7]」。

## ウォレス、人種差別撲滅を掲げる

八年間の農務長官時代を通じて、ウォレスはニュー・ディール政策の伝道者としてのイメージを固めただけでなく、反ファシストとしての立場を明確にしていった。一九三九年には「民主主義と知的自由を考える会（ＡＣＤＩＦ）」に対する支援を表明している。ＡＣＤＩＦは著名な人類学者のフランツ・ボアズが中心となり、左派の科学者が集まって立ち上げた委員会だ。一九三八年末にボアズが「科学の自由宣言」を発表し、一二八四名の科学者がそこに署名した。ナチスの人種差別と科学者に対する扱いを非難し、アメリカの民主主義と知的自由を守るために闘おうという宣言だ。ウォレスは、そうした科学者たちから一目置かれていた。閣僚のなかでは最も科学への造詣が深く、科学者のコミュニティーに対する理解もあったからだ。一九三九年一〇月、ＡＣＤＩＦはニューヨーク万博で開かれた公開討論会にウォレスを招待した。討論のテーマは「人種差別撲滅のために科学には何ができるのか」。討論のなかでウォレスは人種差別を「特定のグループに属する人々が、自分たちに都合のいい人種理論を捏造し、その他の人々を屈服させようとする行為」と定義した。そして植物遺伝学の知識を引きながら、「偽りの理論を打ち倒し、そうした理論が人間の自由を損なうことを防ぐ」ために科学者が果たすべき役割を語った。彼は次のように述べている。

人種差別の毒牙から国民を守るうえで、科学者という人々には特別の動機があり、また責任があります。動機というのは、個人の自由のないところに科学の自由はありえないということです。

また責任というのは、科学者だけが国民に真実を知らせることができるということです。科学者の正しい知識は、学校教育や出版物などにひそむ嘘を暴くことができます。ある人種や国民が生まれつき支配階級にあるなどという主張が根も葉もない作り話であることを、科学者だけがうまく実証できるのです(8)。

## 自らの首を賭けたルーズベルト

ルーズベルトにとっても、ヨーロッパの民主主義を守ることは死活問題だった。だから自由と民主主義の擁護者であるウォレスを、大統領選のパートナーに選んだのだ。ところが党の幹部や保守的な人間たちは、ウォレスのまさにそういう面を嫌っていた。あまりにもラディカルすぎるからだ。彼らはウォレスが政治よりも信念を優先するのではないかと恐れ、彼の副大統領候補指名をひそかに握りつぶそうとした。それを知ったルーズベルトは憤慨し、民主党の代議員たちに宛てて一通の手紙を書いた。現代の候補者なら、おそらく二の足を踏むような内容だ。ルーズベルトは手紙のなかで、大統領候補を降りると言い切った。

民主党は、進歩的で自由な政策および原則を守り抜かなくてはならない。人間の価値よりも金でものを考える人間が主導権を握るとき、民主党は敗北してきた。保守主義や妥協の力から自由にならないかぎり、勝利は見込めない。二つの方向を同時に向くことはできないのだ。そのため私は、大統領候補を辞退する(9)。

この事態を救ったのは、夫人のエレノア・ルーズベルトだった。彼女は大統領候補の夫人としては初めて党大会で演説をおこない、不満げな顔の聴衆に堂々と語りかけた。「私たちは今、深刻な事態に直面しています。これは平時ではありません」[10]。戦争という大きなプレッシャーのもとで、大統領候補選出に関わる党幹部や代議員たちは、ウォレスを副大統領候補として認めざるを得なくなった（ただし彼らはその後、眈々と復讐の機会を狙いつづけていた）。

## レンドリース法——戦争関与を推し進める

一一月の大統領選は、ルーズベルトとウォレスの圧勝だった。得票率は五五パーセントで、共和党のウィルキー陣営を大きく引き離した。選挙前の演説で、ルーズベルトは戦争への不参加を約束していた。ボストン・ガーデンに集まったあふれんばかりの聴衆を前に、彼はこう語った。「前々から申し上げていますが、みなさんの子どもが外国の戦争に行くようなことはけっしてありません」[11]。だが実際、戦争の影は刻一刻と迫っていた。すでにイギリスの軍備の多くは、アメリカからの支援でまかなわれていた。アメリカは大砲や戦車、機関銃やライフル、それに数千機の航空機を戦争のために提供していた。

一九四一年一月初旬、ルーズベルトは戦争への関与をさらに推し進める法案を提示。この法案はアメリカ独立の年にちなんで「ＨＲ１７７６」という番号がつけられ、のちに「レンドリース法」と呼ばれることになった。イギリスへの大規模な軍事支援を可能にする内容だ。この法案が成立すれば、

アメリカ製の榴弾砲。1941年にレンドリースプログラムの一環としてイギリスへ送られることになった。レンドリース法の成立によってアメリカは戦争への関与を一層強めることになり、孤立主義を唱える共和党議員はこれに激しく反発した。

# ハヤカワ文庫の最新刊

●表示の価格は税込定価です。
＊定価は変更になる場合があります。
＊発売日は地域によって変わる場合があります。

4
2013

SF1895
宇宙英雄ローダン・シリーズ446
## 神々の贈り物
クナイフェル＆ヴルチェク／渡辺広佐訳

謎の物体を入手したボイト・マルゴルは、時空を超えた世界を見られるようになったが⁉
定価630円
【10日発売】

SF1896
宇宙英雄ローダン・シリーズ447
## ラルドの兵士
ダールトン＆フォルツ／嶋田洋一訳

エラート＝アシュドンは、不死者〝それ〟の助けを求めるメッセージに応えて旅だつ！　定価630円
【24日発売】

SF1897
幻想ＳＦの巨匠が贈る短篇集
## 刺青の男【新装版】
レイ・ブラッドベリ／小笠原豊樹訳

男が全身に彫った刺青は、夜になると動きだして18の物語を演じはじめた。短篇集新装版　定価１０９２円
【10日発売】
eb価格７３５円

HM388

# キリング4 解決

デイヴィッド・ヒューソン／ソーラン・スヴァイストロップ原作／山本やよい訳

れる衝撃の真相。世界を魅了したト
ラマ、ここに完結 ［10日発売］

定価840円

eb5月配信

---

epi73

グレアム・グリーン・セレクション

# 見えない日本の紳士たち

グレアム・グリーン／高橋和久・他訳

当代一流の翻訳者が新訳を手がけた傑作短篇集。本邦初訳の話題の2篇を含む16篇を収録 定価1050円 ［24日発売］

---

NF387

待望の全訳で贈る傑作ノンフィクション！

# マネー・ボール〈完全版〉

マイケル・ルイス／中山宥訳

メジャーリーグ、いや野球自体の常識を覆したアスレチックスのGMビリー・ビーン。彼の革命的手法と破天荒な生き様を描くベストセラー。初の全訳版で登場！ 解説／丸谷才一

定価987円［10日発売］

eb5月配信

---

**新刊の電子書籍配信中**

eb マークがついた作品はKindle、楽天kobo、Reader™ Store、hontoなどで配信されます。ストア、作品によっては配信日が異なる場合があります。

作品募集中

第四回 アガサ・クリスティー賞

出でよ、〝21世紀のクリスティー〟

募集開始！ 締切り2014年1月末日

◆

第二回 ハヤカワSFコンテスト

求む、世界へはばたく新たな才能

募集開始！ 締切り2014年3月末日

●詳細は早川書房公式ホームページをご覧下さい。

本格ミステリ刃法帖見参！

〈ハヤカワ・ミステリワールド〉

# 落日のコンドル

霞 流一

プロの暗殺者〈影《エイ》ジェント〉瀬見塚が潜入した豪華客船で仲間が不審死を遂げた。敵味方への疑惑が交錯し、鋼鉄の孤島で血風トリック吹き荒ぶバトルロワイヤルに突入する。

四六判上製　定価2100円［24日発売］

『夜の写本師』の著者が描く、少年少女の選択の物語。

# ディアスと月の誓約

乾石智子

四六判上製　定価[illegible]円［4月発売］

極寒の大地にあって唯一豊穣を享受する王国〈緑の凍土〉。王家の少年ディアスと姪のアンローサは、その豊かさを支える新たな角を巡る王家の権力争いに巻き込ま

JA11

# 虹色の地獄

高千穂遥

『クラッシャージョウ』を、原作者が完全ノベライズ！

定価903円【24日発売】

JA1110

日本SF作家クラブ創立50周年記念アンソロジー

# 日本SF短篇50 II

日本SF作家クラブ編

小松左京、夢枕獏、神林長平ら70年代の作品を中心に収録。オールスター傑作選第2弾！

定価1092円【10日発売】

FT553

新米巡査の配属先の上司はなんと魔術師だった！

〈ロンドン警視庁特殊犯罪課1〉

# 女王陛下の魔術師

ベン・アーロノヴィッチ／金子 司訳

ロンドン警視庁特殊犯罪課に配属されたピーターは、英国唯一の公認魔術師である主任警部のもと、奇怪な事件解決のため奔走する！

定価1050円【10日発売】

eb5月配信

NV1281

冒険アクション小説『暗殺者グレイマン』の続篇登場！

# 暗殺者の正義

マーク・グリーニー／伏見威蕃訳

〝グレイマン〟（人目につかない男）〟と呼ばれる、元CIA局員の暗殺者ジェントリー。新たな標的に迫る彼を、次々と危機が襲う！

定価1092円【10日発売】

HM385-2

全ヨーロッパで人気の警察小説シリーズ

# 特捜部Q

―キジ殺し―

20年前の殺人事件の背後には、政治経済を牛耳るエリートたちの影が。人気沸騰の第2弾　定価1092円

【0日発売】

心の奥底に眠る性への渇望を描く官能ロマンス

〈リヴィエラ〉シリーズ

# エイティ・デイズ・イエロー

ヴィーナ・ジャクソン／木村浩美訳

ストのサマーは、演奏に没頭することで性への欲求をごまかしてきた。だが、ある富豪との出会いをきっかけに変化が……

四六判並製　定価1470円［24日発売］

eb 5月配信

---

ヒューゴー賞／ネビュラ賞／ローカス賞受賞

〈新☆ハヤカワ・SF・シリーズ〉

# オール・クリア1

コニー・ウィリス／大森　望訳

第二次大戦中のイギリスでの現地調査に派遣されたオックスフォード大の史学生三人は、未来にぶじ帰還できるのか……好評の『ブラックアウト』続篇

ポケット判　定価2100円［10日発売］

eb『ブラックアウト』と同時に5月配信

---

HPB1870

北欧ミステリの旗手による注目の感動ミステリ

# 赤く微笑む春

ヨハン・テオリン／三角和代訳

長年疎遠だった父を襲った謎の放火事件。妻と離婚してエーランド島で暮らすことにしたペールは、真相を追って父の暗い過去をたどりはじめるが……。

ポケット判　定価1890円［10日発売］

武器提供に関する大統領の裁量は格段に大きくなる。そして「くだらないドルマーク」[12]を気にすることなく、追いつめられたイギリス軍にたっぷりと支援をおこなうことができる。ルーズベルトは一般教書演説でこの法案の重要性を説明したが、議会の反応はかなり厳しいものだった。戦争支援がアメリカのためにも重要だということをわかってもらうのは、そう簡単なことではない。エレノア・ルーズベルトは教書演説の翌日、共和党の冷たい反応について「ひどく意外で、悲しむべきこと」だとコメントした[13]。

共和党の反対派は怒り狂っていた。のちに大統領候補になるトマス・デューイは、この法案が成立すれば「民主的な政府は終わりを迎え、議会は実質的に破綻するだろう」と述べた。前回の共和党大統領候補だったアルフレッド・ランドンは、この法案を「ルーズベルト独裁の始まり」と呼んだ[14]。「一歩また一歩と、ルーズベルトはわれわれを戦争のほうへ追いやっている」。また孤立主義派のジェラルド・ナイは、レンドリース法が成立すれば「戦争はほぼ避けられない」と警告した[15]。

激しい議論が交わされた。レンドリース法によってイギリスに協力すれば、アメリカはかならず戦争に巻き込まれる、と反対派は主張した。このままでは第一次世界大戦の二の舞だ。民主党内の反対派だったバートン・ウィーラー議員は、ヒトラーがアメリカに宣戦布告することはありえないと主張し、法案を手厳しく批判した。「まったくニュー・ディールらしい政策だ。アメリカ人の若者が多すぎるから間引こうというわけですね[16]」。これに対してルーズベルトは、語気を強めて反論した。「なんと卑劣で、愛国心を欠いた発言だろうか。公の場でこれほど腐った言葉が発せられるのを耳にしたのは初めてだ[17]」。

ルーズベルトに賛成する側は、イギリスを支援することが戦争を避ける最良の策であると主張した。民主党のジョシュア・リー議員は、大統領を弁護して次のように述べている。「ヒトラーは狂っています。その狂人の手に、人類史上最悪の武器が握られているわけです。焼き尽くされた街並みを見ればわかるように、彼はそのスイッチを押すことに何のためらいもありません。アメリカが全面戦争を避ける方法はただひとつ、イギリスだけです。アメリカを血の洗礼から守っている防護壁は、いまやイギリスだけなのです[18]」。

## チャーチルの不満とドイツのソ連侵攻

レンドリース法は三月上旬に、海軍による輸送船の護衛活動を禁止するという条件つきで可決された。議会はレンドリースのために、七〇億ドルの予算割り当てを決定した。この金額はのちに五〇〇億ドルにまでふくらむことになる。共和党のアーサー・ヴァンデンバーグ議員は、次のように不満を漏らした。「過去一五〇年にわたるアメリカ外交の伝統は、無惨にも破り捨てられた。かのワシントン大統領が辞任演説で述べた方針が葬り去られたのだ。われわれはヨーロッパやアジアやアフリカを覆う武力外交と戦争のど真ん中へと突き進んでいる。そちらへ踏みだしてしまったが最後、もう後戻りはできないのだ[19]」。

一方、イギリスのチャーチル首相は、アメリカの決断を大いに喜んだ。大統領宛の電信で「大英帝国のすべての国民より、心からの感謝を捧げます」と述べている。だが、この感謝はすこし早急だったようだ。チャーチルはまもなく、ルーズベルトの施策が見た目ほど寛大ではないことに気づいた。

イギリスの植民地支配に不利な内容が含まれていたからだ。レンドリース法の条件には、イギリスの独占的交易圏にアメリカが立ち入る権利を与えると記されていた。しかも戦後にそれを取り消す予定もない。イギリス側はそんな条件を望まなかったが、かといって自分で武器を買う金もない。チャーチルは不満げにこう述べた。「身ぐるみ剝がれたうえに、骨までしゃぶられた気分だ」。だがチャーチルは、法案の反対派議員と同様、アメリカが戦争に向かっていることを確信していた。「もうすこしどっぷり嵌まってほしいところだが、どうせもう脱けだせないだろう」と本音をのぞかせている。(20)

アメリカ人の国民感情も、徐々に戦争へと向かいつつあった。彼らの気持ちは、完全に連合国側の味方だった。一九三九年一〇月の世論調査では、回答者の八四パーセントがイギリスとフランスの勝利を願っているという結果が出ている。ドイツを応援していたのはわずか二パーセントだ。ただしこの時点でも、九五パーセントの人々はアメリカが戦争に参加しないことを望んでいた。(21)

イギリスの孤立に終止符を打ったのは、皮肉なことにヒトラーその人だった。一九四一年六月二二日、ドイツは一九三九年の独ソ不可侵条約を破り、ソ連に対する全面攻撃を開始した。バルバロッサ作戦だ。大粛清で部下の多くを処刑し、周囲に疑心を抱いていたスターリンは、ドイツの攻撃が迫っているという度重なる警告を信じなかった。そのためソ連軍は戦闘の準備ができないまま、一方的に奇襲を受けることになってしまった。ドイツ軍は三二〇〇キロメートルにわたる戦線に三二〇万人の兵士を展開し、あっという間にソ連内陸部へ侵攻した。(22)ドイツ空軍はソ連空軍を撃破し、陸軍はソ連軍を包囲殲滅《せんめつ》していった。レニングラード（訳注　現在のサンクト・ペテルブルク）、スモレンスク、キエフへとドイツの進撃はつづき、ソ連側は甚大な被害を受けた。ナチスの勢いがあまりにも激しいので、

1941年6月、ドイツはバルバロッサ作戦によりソ連への全面的侵攻に踏み切った。写真はソ連の村落を焼き払うドイツの騎兵。

イギリス・アメリカ両国はソ連側の動きに不安を抱いた。スターリンは痛手に耐えかねて、ヒトラーと単独講和を結ぶのではないだろうか？　ちょうど一九一八年にレーニンがやったのと同じように。

ソ連側にしたところで、イギリス、フランス、アメリカの各国に義理があったわけではない。ロシア革命のとき、彼らは革命を邪魔しようと武力干渉してきたのだ。またヒトラーは一九二五年の著作『わが闘争』以来ずっとソ連に対する敵意を露わにしており、スターリンは一九三〇年代半ばからヒトラーの野望を警戒してイギリスとフランスに軍事同盟の必要性を説いてきた。それなのに、彼らは何度言っても耳を貸そうとしなかったのだ。スペイン内戦のときには、フランシスコ・フランコ率いる反乱軍がドイツとイタリアの支援を受けて激しい攻撃をしかけてくるなかで、ソ連だけが共和国軍を支援した。あのときチャーチルを含むイギリスの保守派は、独裁者フランコの反乱を応援していたのではなかったか。さらに言えば、一九三八年のミュンヘン会談で英仏がヒトラーの要求に応じてしまったせいで、ドイツはソ連に易々と攻め込むことができたのではないか。

## ソ連を支援せよ

ソ連がナチスの猛攻に耐えられる見込みはほとんどなかった。米軍はソ連軍が三カ月持たないだろうと予測し、早ければ四週間以内に落ちる可能性もあると見ていた。ルーズベルトとチャーチルは、なんとかソ連を踏みとどまらせようと必死だった。ソ連が落ちれば、間違いなくイギリスも持ちこたえられなくなる。そこでチャーチルは、共産主義に対する反感をぐっと飲み込んで、ソ連に対するイギリスの支援を表明した。彼はほかの国々にも支援を呼びかけながら、「ヒトラーおよびナチス体制を跡形もなく消し去る」ことを誓った[23]。アメリカの国務次官サムナー・ウェルズは大統領に代わって声明を発表し、近くソ連に対する物的支援をおこなうことを明らかにした（ただし、レンドリース法の適用については触れていない）。アメリカ国内からは、これに反対する動きも出てきた。当時ミズーリ州の上院議員だったハリー・トルーマンは、ソ連への反感を呼び起こすような言説を広め、次のように呼びかけた。「ドイツが勝っているときはロシアを助け、ロシアが優勢になればドイツを助ければいい。そうして両軍になるべく多くの犠牲者を出させましょう[24]」。

ルーズベルトはトルーマンの呼びかけを無視し、ソ連大使に連絡をとって必要な物資のリストを用意させた。七月にはハリー・ホプキンスをモスクワに派遣し、ソ連の体力を見極めるように命じた。

このときルーズベルトはスターリンに対し、ホプキンスのことを「信頼できる男です。私と直接話しているつもりで接してください」と紹介している。スターリンは戦況について、今はドイツの勢いに押されているが、冬の休戦期間のあいだに戦闘準備を整えることは可能だと語った。「対空砲と（航空機製造用の）アルミニウムを送ってもらえれば、あと三年か四年は戦える」とスターリンは言い、ホプキンスもこれに納得した。(25)八月には、ルーズベルトから最初の物資として戦闘機一〇〇機が届けられた。その他の物資も続々と送られようとしていた。

米軍の高官たちは自国の防衛が第一だと考え、ルーズベルトの行動を阻止しようとした。またイギリスも、物資の供給がソ連側に流れることを嫌がった。だがルーズベルトは、今はソ連の戦況が何よりも重要だと判断した。ルーズベルトは陸軍長官ヘンリー・スティムソンらに、ソ連への供給体制を強化するように命じた。またW・アヴェレル・ハリマンをソ連に派遣し、さらなる援助の拡大を協議させた。こうした動きを受けて、右派の新聞シカゴ・トリビューンは次のように怒りを露わにしている。

国の危機だからといって、わざわざアメリカがクレムリンまで出向いて劣悪な野蛮人たちの要求に耳を傾けることはあるまい。我が国の暮らしに必要なあらゆるものを徹底的に否定し、アメリカという国を構成する人々に執拗な攻撃を計画している彼《か》の国と手を結ぶことなど、国益と国の脅威を考慮してもまったく必要のないことである。(26)

アメリカ国内の反ソ感情はかなり根深く、ルーズベルトは支援を慎重に進めなくてはならないと感じた。世論調査によると、イギリス支援と同じようにソ連も支援すべきという意見に対して、同意できると答えた人は全体のわずか三五パーセントにとどまっていた。

## 裏切られた期待——届かぬ支援物資

一九四一年一一月七日、ロシア革命から二四周年の記念日に、ルーズベルトはソ連に対するレンドリース法の適用を発表。支援額は一〇億ドル、返済は戦争終結の五年後から開始されることになっていた。

ところが、ソ連の期待は裏切られた。来るはずの支援物資が届かないのだ。《ニューヨーク・タイムズ》紙も、一〇月と一一月に送られた物資が「予定の量をはるかに下回っていた」と報じている。実際に届けられた物資は、ソ連に約束した量の半分にも満たなかった。同紙のアーサー・クロック記者は特別な事情のせいだと述べたが、実際には支援計画に反対する人間が裏で足を引っぱっていたようだ[27]。予定されていた物資が届かなかったせいで、ソ連軍はますます窮地に陥った。モスクワとレニングラードは包囲され、ウクライナは占領され、軍のダメージは深刻なものとなった。ソ連とアメリカの信頼関係は、当然ながら大きく損なわれた。

## ルーズベルト、参戦を巧みに誘導する

ルーズベルトは、アメリカの参戦を望んでいた。表立ってそうは言わなかったが、第一次世界大戦

のときのウィルソンと同じく、たくみに戦争への流れをつくっていた。ヒトラーが本気で世界征服をたくらんでいるなら、なんとしても食い止める必要があるからだ。

一九四一年初頭、アメリカとイギリスの軍上層部が顔を合わせ、ドイツ打倒計画とその後の日本との戦いについて話しあった。アメリカの参戦を前提とした会議だ。このころドイツの潜水艦はイギリスの輸送船を集中的に攻撃し、アメリカからの物的支援を妨害していた。これを受けてルーズベルトはその年の四月、アメリカの船に重要な機密情報の伝達を許可した。敵の船や飛行機の位置について、イギリスに情報提供するということだ。それからまもなく、アメリカの船は北アフリカにいる英軍兵士に直接物資を届け始めた。こうなると、ドイツの潜水艦との遭遇はもはや避けられない。アメリカは挑発のつもりはないと言っていたが、ドイツ側はルーズベルトの行動について「あらゆる手段を使って衝突を引き起こし、アメリカ国民を戦争へ引きずり込もうとしている[28]」と非難した。何度かドイツ潜水艦による襲撃がつづいたあと、九月にルーズベルトが会見を開き、アメリカ海域でドイツおよびイタリアの船を発見した場合は「即刻射撃」する方針を発表した[29]。

## 大西洋憲章——民主的な戦後のプラン

一九四一年八月、ルーズベルトはニューファンドランド島に飛び、チャーチル首相と秘密裏に会談をおこなった。この会談で二人は「大西洋憲章」を作成し、民主的で進歩的な戦後のプランを打ちだした。第一次大戦のときにウィルソンが発表した「一四カ条の平和原則」と同様のものだ。今回は構想をうまく実現できるか、アメリカの実行力が問われることになる。大西洋憲章は、大国による領土

1941年8月、大西洋憲章策定のために戦艦プリンス・オブ・ウェールズに乗り込んだチャーチルとルーズベルト。憲章は一部の帝国主義的行為を否定するものであり、住民による自治や軍備縮小などの項目が盛り込まれた。ただしルーズベルトの作成した文言はイギリスの植民地支配を脅かす恐れがあることから、チャーチルはこれに手を加え、国際的な富の恩恵を受けるには「既存の義務に対してしかるべき敬意を払う」必要があるという条件を付け加えた。

1941年12月7日、日本軍による爆撃を受けた真珠湾の米軍基地。

拡大を否定し、領土変更についても当地の人々の意見を尊重すべきという内容だ。住民の自治を尊重し、通商や資源に対して征服者と被征服者に同等の権利を認めるべきと規定している。そのほかには「恐怖と欠乏」からの自由、航海の自由、軍備縮小、恒久的な安全保障システムの必要性などが盛り込まれた。ただしチャーチルは、ルーズベルトの提案した文言がイギリスの植民地支配を脅かすのではないかと恐れ、国際的な富の恩恵を受けるには「既存の義務に対してしかるべき敬意を払う」必要があるという条件を付け加えている。

ルーズベルトは、今すぐ戦争に参加してほしいというチャーチルの要請を断わった。だがチャーチルが会談後に語った言葉は、その裏に隠されたルーズベルトの真意を明らかにしている。チャーチルによると、ルーズベルトは「戦争を望んでいるが、自分から宣戦布告することはないと言っていた。そのため、今後ますます挑発の姿勢を強めていくということだ。ドイツの気に障ることをやっていれば、いずれ相手側からアメリカに攻撃を仕掛けてくる。要するにアメリカは全力で、戦争を始めるための『きっかけ』をつくろうとしているのだ(30)」。

こうしたルーズベルトの欺瞞的な態度は、ある意味では正当な目的のための世論操作としてやむを得ないものだったかもしれない。だが第一次世界大戦のときのウィルソンと同様、戦争を開始するために真実をもてあそぶという前例をつくってしまったことは否めない。もしも将来、もっと軽率な大統領が同じことをやったらどうなるだろうか。国民を欺き、戦争のために市民の自由を侵害するような政策を軽々しくおこなえば、アメリカという国とその民主政治は深刻な危機にさらされるはずだ。

## 真珠湾攻撃——流血の始まり

大統領の望みは、その年の終わりに叶えられた。ただし大方の予想に反して、きっかけとなったのはヨーロッパの戦闘ではなかった。一九四一年一二月七日、ルーズベルトが「不名誉な日」と呼ぶことになるこの日、とつぜん日本軍がハワイの真珠湾にある米軍基地を攻撃した。日曜の早朝、まさに寝込みを襲われたできごとだ。この攻撃による死者はおよそ二五〇〇人、アメリカの艦隊はほぼ壊滅状態となった。日本軍が攻撃をしかけてくることはわかっていたが、ハワイに来るとは誰も予想していなかった。致命的な情報ミスである。攻撃の前兆はいくらでもあったはずだった。それなのに、アメリカの備えはあまりにもお粗末だった（ちょうど二〇〇一年九月一一日の同時多発テロ事件にも似ている）。巷では、ルーズベルトの陰謀説がまことしやかにささやかれた。政府が事前に情報を入手していながら、戦争突入のためにあえて真珠湾を見捨てたのではないかという説だ。今でもそう考えている人は多いが、それを裏づける証拠はない[31]。

真珠湾攻撃の翌日、イギリスとアメリカは日本に宣戦を布告。その三日後、ドイツとイタリアがアメリカに対して宣戦を布告した。全地球を覆う流血と混乱のはじまりだ。

日本の侵略計画にとって、アメリカは前々から目障りな存在だった。日本が狙っていたのは、フランスおよびオランダが支配していた東南アジアの植民地だ。ドイツのヨーロッパ征服によって両国の力が弱まっている今なら、楽に勝ち取ることができる。一部には北上してドイツとともに仇敵ロシアを倒すべきという意見もあったが、結局は南下することで意見が一致した。そして一九四一年七月、日本はフランス領インドシナ南部へと進駐。豊かな資源と基地を確保し、東南アジア地域の支配力を強化する目的だ。この動きを受けて、アメリカは日本向けの石油輸出を全面的に禁止した。石油の蓄えが乏しい日本は、オランダ領東インドを占領して石油を確保しようと考えた。だがオランダ領東インドを攻撃しようとすれば、真珠湾にいるアメリカ軍が邪魔をしてくる恐れがある。

アメリカおよび連合国がヨーロッパ情勢に気をとられているあいだ、日本は邪魔されることなく次々と侵攻を進めていた。タイ、マレー、ジャワ、ボルネオ、フィリピン、香港、インドネシア、ビルマ、シンガポール。住民の日本軍に対する反応は好意的だった。ヨーロッパの支配を打ち壊してくれた解放者という扱いだ（ただし日本の「解放者」としての評判は、長くはつづかなかった）。ルーズベルトは内々にこう語っている。「フランスやイギリス、オランダが余計な欲を出さなければ、アメリカ人が太平洋地域で死ぬようなことは絶対になかったはずだ[32]」。

日本は真珠湾奇襲に成功したが、アメリカに決定打を与えることはできなかった。連合軍はダグラス・マッカーサーとチェスター・ニミッツの指揮のもとで反撃を開始。一九四二年六月、アメリカ軍はミッドウェー海戦で日本軍を撃破し、さらに「飛び石作戦」を開始して日本本土への拠点となる島を次々と落としていった。

## 「アメリカの世紀」か「人々の世紀」か

今回の戦争はある意味で、第一次世界大戦よりもずっと大きく世界を変える戦いだった。国際秩序が組み替えられることを予期したアメリカの有力者たちは、戦後のビジョンやアメリカの新たな役割を語り始めた。とくに国民の心をつかんだのは、一九四一年初頭、出版界の帝王ヘンリー・ルースが《ライフ》誌に寄せた論説だ。ルースは《ライフ》誌のほかにも《タイム》や《フォーチュン》誌を世に送りだしてきた大物で、以前はムッソリーニに惚れ込んでいたが、どうやら意見を変えたようだった。彼はこの論説のなかで、二〇世紀が「アメリカの世紀」になるだろうと説いた。「われわれは世界で最も強力かつ重要な国としての義務と機会を全面的に引き受け、しかるべき目的に対し、しかるべき手段でアメリカの影響力を全世界に行使すべきである」[33]。

一部の人はこの言葉に共感し、国際的な資本経済の広がりのなかで民主主義の価値を再確認する言説であると受けとった。だが元閣僚でニュー・ディール政策も担当していたレイモンド・モーリーは、ルースの言葉が「帝国主義へといざなう罠」であると警告した[34]。

副大統領のヘンリー・ウォレスは、あらゆる帝国主義に反対の立場をとっていた。イギリスだろうとドイツだろうとアメリカだろうと関係なく、帝国主義は良くないという考えだ。ウォレスはルースの言葉がナショナリズムと帝国主義に傾きすぎていると考え、一九四二年五月に新たなビジョンを提示した。より進歩的で、国際的なアメリカのビジョンがここに示されている。

「アメリカの世紀」という言葉を耳にします。しかし私は、この戦争につづく世紀が、人々の世紀になると考えています。そうでなくてはならないのです。……どのような国にも、他国から搾取をおこなう権利はありません。軍事的にも経済的にも、帝国主義はあってはならないことです。アメリカの欲を満たすための国際カルテルや、ドイツの身勝手な支配欲を、この世界にのさばらせるわけにはいきません。……過去一五〇年のあいだ、人々は自由への偉大なる歩みを進めてきました。一七七五年のアメリカ独立革命があり、一七九二年のフランス革命があり、南米諸国の相次ぐ独立運動があり、一八四八年にはドイツの革命があり、一九一七年にはロシア革命が起こりました。いずれも普通の人々のための戦いです。なかには極端すぎたものもあります。しかし手探りではありますが、人々は光を求めて進んできたのです。そうした革命から生まれ、革命の重要な一部となった現代の科学は、世界中の人々に十分な食べ物を用意することを可能にしました。……しかしナチスの支配下にあるすべての人々が自由になるまで、気を抜くことはできません。……人々の革命は、今も進行中なのです。[35]

こうしてアメリカは、二つの両極端なビジョンを突きつけられることになった。ルースのいう「アメリカの世紀」と、ウォレスのいう「人々の世紀」。三年後、戦争が終わりに近づいたとき、アメリカ人はその一方を選びとることになる。

## 腹をさぐりあう英米ソ

アメリカの参戦によって、限られた資源をめぐるジレンマはいっそう大きくなった。自国の防衛のために物資を確保すれば、ソ連への支援はいっそう難しくなる。一九四一年末、対ソ外交の責任者だったアヴェレル・ハリマンがアメリカからの物資の到着状況をとりまとめ、約束した量の四分の一しか届いていないことを明らかにした。しかも、届いている物資の大半は欠陥品だった。翌年二月末、レンドリース法の監督にあたっていたエドワード・ステティニアスは、陸軍次官補ジョン・マクロイへの手紙にこう書いている。「お気づきかと思いますが、米国側がソ連への約束を果たせなかったために、両政府の関係に亀裂が生じているのです」。ルーズベルトも、アメリカのせいでソ連がひどい状況に追い込まれていることは認識していた。それが両国の関係をどんどん悪化させていることもわかっていた。三月には、アメリカが約束を果たせなかったせいでソ連が倒れるのではないかと不安を語っている。「イギリスの過ちを繰り返したくはない。彼らはロシアに二個師団を送ると約束したが、果たせなかった。コーカサスの戦闘に力を貸すと言ったが、果たせなかった。ロシアに対するイギリスの約束は、何ひとつ果たされていない」[36]。

一九四二年五月、ルーズベルトはマッカーサー元帥に対し、次のように述べた。「ロシア軍が圧倒的な働きをしている事実は否定しがたい。ロシア軍が殺した敵兵の数や破壊した敵軍物資の量は、ほかの連合国二五カ国を合わせたよりもさらに多いのだ。そうであるなら、一九四二年のロシアの働きを支援するために、可能なかぎり多くの武器弾薬を届けるのはごく当然のことに思われる」[37]。ルーズベルトは、物資供給の遅れのせいでスターリンの信頼を損なってしまったことを認識していた。だが、チャンスはまだ完全に失われたわけではない。スターリンは物資援助のほかにも、連合国に対して二つの要求をだしていた。それを実現できれば、アメリカの面目を取り戻すことも可能なはずだ。

スターリンの要求のひとつは、ヨーロッパの領土問題だった。一九三九年の独ソ不可侵条約のあとでソ連が獲得した地域を、戦後も所有しつづけたいという要求だ。具体的にはリトアニア、エストニア、ラトビアのバルト三国と、ポーランド東部、およびルーマニアとフィンランドの一部がそこに含まれる。イギリスはこの要求に乗り気だったが、帝国主義に反対するアメリカとしては、そうした支配を認めることには気が進まなかった。イギリスは、アメリカとソ連のあいだで板挟みになった。ソ連の力がなければ生き残れないし、アメリカの協力がなければ戦後世界で帝国の力を保てない。チャーチルはルーズベルトに対し、スターリンの要求をのんでほしいと促した。そうしなければ連合国はソ連と敵対関係に陥り、現在のイギリス政府は倒れて共産主義の政府にとって代わられるかもしれない。しかし、アメリカは意見を変えなかった。イギリスのアンソニー・イーデン外相が一九四一年末にソ連を訪れた際にも、アメリカはかたくなに譲歩を拒み、戦後の体制については何も約束をするなと指示した。イーデンがそれに従って領土の要求を否定すると、スターリンは怒りをあらわにした。困り果てたチャーチルはふたたびルーズベルトを説得にかかり、「大西洋憲章は、ドイツが攻撃してきた時点でロシアが持っていた領土まで否定するものではない」と言って譲歩を促している[38]。

約束の軍事支援が得られず、そのうえ領土の要求も否定されたスターリンは、三つめの要求をさらに声高に主張した。ドイツに包囲されたソ連軍の負担をやわらげるため、西側からドイツを攻める「第二戦線」を早急に形成してほしいという要求だ。スターリンはイギリスに対し、前々からフランス北部への侵攻を促していた。一九四一年九月には、二五〜三〇師団を送るように要請した。だがイギリスは、それに応えようとしなかった。スターリンはイギリスの態度に失望し、次のように語っている。「イギリスの消極的な態度は、結果的にナチスを手助けしている。イギリスはそのことがわからないのか？　いや、おそらくは承知の上だ。ではイギリスは何を望んでいる？　見たところ彼らの狙いは、われわれの力を弱めることだ」[39]。たしかに、イギリスのそうした態度はソ連の力を弱めたかもしれない。だが、ソ連は倒れなかった。戦闘開始からの数カ月で壊滅的な被害を受けたにもかかわらず、ソ連の赤軍はふたたび立ち上がった。一九四一年秋から翌年初頭にかけてのモスクワの戦いではすさまじい反撃に出て、ドイツ軍をついに打ち破った。頑強なドイツ軍の猛進が、初めて食い止められたのだ。

## ソ連存続こそ希望——待たれる第二戦線

ルーズベルトにとって、領土問題でソ連に譲歩するのは許せないことだった。第一次世界大戦のときにウィルソンの足かせになった密約と同じ匂いがするからだ。もしもソ連に戦後の領土保有を認めれば、大西洋憲章に掲げたビジョンが台無しになってしまう。そんなことをするよりは、第二戦線の要求に応え、早急に西ヨーロッパへ軍を進めたほうがいい。こうした思惑を受けて、一九四二年の初め、陸軍参謀総長ジョージ・C・マーシャルのもとで働いていたドワイト・D・アイゼンハワー将軍が西ヨーロッパ侵攻のプランを作成した。遅くとも一九四三年春、仮にソ連の形勢が危うければ一九四二年九月にも攻撃を開始する計画だ。一九四二年七月にこの計画について語った際、アイゼンハワーは次の点を強調した。「われわれの果たすべき目標は、八〇〇万人のロシア人を戦場にとどめることである[40]」。マーシャル参謀総長やスティムソン陸軍長官の意見も同じだった。ソ連を生かすことが、ドイツを打倒するための唯一の道なのだ。ルーズベルトはこれに同意し、ハリー・ホプキンスとマーシャルを派遣してイギリスのチャーチルを説得にかかった。ルーズベルトはチャーチルへの手紙で次のように述べている。「英国民も米国民も、ソ連の負担を軽減するための戦線形成を望んでいます。彼らはソ連軍が英米両軍を合わせたよりも多くのドイツ人を殺し、多くの軍備を破壊していることを知っているからです[41]」。チャーチルは手紙を読み、この計画がルーズベルトにとって重要な意味を持つことを理解した。彼はさっそくルーズベルトに返信した。「ご提案には基本的にすべて賛成です。参謀本部の人間も同意しています[42]」。

イギリスの合意を得たルーズベルトはスターリンに連絡をとり、西部戦線の負担をやわらげるための提案があると言って、ビャチェスラフ・モロトフ外相をワシントンに送るよう要請した。モロトフは訪米前にロンドンに立ち寄り、チャーチルが第二戦線に乗り気であることを確認した。そして一九四二年五月、モロトフはアメリカの首都に降り立った。モロトフは単刀直入に、夏までに新たな戦線を用意できるかとルーズベルトにたずねた。ルーズベルトはマーシャルに視線を向け、マーシャルはアメリカにその準備があることを明言した。会談後、米ソは共同声明を発表。「話し合いの結果、一九四二年にヨーロッパで第二戦線を形成するという急務に関し、完全な合意に達した」[43]。ルーズベルトはさらに、戦後の協力体制について驚くべきプランを明らかにした。戦勝国が「軍備を保持」し、「国際的な警察」の役目を果たすというものだ。[44]アメリカ、イギリス、ソ連、中国が「四人の警察官」となり、ドイツおよび枢軸国の武装解除にあたる。「武力による平和保持」の構想だ。スターリンはこのプランを聞いて喜んだ。ただし、ルーズベルトはもうひとつ条件をだしていた。第二戦線形成のために、ソ連への物的支援を当初の計画より四〇パーセント削減するというものだ。おもしろくない提案だったが、第二戦線のためには仕方ない。せっかくルーズベルトがやる気になってくれたのだ。スターリンはチャーチルに対し、次のように伝えている。「ロシアはかなり危ない状況にある。今後数週間でさらに悪化するはずだ。ボレロ作戦（計画初期のコードネーム）が一九四二年に開始されることを心より期待している」[45]。

## 合意成るも開かれない第二戦線

第二戦線合意の知らせを聞いて、ソ連は大いに盛り上がった。アメリカの《ニューヨーク・ヘラルド・トリビューン》紙が報じたところによると、ソ連の人々は毎朝ラジオの前に集まり、進撃開始のニュースを今か今かと待ちわびては、まだ何の動きもないことに失望を繰り返していた。[46]ピュリッツァー賞を受賞したこともある在モスクワのアメリカ人ジャーナリスト、リーランド・ストウは、次のように述べている。「［もしも戦線開始が遅れれば］大多数のロシア国民の幻滅は計り知れないものになるだろう。ソ連とイギリスとアメリカが育みつつある貴重な絆は損なわれ、外交的・物質的・心理的なあらゆる意味合いにおいて、連合国の理念に大きな傷がつくはずだ」[47]。在モスクワ大使も同様の警告を発した。もしも第二戦線開始が遅れれば、ロシア人のアメリカに対する疑念が強まり、両国の関係にとって「計り知れない損失」を生むことになる[48]。

一方でイギリスは、モロトフとの会談で同様の合意に達したにもかかわらず、第二戦線の実行には消極的だった。中東が危ないため十分な兵力が用意できず（そのころリビアのトブルクでは、三万三〇〇〇人の英軍部隊がその半数しかいない敵に屈辱的な敗北を喫していた）、またイギリス海峡を渡って侵攻軍を運ぶための船も足りないからだ。チャーチルはこれを理由に、ヨーロッパ侵攻の延期をルーズベルトに持ちかけた。そのかわりにチャーチルは、北アフリカのビシー・フランス領に侵攻することを提案した。北アフリカは、中東の石油を押さえるうえで鍵となる地域だ。イギリスの植民地政策にとって重要な意味を持つこの地域を、ヒトラーの手から守りたいというのがイギリスの狙いだった。

イギリスとアメリカが計画変更したことを知ると、ソ連側は激怒した。意図的にソ連をつぶしにかかっているとも思える行動だった。米英はソ連軍をぼろぼろになるまで戦わせておいて、そのあいだに自分たちの利益を確保する。そして戦争が終わるころに出しゃばってきて、自分たちに有利な和平案を持ちだすのだ。しかもソ連側の無念は、それだけではなかった。モロトフはロンドンに立ち寄った際、第二戦線の約束と引き換えに、領土問題の要求を引き下げていたのだ。要するにソ連の要求は、三つともすべて否定されたことになる。やがて一九四二年秋にナチスがスターリングラード（訳注　現在のヴォルゴグラード）に攻め込んでくると、ソ連と米英との関係は絶望的に悪化した。西側に対するソ連の不信感は、もはやピークに達していた。モロトフはアメリカやイギリスを訪れる際、つねに枕の下に銃を隠して眠っていたという。(49)

## イギリスはなぜ第二戦線を渋ったのか

アメリカのマーシャル陸軍参謀総長も、イギリスの提案による計画変更を知って憤慨した。北アフリカのような些末な問題に関わっている暇はないのだ。彼は北アフリカ侵攻をやめさせるべく政界に圧力をかけたが、うまくいかなかった。そもそもアメリカは、ヨーロッパに戦力を注ぐために太平洋地域での主要な作戦を止めていた。イギリスが「帝国主義的」な欲をだしてきたせいで、せっかくのそうした計画もすべて水の泡だ。マーシャルはひどく腹を立て、それなら進路を逆転して先に日本と戦おうと提案した。海軍作戦部長のアーネスト・キングも、この案に賛成した。イギリスはけっしてヨーロッパに侵攻しないだろう、とキングは冷笑気味に言った。「スコットランドのバグパイプ楽団に先導してもらわないかぎりな」。マーシャルの怒りは、部下たちにも浸透していった。陸軍のアルバート・ウェデマイヤー将軍は、イギリスの戦略が「イギリス帝国の存続を目的としたもの」だとマーシャルに語った。陸軍航空隊最高司令官のヘンリー・アーノルドも、イギリスと対等につきあうのをやめて、ドイツがイタリアを扱うようにイギリスを扱えばいいとマーシャルに提言している。米軍幹部のあいだでは、イギリスはドイツに立ち向かう度胸がない、という見方が主流になった。陸軍長官スティムソンは、翌年こう語っている。「［イギリス］政府の心の中は、いまだパッシェンデールやダンケルクの苦い記憶に覆われているのだ(50)」。

アイゼンハワー、スティムソン、ホプキンスらは第二戦線の開始を主張しつづけたが、政府には聞き入れてもらえなかった。そして一九四二年六月、米軍参謀本部はやむなく北アフリカ上陸の「トーチ作戦」に同意した。指揮をとるのはアイゼンハワーだ。一九四二年末あるいは一九四三年初頭に第二戦線を開始することは、実際に難しかったのかもしれない。連合国は本当に兵力を欠いていて、兵士の輸送も空中援護もままならなかったのかもしれない。だがソ連や米軍幹部の目には、そのようには映らなかった。アイゼンハワーはトーチ作戦実行が決まった日について「歴史上最も陰鬱な日」になるだろうと語っている[51]。

ドイツを恐れていたせいかどうかはわからないが、イギリスが強大なドイツ軍との正面衝突を避けていたのは事実だ。そのかわりにイギリスが選んだのは、海軍の力を利用して、守りの弱い南側の地域を崩すという戦略だった。この地域を守っていたのはドイツ軍ではなくイタリア軍なので、比較的楽に戦えるはずだ。イギリスは北アフリカと地中海沿岸、それに中東地域に狙いを定めた。ここを押さえておけば、イランとイラクの石油が確保できるし、スエズ運河とジブラルタル海峡を経由したインドへのアクセスを保持することができる。この地域は以前からイギリス、ドイツ、イタリアの衝突の地となっていたが、戦争の少し前にサウジアラビア、クウェート、カタールの膨大な石油資源が発見されたことで、一段と重要度が高まっていた。イギリスは枢軸国から中東を守ることに躍起になり、いよいよ本国にドイツが攻め込んできそうだという時になっても、かなりの兵力と武器をこの地域に置いていた。

## アメリカで高まるソ連への仲間意識

一方、アメリカ人のソ連に対する感情は、この数カ月で大きく変化しつつあった。一九三九年の独ソ不可侵条約は、ソ連および共産主義に対する強い不信感をアメリカ人の心に植えつけた。それから一九四一年まで、アメリカではあからさまな反ソ感情が広がっていた。しかし、ナチスに立ち向かうソ連の勇敢な姿はアメリカ人の心をとらえ、仲間意識を生んだ。反ソ感情は自然に消えてゆき、ソ連の好感度は大きく上がった。この調子で戦後も友好を深め、協力していけると多くの人が信じていた。

真珠湾攻撃の数日後、ソ連の外交官マクシム・リトヴィノフがアメリカの国務省を訪れたとき、国務長官コーデル・ハルはソ連の「英雄的な戦いぶり」を絶賛している。[52] ソ連が「英雄的」であるというイメージは、まもなくアメリカ中に広まった。一九四二年四月の《ニューヨーク・タイムズ》紙は、「ロシア人はきわめて迅速かつ完璧に、戦時下の生活に適応した」と述べている。この記事を書いたラルフ・パーカー記者は、ロシア人の自己犠牲の精神と圧倒的な勤勉さを大いに褒め称えた。「国民全員が、共通の任務に貢献しようと情熱を燃やしている。……これらを可能にしたのは、ロシア人の毅然とした忍耐の心である。それを的確に描写できるのは、文豪トルストイくらいのものだろう」。[53]

また一九四二年六月、ドイツ軍のソ連侵攻から一年を迎えたこの月には、《ニューヨーク・タイムズ》紙の書評家オーヴィル・プレスコットが赤軍の勝利を確信し、人類を救う英雄として称賛している。「ソ連軍の強力な軍備、戦闘能力、そして偉大なる勇気は、ナチスの支配から人類を救った決定要因として語られることになるだろう」「この戦争を戦い死んでいった兵士たち、そしてそれにつづく何百万人というロシアの兵士たちに対し、われわれが捧げる感謝はあまりに大きく、言葉では言い

アメリカの識者はソ連を褒め称え、ナチスに対抗するソ連軍兵士や民間人の「英雄的な」態度を称賛した。（上）ドイツのモスクワ侵攻を食い止めるために落とし穴を掘る女性や高齢者。（右）泣き叫ぶキエフの女性。（次ページ右）ドイツ軍の空襲を受け、防空壕から不安げに空を見上げる子どもたち。（次ページ左）ソ連軍の兵士たち。

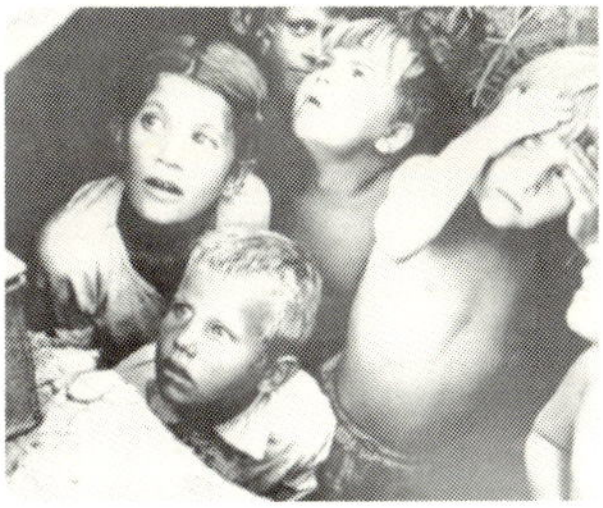

つくせないほどである」[54]。またマッカーサー将軍も、赤軍のことを「史上まれに見る偉大な軍隊」と評価している[55]。

## 世論も、そしてハリウッドも……

ハリウッドもこの流れに乗ってきた。以前はソ連を扱うことが暗黙のタブーのようになっていたが、一九四二年七月にはソ連をテーマにした映画の企画・製作が少なくとも九本は進んでいた。しかもＭＧＭやコロンビア、ユナイテッド・アーティスツ、二〇世紀フォックスやパラマウントなど、大手の会社ばかりだ[56]。ここから五本の有名な映画が生まれた。『ミッション・トゥ・モスクワ』『北極星』『ロシアの歌』『三人のロシア娘』『炎のロシア戦線』だ。

やがてアメリカでは、第二戦線なしでは戦争に勝てないという見方が一般にも広まってきた。《アトランタ・コンスティテューション》紙は「ロシア人は誰よりも多く戦い、誰よりも多く死んでいる」と紹介したうえで、アメリカ人の犠牲が出たとしても第二戦線は「戦争に勝つために、やらなくてはならない」と述べている。リーランド・ストウは、ソ連の苦境を次のように伝えた。「一三カ月で四五〇万人のロシア人が死に、傷つき、囚われの身となっている。この数字はイギリスの三年間にわたる被害のおよそ六倍か七倍だ。第一次世界大戦時のアメリカ全体の被害と比べても、実に二〇倍の被害である」[57]。さらに彼は、アメリカにとってソ連がいかに重要な存在であるかを強調している。「戦争に勝つためには、ソ連の力が何としても必要である。……もしも現在戦っている数百万人のロシア人が突然手を引いたなら、その穴を埋める者はどこにもいない」[58]。

ソ連応援、第二戦線賛成の記事は毎日のように紙面を飾り、アメリカ人の士気はいよいよ高まってきた。一九四二年七月の世論調査では「米英はすぐにでも第二戦線を開始すべき」と考える人が四八パーセントにのぼり、「連合国が力をつけるまで待つべき」と答えた三四パーセントの意見を上回った[59]。「今こそ第二戦線を」と書かれたステッカーを車に貼る人も増えた。新聞社には、早くヨーロッパに出撃してヒトラーを倒そうと訴える読者投稿が殺到した。《ワシントン・ポスト》紙に届いたある投稿は「ナチスの大軍に独力で立ち向かってきた勇敢な同盟国の姿」を讃え、米英は「西側の戦線を開いてヒトラーの戦力を分裂させ、ソ連と力を合わせて、世界の自由と文明を脅かすヒトラー軍を滅ぼすべし」と主張している[60]。

応援の声はあちこちから上がった。産業別組合会議（CIO）の代表三八人は、「勝利を確実にする方法は、西ヨーロッパ侵攻の即時開始だけです」とルーズベルトに直訴した[61]。その五日後、CIOはニューヨークのマディソン・スクエア・パークで第二戦線推進の大規模な集会を開いた[62]。アメリカ労働総同盟（AFL）のいくつかの支部がこの集会を支援し、政治家も各地から駆けつけた。ニューヨークのジェームズ・ミード議員やフロリダのクロード・ペッパー議員、ニューヨーク市長のフィオレロ・ラガーディア、ニューヨーク州議員のヴィト・マーカントニオなどの面々である[63]。九月には有

第二戦線開始を叫ぶアメリカの市民たち。1942年9月24日、ニューヨークのユニオンスクエアに2万5000人が集まり、ドイツとの戦いにおけるソ連の負担をやわらげようと訴えた。

名作家のダシール・ハメットが、第二戦線推進派の作家五〇〇人の氏名を発表した。彼らはアメリカ作家連盟の名のもとに「ルーズベルト大統領の第二戦線開始を応援する」と宣言している。[64] ニューヨークのユニオンスクエアで開かれた集会では、マーカントニオ議員と共産党党首アール・ブラウダーが演説をおこない、二万五〇〇〇人の人々が押しかけた。[65] 一九四〇年の共和党大統領候補だったウェンデル・ウィルキーも、モスクワでのスターリンとの会見後に第二戦線支持を表明している。[66]

### 転換点——スターリングラードの戦い

こうした第二戦線推進の論調にもかかわらず、アメリカとイギリスは北アフリカに軍を進めた。ソ連赤軍は孤立無援となったが、それでも独力で形勢を立て直し、ついにスターリングラードに侵攻していたドイツ軍を打ち破ることに成功した。両軍ともに一〇〇万人を超える兵士を投入したすさまじい戦いだった。フリードリヒ・パウルス率いるドイツ軍は、コーカサスの油田地帯を手に入れようと猛攻撃をしかけてきた。だがゲオルギー・ジューコフ率いるソ連軍も負けてはおらず、死に物狂いでドイツ軍に反撃した。熾烈な戦闘は六カ月にわたってつづき、おびただしい数の犠牲者が出た。独ソ双方の一〇〇万人を超える兵士のうち四分の三が戦死し、民間人の犠牲者も四万人を超えた。この戦いで壊滅的な被害を受けたドイツ軍は、東部戦線からの全面撤退を開始した。二三人の将校と九万一〇〇〇人の第六軍残存兵が降伏したことに衝撃を受け、ヒトラーはこうつぶやいたと言われている。「戦争の神はあちらに寝返ったか」(67)。

ルーズベルトとチャーチルは一九四三年一月にカサブランカで会談をおこなったが、このころまでに戦況は一変していた。勢いづいたソ連の赤軍は攻撃に転じ、西に戦線を進めていた。大規模な物的支援と第二戦線の早期実現によって領土の要求を押さえ込もうというルーズベルトの思惑は、完全に外れてしまった。こうなると、スターリンの要求に対抗するだけの交渉材料はどこにもない。さらに悪いことに、ルーズベルトとチャーチルはシチリアに侵攻することで合意していた。ソ連が真正面から攻め込んでいくなかで、アメリカとイギリスは第二戦線をまたしても延期し、ひたすら戦争の中心から遠ざかろうとしていたのだ。

ソ連軍は前進をつづけたが、その過程で莫大な数の犠牲者をだしていた。一九四三年一一月、ロシア革命記念日の式典に参加したスターリンは、ソ連の存続と将来の復興を讃えるスピーチをおこなった。スターリンはスピーチのなかでナチスの殺戮と略奪を非難し、侵略に対する復讐を誓っている。

「ドイツ軍は占拠した土地で何十万という市民を殺した。中世ヨーロッパで残虐の限りをつくしたアッティラ軍と同様、ドイツ軍は土地を踏みにじり、村や町を焼きつくし、産業や文化を破壊した。……われわれはドイツの罪をけっして許さない[68]」。

## テヘラン会談——スターリン《アンクル・ジョー》との絆

一九四三年一一月、イランのテヘランで米ソの首脳が初めて顔を合わせた。ルーズベルトは前年の三月に、チャーチルに対し次のように述べている。「イギリスの外務省やアメリカの国務省が事にあたるより、私個人のほうがスターリンと話がしやすいでしょう。彼はイギリスの上層部のやり方にうんざりしているようです。私のほうがいくらか気が合いそうだと思ってくれているようですし、実際うまくやれると思います[69]」。ルーズベルトはスターリンと一対一で話したかったが、チャーチルを会談から外すことは結局できなかった。そこでルーズベルトは、ソ連大使館に滞在してはどうかというスターリンの申し出を受けることにした。ルーズベルトは会談に先立ち、ソ連の領土を広げるためにカーゾン線（訳注　第一次大戦後、イギリスのカーゾン外務大臣によって設けられたポーランドとソ連の境界線）をポーランド国境に定める意向を内々に伝えた。にもかかわらず、スターリンの態度はよそよそしく、冷たかった。打ち解けられないまま三日が過ぎ、このままでは信頼関係を築けないと思ったルーズベルトは、もっと人間くさいアプローチをとることにした。人の良さとユーモアで相手の心をつかみ、親近感を抱かせようとしたのだ。いかにもルーズベルトらしいやり方だった。彼はフランシス・パーキンス労働長官に対し、次のように説明している。

一晩中考えて、これはもう奥の手で行くしかないと思ったのです。ロシア側にとっては、アメリカとイギリスが彼らの知らない言葉で話しているのは面白くありません。そこであの朝、私はウィンストン（チャーチル）をつかまえてこう言ったのです。「ウィンストン、これからやることで機嫌を損ねないでくれ」。彼はただ葉巻の位置をずらし、低く声を漏らしました。私は会議室に入ると、さっそく行動に出ました。スターリンに話しかけ、二人だけで話し始めたのです。何も目新しいことを言ったわけではないのですが、あまりにも親しげで秘密めいていたので、ほかのロシア人たちも寄ってきて耳を傾けました。それでもまだ、スターリンは仏頂面です。そこで私は片手を口に当て、こっそりとささやくように言いました（もちろん演出です）。「ウィンストンはどうも不機嫌そうですね。寝覚めが悪かったんでしょう」。それを聞いて、スターリンの目にかすかな笑みがよぎりました。手応えありです。会談の席に着くと、私はすぐにウィンストンのイギリス人っぽさをからかい始めました。葉巻やらちょっとした仕草やらをあげつらったのです。これは効きました。ウィンストンは頭に来た様子で顔をしかめましたが、そうすればそうするほど、スターリンは笑顔になっていきました。あげくの果てには、腹の底から大笑いしたほどです。ここにきてようやく、光が見えた気がしました。私はさらにそれをつづけ、やがてスターリンが私と一緒に笑ってくれたとき、「ジョーおじさん《アンクル・ジョー》」と親しげに呼びかけてみました（訳注　スターリンのファーストネーム「ヨシフ」は英語圏の「ジョセフ」に当たる）。前日までなら馴れ馴れしいと怒られたかもしれませんが、このとき彼は笑って、私に握手を求めてきたのです。それ以来、私たちのあいだには絆が生まれ、スターリンのほうも時折ユーモアを見せてくれるようになりました。緊張はすっかりほぐれ、まるで同胞のように話しあうことができたのです。[70]

ルーズベルトはテヘラン会談で大きな前進をなしとげた。アメリカとイギリスは、長らく延期されていた第二戦線を翌年春に開始すると約束した。スターリンはドイツを倒すことに成功したら、次は日本との戦闘に参加することで合意した。ルーズベルトは東ヨーロッパの領土に関するソ連の要求を受け入れ、国際世論が許容する範囲で慎重な進め方をしてほしいと要請した。さらにバルト三国で住民投票をおこなうことも求めたが、スターリンはこれを拒否している。またルーズベルトは東ヨーロッパ諸国の将来に関して、ソ連にかなりの裁量を与えるつもりであることを示唆した。会談を終えたルーズベルトは、たしかな手応えを感じていた。スターリンと信頼関係が築けたことで、ソ連側の要求はいくらか抑えられるはずだ。この調子でスターリンを説得すれば、ソ連に友好的な政府をつくるための自由選挙を東欧諸国で実現してくれるだろう。

## 一年半遅れの戦線開始――ノルマンディー上陸作戦

ソ連は一九四四年一月にポーランド国内へ軍を進めた。同月、陸軍長官スティムソンは、ハル国務長官とポーランドの将来について話しあった。「武力による領土拡大を認めない」方針を貫くべきというのがハルの意見だった。それに対し、スティムソンは次のように言い返した。「もっと現実的な側面を見るべきです。ソ連の感情を考えてみてください。彼らは自分たちがわれわれを敗戦から救ったということで、貸しがあると感じています。それに一九一四年以前はソ連がワルシャワを所有していましたし、ドイツ国境に至るまでポーランド全体がソ連のものでした。これを今さら返還しろと言われても彼らは納得しないでしょう」[71]。

ソ連はさっそくポーランドのルブリンに親ソ連の政府を立ち上げ、ロンドンに逃れていた亡命政府を政治から締めだした。その年のうちにソ連はルーマニア、ブルガリア、ハンガリーにも軍を進めた。アメリカとイギリスは、これらの国の支配をソ連だけで進めるのはどうかと不満を言ったが、スターリンは逆に、イタリアの支配はソ連抜きで進められているではないかと言い返した。

そして一九四四年六月六日、待望の第二戦線が一年半遅れで開始。三万台の車両と一〇万人を超える兵士がフランスのノルマンディーに上陸した。上陸時の犠牲者は九〇〇〇人にのぼっている。この時点でソ連は、莫大な死傷者をだしながらも中央ヨーロッパの大部分を制圧していた。これで東と西の両方から、連合軍がドイツを挟み撃ちにすることになる。勝利はもう目の前だ。

これまでは、ソ連が単独でドイツ軍に立ち向かってきた。ノルマンディー上陸作戦が実行されるまで、赤軍はつねに敵軍二〇〇個師団を相手にしていたのだ。アメリカとイギリスをあわせても、一〇個師団と戦うことはめったになかったのにである。チャーチルも「ロシアがドイツ軍の勢いを踏みつぶしてくれた」と認めている。ドイツは西の地中海地方で一〇〇万人を失い、一方の東部戦線では六〇〇万人以上の兵士を失った[72]。

## ブレトンウッズ体制——世界のパワーバランスの変わり目

戦闘がますます激化するなかで、戦後の体制に関する協議も活発になってきた。アメリカは連合国側の政府をニューハンプシャー州のブレトンウッズに集め、戦後の資本主義経済の構想を話しあった。この会議で、アメリカの提案による二つの組織の設立が決まった。復興と開発のための世界銀行と、金融の秩序を保つための国際通貨基金だ。設立予算は前者が七六億ドル、後者が七三億ドルである。さらに、世界に存在する金《きん》の三分の二を所有していたアメリカは、金と米ドルの両方をブレトンウッズ体制の基盤に置くと主張した。アメリカ経済の優位性を保ち、世界の銀行としての役割を果たそうという考えだ。ブレトンウッズ会議にはソ連の代表も参加していたが、最終的にソ連は批准を拒んだ。彼らに言わせれば、世界銀行や国際通貨基金は「ウォール街の一部門にすぎない[73]」からだ。ソ連側のある人間は、ブレトンウッズ体制について「一見おいしいキノコだが、よく見ると危険な毒キノコだ」とコメントしている[74]。イギリスも、アメリカ中心の体制が成立すれば、自分たちの立場がますます弱くなることを自覚していた。チャーチルは一九四二年末に「大英帝国の解体をとりしきるために首相になったのではない」と述べたが、しかし世界のパワーバランスはすでに決定的な変化を迎えていた[75]。

## 掛け声だけの「脱植民地化」

植民地問題に対するルーズベルトの姿勢については、疑問の声も一部にはあった。たしかにルーズベルトは、副大統領のウォレスほど熱心に反植民地主義を唱えていたわけではない。しかし実際のところ、被支配者が不当で非人道的な扱いを受けている現状に対して、彼は何度も憤りを露わにしていた。一九四一年には、息子のエリオット・ルーズベルトの前で「頑固な」チャーチルを辛辣に批判している。エリオットによると、ルーズベルトは次のように語ったという。「独裁者の支配と戦いながら、一方で世界中の人々が時代遅れの植民地政策に苦しんでいる現状を放置するなど、ありえないことだ」[76]。また一九四四年二月の記者会見では、西アフリカのガンビアに対するイギリスの植民地支配を公然と非難している。ルーズベルトは前年にガンビアを訪れ、その実態に衝撃を受けた。「あれほどひどい光景は、生まれてこのかた見たことがない」と彼は言う。「現地の人々の暮らしは、私たちより五〇〇〇年も遅れていた。イギリスはもう二〇〇年も前からあの国を統治しているというのにだ。イギリスはあの地に一ドル投下するごとに、その一〇倍を巻き上げている。これは明らかな搾取である」[77]。

ルーズベルトは戦後の体制として、植民地の独立に向けた準備段階である信託統治制度の必要性を強調した。最初に適用すべき場所は、フランス領インドシナだ。イギリスのチャーチルとフランスのシャルル・ド・ゴール将軍はこの地をフランス領に戻すつもりだったが、ルーズベルトはこれに反対していた。「インドシナはフランスに返すべきではない」と彼はハル国務長官に、一九四四年一〇月に語った。「フランスはあの国の三〇〇〇万人の人々を、およそ一〇〇年ものあいだ支配してきた。それなのに、彼らの暮らしは良くなるどころか、かえって悪くなっている。インドシナの人々には、もっとまともな暮らしをする権利がある」[78]。チャーチルは、ルーズベルトのこうした動きが気に入らなかった。インドシナを足がかりに、世界的な脱植民地化を強行するのではないかと恐れていたのだ。イギリスとしては、そんなことを許すわけにはいかない。一九四四年末、チャーチルはイーデン外相に対し、きっぱりとこう語っている。「イギリスの植民地支配をほんの少しでも脅かすような制度に与するわけにはいかない。『大英帝国への不干渉』がわれわれのモットーだ。この原則は、国内の感傷的な世論や国外のさまざまな立場の人が何と言おうとも、けっして軽視されたり汚されたりしてはならない」。

脱植民地化に向けてスターリンの協力をとりつけたにもかかわらず、ルーズベルトはイギリスに対して植民地の解体を強要しなかった。イギリスとの協力関係が崩れることを恐れたからだ。あれだけ強調していたインドシナの独立についても、結局ルーズベルトは譲歩してしまった。この決断は、のちに大きな悲劇を引き起こすことになる。ただしルーズベルトはその後、ジョージア州ウォームスプリングズでおこなった一九四五年四月五日の記者会見（彼はこの一週間後に亡くなり、これが最後の記者会見となった）でフィリピンのセルヒオ・オスメニャ大統領とともに演壇に立ち、日本の撤退が終わりしだいフィリピンの即時独立を認めると宣言している[79]。一方、チャーチルはアメリカの圧力に屈することなく、戦後もインドの独立を認めなかった。だがこの勝利も一時的なものにすぎず、やがてインド国内から独立を求める動きが湧き起こってくることになる。

## 世界を圧倒するアメリカ経済――ペンタゴン建設

イギリスを中心とする帝国支配は、一夜にして終わったわけではない。しかしヨーロッパとアジアの経済が戦争のダメージに苦しむなかで、アメリカ経済はまさに無敵の存在となっていた。その理由としては、ブレトンウッズ体制でドルの力が強まったことに加えて、アメリカの圧倒的な軍事力がある。ルーズベルトは軍事の専門家を政策決定の中心に据え、一九四二年初頭には軍事問題の助言を任務とする統合参謀本部を結成した。その年の七月にウィリアム・リーヒが大統領付きの参謀長に任命され、統合参謀本部とルーズベルトの仲介役を果たすことになった。また陸軍参謀総長のジョージ・マーシャルも、大統領の相談役として政策に関する重要な助言をおこなっていた。

強大な力を身につけ、新たな政治的役割を得たアメリカ陸軍省（現在の国防総省）は、アメリカの軍事力を象徴するようなオフィスを建設することにした。一九四一年夏まで、陸軍省につとめる二万四〇〇〇人のスタッフは、一七の建物に分かれてばらばらに仕事をしていた。この現状に疑問を持ったブレオン・サマヴェル准将は、全員を同じ建物に勤務させれば二五〜四〇パーセントの効率アップになるという報告書をスティムソン陸軍長官に提出した。[80] こうして一九四一年九月一一日、バージニア州アーリントン郡で、新たな陸軍省本部の建設がはじまった。建物のデザインは、移転前の場所の形にちなんで五角形に定められた。一九四二年四月から段階的にオフィス移転がはじまり、建物全体は一九四三年一月に完成した。この巨大な建設プロジェクトを統括していたのは、レスリー・グローヴス大佐だ（彼はのちにペンタゴンよりもさらに大きな軍事計画で歴史に名を刻むことになる）。こうして完成した要塞「ペンタゴン」は、アメリカで最も巨大なオフィスビルとなった。建築面積はおよそ二九エーカー（一一万七〇〇〇平方メートル）、廊下の長さは全部で一七・五マイル（二八キロメートル）。あまりに広大だったので、訪問者は決まって道に迷った。三日間さまよいつづけた配達人もいたという噂だ。[81]

### 紙切れ一枚で決められた勢力圏

そのころ地球の裏側では、チャーチルとスターリンが話し合いの場を持っていた。一九四四年一〇月の第四回モスクワ会談、コードネームは「トルストイ」。チャーチルの目的は、ポーランド問題の行き詰まりを打開することだった。アメリカのハリマン大使もオブザーバーとして同行していたが、チャーチルとスターリンの肝心な交渉には参加していない。クレムリン宮殿の暖炉の前に座ったチャーチルは、手始めにポーランドをネタにしたジョークをいくつか飛ばした。そして二人の首脳は、戦後のヨーロッパについて話し合いに入った。内容はバルカン半島におけるイギリスとソ連の影響範囲の確定、そしてポーランドに対するソ連の利害を西側諸国に認めさせるための土台を固めることだ。チャーチルは紙切れの裏に数字を書き、バルカン半島における双方の分け前を提案した。ルーマニアの九〇パーセントと、ハンガリーおよびブルガリアの七五パーセントをソ連が支配。イギリスがギリシャの九〇パーセントをとり、ユーゴスラビアはちょうど半分ずつに分割する。スターリンはこのメモを手にとると、一瞬思案したあと、青い鉛筆で大きく承認のチェックをつけた。チャーチルは戻ってきた紙を見てこう言った。「数百万人の運命を左右する問題が、こんな紙切れ一枚で決まったと知られたら、さすがに印象が悪い。この紙は燃やしてしまいましょう」。だがスターリンは、歴史的に重要なメモを燃やしてはいけない、と強く反対した。こうしてチャーチルが「たちの悪い文書」と呼ぶメモが残されることになる[82]。

この取引は、ルーズベルトがなんとしても阻止しようとしていた種類のものだった。ハル国務長官は、大国の利害による勢力圏の制定に強く異議を唱えた。だがチャーチルに言わせれば、そんなアメ

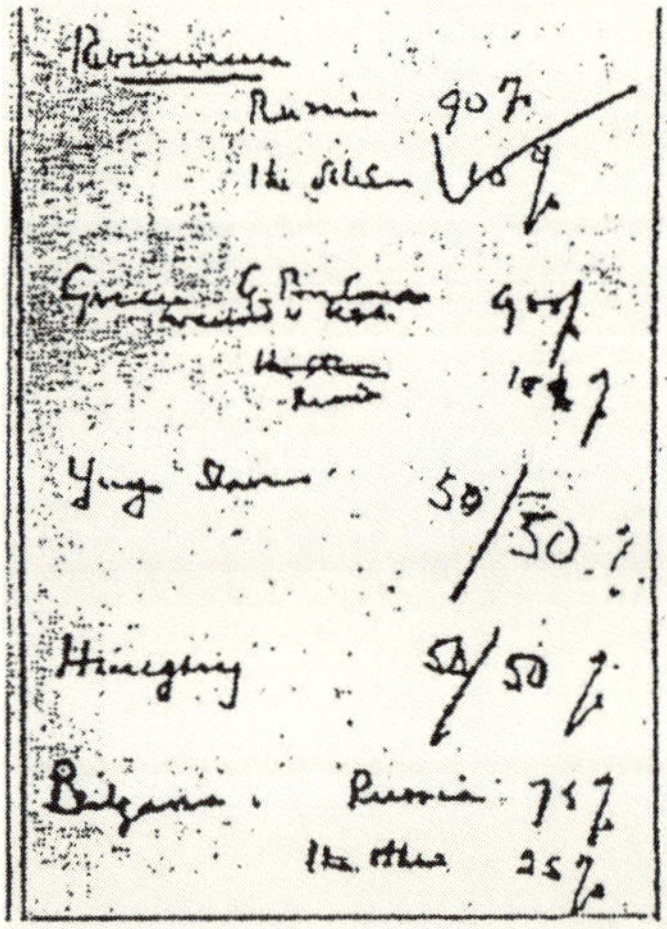


1944年10月のモスクワ会談でチャーチルが提示したメモ。戦後のヨーロッパにおける勢力比率が記されている。

リカの態度は偽善以外の何者でもない。「世界中のどの国より二倍も強力な海軍を持つことは、権力政治《パワーポリティクス》ではないのか。世界中に埋まっている金《きん》を独り占めすることは、権力政治ではないのか。もしも違うというなら、権力政治とはいったい何なのだ[83]?」。

スターリンは、チャーチルとの取り決めを忠実に守った。だから一九四四年一二月にイギリス軍がギリシャ左派の暴動を武力で鎮圧したときも、約束通り何も口出ししなかった。この暴動はレジスタンスを率いてナチスと戦ってきた共産主義者によるもので、君主制への回帰を求める反動勢力に対抗する戦いだった。ギリシャの大多数の人々は、君主制よりも左派勢力を支持していた。にもかかわらず、スターリンは共産主義者への支援を拒んだのだ。アメリカの人々は、イギリスとソ連がこのような行動に出たことに衝撃を受けた。

## ヤルタ会談とポーランド問題

一九四五年二月、ルーズベルトとスターリンとチャーチルは、黒海に面したヤルタの街で二度めの会談に臨んだ。ベルギーではドイツ軍の反撃がまだつづいており、太平洋での戦闘も激化していたが、連合軍の勝利はもう目に見えていた。そろそろ戦後の最終的なプランを固める頃合いだ。主導権を握っていたのは、ソ連だった。ソ連赤軍はポーランド、ルーマニア、チェコスロバキア、ハンガリー、ブルガリア、ユーゴスラビアの各国を占拠し、さらにドイツの首都ベルリンに迫っていた。

このとき会談に臨んだ三カ国のあいだには、大きな溝が生まれていた。地政学的・戦略的に言って、それぞれの国の立場があまりにも違いすぎたのだ。ソ連は何よりも、自国の安全保障を望んでいた。イギリスの望みは、植民地支配の存続だった。アメリカが望んでいたのは、太平洋地域での戦闘にソ連を引き入れて戦争を終結させ、貿易と投資に開かれた世界経済をつくりあげること、そして国際連合を設立して世界の平和を保つことだった。

ソ連は多大な犠牲を払ってドイツ軍を撃退した。数百万人の兵士や民間人が死に、国土の大部分が焼け野原と化した。アメリカとイギリスもたしかにソ連を支援したが、その犠牲の大きさはソ連とは比べ物にならなかった。

アメリカはこの戦争中に、かつてないほど大きな経済力と軍事力を身につけていた。だがソ連との交渉という点では、どうしても立場が弱かった。ソ連が最も苦しんでいた時期に、約束した支援を与えることができなかったからだ。ただし、アメリカには切り札が一枚残っていた。戦争でぼろぼろになったソ連の復興を、経済的に支えるという提案ができるからだ。一方、かつての超大国イギリスは、この交渉で最も弱い立場に置かれていた。大国の地位を保ちたいという主張を押し通す力もなく、アメリカの好意にすがるしかなかった。ヤルタ会談で露わになった溝は、やがて連合国をばらばらに引き裂くことになる。ただしこの時点では、まだ緊張関係が公になることはなかった。表向きには連合国の絆がアピールされていたし、長い戦争を経て明るいニュースを待ち望んでいた人々は、ようやく平和が近づいてきたうれしさで頭がいっぱいだったのだ。

ヤルタ会談の大きな焦点のひとつは、ポーランドをめぐる議論だった。スターリンは「ポーランドの問題は単なる名誉の問題ではなく、我が国の安全上の問題だ。ポーランドは昔から、敵がロシアにやってくる通路だったのだ」と言い、ポーランド問題は「ソ連にとって、生きるか死ぬかの問題だ」と強調した(84)。

スターリンの要求は、ポーランドのルブリンに発足させた共産主義の暫定政府を世界に認めさせることだった。この暫定政府はポーランド国内の対抗勢力を厳しく弾圧し、武力衝突を引き起こしていた。ルーズベルトとチャーチルは暫定政府を否定し、ロンドンに逃れていた亡命政府を支持していた。だが亡命政府のメンバーは強硬な反共主義者が多かったので、スターリンは彼らをテロリストとして厳しく非難した。スターリンはロンドン亡命政府側の勢力を弱めるため、何千人ものポーランド人将校を無惨に殺している。一九四〇年に起こった「カティンの森事件」だ。また一九四四年のワルシャワ蜂起では、ヴィスワ川を挟んで街の対岸まで赤軍が進出していたにもかかわらず、蜂起軍を支援せずドイツ軍の攻撃をただ傍観していた。

三カ国の首脳は結局、ポーランド国民統一臨時政府を樹立するという妥協案で合意した。協定にはこう書かれている。「現在ポーランドで機能している現地政府は、より広い民主的見地に基づき、ポーランド国内および国外に居住するポーランド人の民主的指導者を含む形で再編されなくてはならない」。そのうえでイギリス、アメリカ、ソ連の大使がポーランド首脳と話し合いを持つこと、さらに「民主的および反ナチス的政党に開かれた」自由選挙をおこなうことが決定された(85)。またポーランドの国境については、ロンドン亡命政府の反対にもかかわらず、カーゾン線を東側の国境とすることで合意した。ただし西側の国境については合意に至らず、先延ばしになった。

## 曖昧なヤルタ協定

ヤルタ協定の内容は、どこから見ても明確さを欠いたものだった。米西戦争や第一次世界大戦で活躍し、フィリピンや中国、パナマ、ニカラグアで余暇を過ごしたあと復帰して海軍作戦部長となったウィリアム・リーヒ海軍大将は、ルーズベルトに厳しく警告した。「こんな曖昧な協定を結んだら、ソ連はヤルタからワシントンまでどこでも好きなように国境を引いてしまいますよ」。ルーズベルトもその意見を認めた。「そうだな、わかっている。だが今のわれわれにできることは、これくらいしかないんだ(86)」。

テヘラン会談のとき、ルーズベルトはスターリンに個人的なメモを渡していた。「アメリカはポーランドにおいてソ連の利害に反するような暫定政府をけっして支持しない」という約束が書かれたメモだ(87)。にもかかわらず、反共主義のロンドン亡命政府は、明らかにソ連の利害に反していたのだった。

ヤルタ会談におけるアメリカの交渉材料は少なかった。そしてルーズベルトにとってより重要なのは、スターリンを「ヨーロッパの自由宣言」に合意させることだった。自由選挙を通じて、広く国民を代表する政治家を選ぶという宣言だ。

ドイツの戦後体制については意見が割れていたが、国土を四つの軍事区域に分割し、フランスを含めた四カ国で支配するという案で合意した。ドイツの戦争賠償問題については明確な合意に至らなかったため、賠償委員会を設置して、賠償金額二〇〇億ドル、そのうちの半分はソ連に支払うという線で話し合いが進められることになった。またスターリンは、ヨーロッパの戦闘終結から三カ月後に日本との戦闘を開始すると約束した。その見返りとして、アメリカは東アジアにおけるソ連の領土および経済的利益について便宜を図ることにした。一九〇四年から一九〇五年の日露戦争でソ連が失ったものの大半を日本から取り戻すという内容だ。

### 大いなる希望と不安の種

ヤルタ会談のニュースは、アメリカ人の心をひさしぶりに明るい光で満たした。ハーバート・フーバー前大統領は、この会談を「世界の大きな希望」と呼んだ。CBSのジャーナリストで、のちにベストセラー『第三帝国の興亡』を書いたウィリアム・シャイラーは、ヤルタ会談について「人類史上に残るできごと」と表現している。(88) ルーズベルトは会談を終えて、次のように語った。

クリミア半島(ヤルタ)での会談は、アメリカおよび世界の歴史における大きな転換点でした。会談の結果次第で、国際的な協力が進むことにもなれば、対立が深まることにもなったわけです。……アメリカの議会および国民のみなさんは、この結果を恒久的な平和の土台として受け入れて

1945年2月、ヤルタ会談で顔を合わせた3カ国首脳。ポーランド問題をはじめとする深刻な意見の相違を克服して一連の合意が結ばれ、米ソ両国に明るいムードが広がった。

くれると信じています。この土台の上に私たちは、世界中のすべての子どもたちや孫たちが安心して暮らせるような、よりよい世界を築いていくのです。私に言えるのはそれだけです。私は心からそれを強く望んでいますし、みなさんも将来にわたってそれを望んでくれることと信じています。(89)

ルーズベルトの腹心だったハリー・ホプキンスも、ヤルタ会談後の熱狂ムードのなかで次のように語っている。

これは長年待ち望んでいた新たな時代の幕開けであると心か

ルーズベルトの死の翌日、正式に米国大統領に就任したハリー・トルーマン。本人にとって予想外のできごとだった。

ら信じています。私たちは、世界平和に向けて大きな勝利を勝ち取ったのです。そして「私たち」とは単にアメリカ国民にとどまらず、すべての心ある人間のことを指しています。［ソ連は］合理的で、先見性のある国であることが明らかになりました。大統領も私たちも、ソ連の人々とこの先ずっと仲良く平和に暮らしていくことが可能であることを微塵も疑っておりません。ただ、ひとつだけ言っておかなければならないのは、もしもスターリンに何かがあったら、結果はどうなっていたかわからないということです。スターリンが賢明で理解のあるリーダーであることは疑う余地がありません。ただしクレムリンで彼の陰に隠れているのが何者であるか、私たちには知りようがないのです(90)。

ソ連もヤルタ会談後の盛り上がりという点では同じだったが、ルーズベルトの後継者が誰になるかというのは不安の種だった。会談後のルーズベルトの演説を見た人々は、彼の健康状態がひどく悪化していることにいやでも気づかされた。移動の疲れが出た大統領は、椅子に座ったままで議会での演説をおこなった。これまでになかったことだ。それから数週間のうちに、ポーランドその他の問題をめぐる米ソの立場の違いが表面化し、将来的な対ソ関係をめぐる厄介な問題が持ち上がってきた。だがルーズベルトは希望を捨てていなかった。アメリカ、イギリス、ソ連の三カ国は、今後も平和で友好的な関係を築いていけると信じていたのだ。チャーチルに宛てた最後の電信で、ルーズベルトはこう述べている。「ソ連の問題は極力気にしないようにしています。こうした問題は何らかの形でつねに発生するものですし、大抵はうまく解決されるからです[91]」。

## ルーズベルトの死、後継者への不安

一九四五年四月一二日、ウォレスの後任として副大統領の座についていたハリー・トルーマンは、連邦議会議事堂内にある下院議長サム・レイバーンのオフィスをふらりと訪ねた。ポーカーでもやりながら、最近入手したというウイスキーをちびちびやるつもりだった。ところが、到着したトルーマンを待ち受けていたのは、ただちにホワイトハウスのスティーブン・アーリー報道官に連絡するようにという伝言だった。電話に出たアーリー報道官は、今すぐホワイトハウスに来るようにと言った。そして駆けつけたトルーマンを大統領夫人エレノア・ルーズベルトが出迎え、大統領が亡くなったことを告げた。トルーマンはなんとか気持ちを落ち着かせると、大統領夫人にお悔やみを述べ、何か力になれることはないかとたずねた。だが、ルーズベルト夫人はこう答えた。「私たちのほうこそ、何か力になれることはありますか？　あなたのほうが大変な立場ですから[92]」。

トルーマンは思わず言葉を失った。心の準備などまったくできていない。八二日前に副大統領の座についてから、ルーズベルトと顔を合わせたのはわずか二回だけだった。そのときも国の重要問題については何も話をしていない。そしてあろうことか、ルーズベルトを含めた誰ひとりとして、アメリカが原爆の開発を進めているという事実をトルーマンに伝えていなかった。大統領に就任した日、連邦議会議事堂の前でレポーターに囲まれたトルーマンは、記者たちに対して次のように語っている。「まったく、どうかみなさん私のために祈ってください。昨日事態を聞かされたときには、月やら星やら何もかもが空から落ちてきたような気がしたものですよ。こんな責任重大な立場に置かれるなんて、いったいどうしたらいいのか」。記者のひとりが「がんばってください、大統領」と声をかけると、トルーマンはこう答えた。「そう呼ばれることにならなければよかったんですがね[93]」。これは別に謙遜ではなかった。トルーマンは本当に、自分には荷が重すぎると感じていたのだ。自分なんかが大統領になったのは間違いだ、自分には大統領なんて無理だ、と会う人ごとに語っている。

スティムソンやウォレスといった政府の主要人物も、トルーマンにいささかの不安を感じていた。彼の性格や準備不足を考えると、反ソ連派の意見にあっさり流されてしまいそうだったからだ。スティムソンはイギリスのチャーチルがトルーマンに圧力をかけてくると見て、マーシャル参謀総長にこう語っている。「大統領の座に新たな人間が就いたわけですから、諸問題に対するイギリスとアメリカの立場の違いをきちんと押さえておいてもらう必要があります[94]」。

ルーズベルトはおよそ一カ月前、三月一六日の閣議で米英の深刻な隔たりについて話をしていた。ジェームズ・フォレスタル海軍長官はこの会議に出席していなかったが、代理で出席させたストルーブ・ヘンゼル補佐官のメモをもとに、次のように書き残している。「大統領はイギリスとの関係における大きな困難を指摘した。くだけた言い方をするなら、イギリスはすぐにでもアメリカとロシアに戦争をしてもらいたいと思っているのだ。そして大統領によれば、イギリスのプランに乗って動いた場合、その先には戦争という結末が待っている[95]」。

四月一三日、大統領就任の初日にまずトルーマンと面会したのは、エドワード・ステティニアス国務長官だった。もともとレンドリース法の担当者だったステティニアスは、世界情勢のことを教えてほしいというトルーマンの要請に嬉々として応じた。ルーズベルトの時代には、ステティニアスの発言力は小さかった。周囲の人間からも相当軽んじられていたようだ。ルーズベルトの友人のひとりは、ステティニアスについてこんなふうに評している。「アメリカの国務長官たるもの、読み・書き・会話くらいはできなければ困りますよ。まあ一つくらい欠けてもいいかもしれませんが、ステティニアスはそのどれもできないんですからね[96]」。

ステティニアスはトルーマンに、ソ連がいかに欺瞞と裏切りに満ちた国家であるかを説明した。彼がその日書いたメモには、ヤルタ会談以降のソ連が「あらゆる重要な問題について、頑固で強硬な姿勢を貫いてきた」と書かれている。またソ連が解放地区において身勝手な行動をとってきたと非難し、チャーチルがこの問題について自分よりもさらに強い反感を抱いていると述べた[97]。チャーチルはすぐに、それを裏づける内容の電信を送ってきた。またイギリスのアンソニー・イーデン外相もワシント

ルーズベルトの葬儀に臨むトルーマンとジェームズ・バーンズ（左）とヘンリー・ウォレス。議員時代の先輩であったバーンズは、外交問題についてトルーマンに数々の助言をおこなった。ウォレスを閣僚から外すように説得したのもバーンズである。

ンを訪れ、同様の見方を伝えた。イギリスのハリファックス駐米大使は、トルーマンを「正直でまじめな凡人」と評している。「善人かもしれないが仕事はだめ」で、「ミズーリ州裁判所の優秀な友人たち」に囲まれた大統領だと述べた[98]。

**いいように操られるトルーマン**

就任初日の午後、トルーマンは議員時代の相談相手だったジェームズ・バーンズと面会した。トルーマンは自分のどうしようもない無知を認め、バーンズに「テヘランからヤルタまで」の「ありとあらゆること」を教えてほしいと頼んだ[99]。バーンズはヤルタ会談の代表団にも参加していたため、事実を正確に教えてもらうにはもってこいの人物だと思ったのだ（この考えが間違いだったことをトルーマンが知るのは、何カ月も後のことになる）。この日以降、バーンズは何度もトルーマンと面会を重ねた。彼はステティニアスと同じく、ソ連がヤルタ協定を破っていると説明し、ソ連に対して強硬な態度をとるべきだとアドバイスした。原爆について最初にレクチャーしたのもバーンズだった。彼はトルーマンに対し、原爆があれば「戦争が終わったとき、われわれがイニシアチブを取れるかもしれない」と述べた[100]。ただし、誰に対してイニシアチブを取るのかは明言していない。トルーマンはバーンズをすっかり信頼していたので、現国務長官のステティニアスが国連大使の立場に移りしだい、後任として国務長官になってもらうことに決めた。大統領面会担当秘書であり、トルーマンの親しい友人でもあったマシュー・コネリーは、このときのことを振り返って次のように書き記している。「バーンズ氏はサウスカロライナ州からやってきて、トルーマン氏といくらか話をしたかと思うと、いつのまにか国務長官の後任に決まっていた。バーンズ氏は自分の知性に自信を持っており、おそらくトルーマン氏のことを軽視していたのではないかと思われる[101]」。バーンズの知性がいかほどだったかはわからないが、戦後の世界構想を担う立場となった二人のうち、学歴という点ではトルーマンのほうがいくらか上だったようだ。曲がりなりにも高校を卒業したトルーマンに対し、バーンズのほうは一四歳で学校を中退していた。

そのころアメリカのハリマン大使は、クレムリンを訪れてスターリンと面会した。スターリンはルーズベルトの死を深く悲しんでいた。彼はハリマンの手を取ると、ルーズベルトの死は人類にとって大きな損失であると述べ、遺された家族に心からの哀悼の意を伝えてほしいと頼んだ。ハリマンは後任のトルーマン大統領が「言葉だけでなく行動を起こせる人物」であると説明し、トルーマンに対してもこれまで通り強固な関係を築いてほしいと頼んだ。スターリンはそれに答えて、「ルーズベルトは死んでも、彼の理念は生き残る。われわれは全力でトルーマン大統領の力になりたい」と述べた[102]。普段は懐疑的なハリマンも、このときのスターリンの様子には思わず心を動かされたという。

ソ連のモロトフ外相は、サンフランシスコでおこなわれる国際連合設立の会議のためにアメリカを訪れた際、ワシントンに立ち寄ることにした。新たな大統領と直接話をしたかったからだ。これを知ったハリマンは急いでワシントンに戻り、トルーマンがソ連外相と会談をする前に、事前の打ち合わせをおこなった。ハリマンはトルーマンに対し、アメリカが「ヨーロッパにおける野蛮な侵略」に直面していると説明した。そしてモロトフとの会談にあたっては、毅然として「ポーランド問題について好き放題やらせるつもりはない」ことを主張すべきだとアドバイスした[103]。チャーチルやイーデンが聞かせていた意見を、さらに補強したわけだ。ハリマンは、もしもソ連が他国に対する支配を拡大し、都合のいい体制を押しつけるようなことになれば、秘密警察が動きだして言論の自由が奪われてしまうと力説した。ただしソ連は、アメリカに見捨てられることを恐れている。なぜならルーズベルトが提示していた戦後の復興支援がどうしても必要だからだ、と彼は分析した。ステティニアスやフォレスタル海軍長官もこれに同意した。「ポーランド問題には強硬な姿勢で臨むべし」というのがトルーマンを取り巻く人々の一致した意見だった。

## 慎重派のアドバイスは一蹴された

会談当日の四月二三日、トルーマンは外交問題のアドバイザーを集め、モロトフとの会談に向けた最終の話し合いをおこなった。スティムソン、マーシャル、リーヒの三人は、ハリマンらとは異なる見解を示した。リーヒは以前から主張しているように、ヤルタ協定の合意内容があまりにも曖昧なため、ソ連が違反を犯しているとは断言できないと説明した。ヤルタ協定の内容を見れば、ソ連がこのような行動をとるのは至極当然であるというのが彼の見方だった。また、人望が厚く《タイム》誌の「マン・オブ・ザ・イヤー（今年の人）」にも選ばれたマーシャル参謀総長は、ソ連との関係が悪化すれば非常に困ったことになると主張した。日本を倒すためには、ソ連の協力が不可欠だからだ。スティムソンはソ連の苦しい立場を考慮し、アメリカ側はきわめて慎重な姿勢をとるべきだとアドバイスした。ソ連は信頼できる味方であり、とくに軍事面ではつねに約束以上の働きを見せてくれている。そしてソ連にとって、ポーランドは安全保障面で重要な地域である。スティムソンはそのように説明し、「ロシアはわれわれよりも安全保障に対する意識が高いのでしょう」と付け加えた。さらに、アメリカとイギリスを除けば、自由選挙に対する理解はまだまだ低いという事実にも言及した。[104] トルーマンはそうした側面がよく理解できていなかったが、とりあえず強気の発言で無知をごまかすことにした。いつものやり方だ。彼は穏健派の意見を無視し、とにかくモロトフに毅然と立ち向かうと言い張った。ソ連には、断固としてヤルタ協定の遵守を求めていく。また国連設立の件については、「サンフランシスコ会議は予定通り進める。ソ連が参加したくないというなら勝手にすればいい」と言い捨てた。[105] 一方、ハリマンに対しては、ソ連から一〇〇パーセントの結果が得られるとは思っていないが、八五パーセントは引きだしたいと語っている。[106]

## 対ソ強硬派の共通した背景

当然といえば当然だが、ソ連を声高に非難する人々の大半は、似たような社会階級の出身だった。ソ連の思想や目的を信用せず、社会主義の匂いがするものを片っ端から否定したがるのは、富裕層の人間たちだ。たとえばハリマンは鉄道王と呼ばれた大富豪の家に生まれ、本人もブラウン・ブラザーズ・ハリマン社という投資銀行を立ち上げた経歴を持っていた。フォレスタルはウォール街で一財産築いた投資家だった。ステティニアスも、アメリカ最大の製鉄会社であるUSスチールで取締役会長をつとめていた実業家だ。彼らはその他の裕福な銀行家、ウォール街やワシントンの弁護士、会社経営者など、両大戦間に富を築いたり受け継いだりした人々と手を組み、金持ちの視点から戦後の政策をつくりあげていった。具体的な名前を挙げれば、コビントン&バーリング法律事務所のディーン・アチソン、ブラウン・ブラザーズ・ハリマンのロバート・ラヴェット、クラバス・スウェイン&ムーア法律事務所のジョン・マクロイ、サリヴァン&クロムウェル国際法律事務所のアレン・ダレスとジョン・フォスター・ダレス、石油王ロックフェラーの孫であるネルソン・ロックフェラー、ディロン・リード商会のポール・ニッツェ、ディロン・リードおよびエバースタット社のフェルディナンド・エバースタット、ゼネラル・モーターズの社長チャールズ・ウィルソンといった面々だ。ウィルソンは軍需生産委員会の委員長もつとめており、大恐慌を繰り返さないためには「恒久的な戦争経済」が必要であると発言している。(107) こうした人々はルーズベルト政権の時代にも政治に関わっていたが、その発言力はかなり限られていた。ルーズベルトは彼らの助言に頼らず、自分でものを考える人間だったからだ。

## トルーマンの「横柄な態度」

四月二三日の午後、トルーマンはモロトフとの会談に臨み、精いっぱいタフな姿勢を見せつけた。会談が始まるや否や、彼はソ連がヤルタ協定を破ったことを非難し、ポーランド問題を厳しく追及した。モロトフはそれに対し、ポーランドがソ連の安全を守るために必要であることを説明した。また協定が求めているのは友好的なポーランド人を含む政府を樹立することであり、ルブリン政権に敵対的なロンドン亡命政府の人間を含める必要はないのだと述べた。だがトルーマンは、まったく聞く耳を持たなかった。モロトフが別の話題に移ろうとすると、トルーマンはぴしゃりと一喝した。「これで話は終わりです。私の意見をスターリンに伝えていただきたい」[108]。モロトフはさすがに腹を立て、「そんな失礼な物言いをされたのは生まれて初めてだ」と言った。だがトルーマンも譲る気はなく、「決めたことをきちんと守っていれば、そんな物言いをされなくてすむんですよ」[109]と言い返した。モロトフは憤然として部屋を飛びだした。数年後にモロトフはトルーマンの「横柄な態度」を振り返り、「自分が上だと見せつける」ために「笑えるほど」必死な様子だったと語っている[110]。

トルーマンは会談を終えると、さっそく元在ソ連大使のジョセフ・デイヴィスに武勇伝を語った。「ガツンと言ってやったよ。遠慮なしだ。あごにワンツーを入れてやった感じだな」[111]。

スターリンはトルーマンの横柄な態度のことを聞くと、すぐに対処する必要があると感じた。ドイツは二五年間で二度も、ポーランドと東ヨーロッパを通ってソ連に侵攻してきたのだ。この地域に親ソ連政権を置くことは、ソ連の安全上どうしても必要だった。スターリンは翌日さっそくトルーマンに打電し、ヤルタ会談で実際にどんなやりとりがあったかを説明した。ルブリン政権をポーランドの新政権の核とすることはルーズベルトも認めていたのだ、とスターリンは言った。「ポーランドはソ連と国境を接しているので」、ソ連に友好的な政府を置く権利があるという考え方だ。ベルギーやギリシャの政府だって本当に民主的かどうかは疑わしいが、イギリスの安全上重要な地域なのでソ連も黙っているのだ、と彼は説明した。「ご要望にはできるかぎり応えるつもりですし、なんとしても円満な解決を図りたいと思っています。しかしあまりに多くを求められても困ります。ソ連の安全上の利益を放棄しろと言われても、それは無理な相談です。自国民に背くことはできません[112]」。

スターリンはルーズベルトとの話し合いの結果、ソ連の安全のためにポーランドを利用することについては理解が得られたと思っていた。実際、一九四三年一〇月のモスクワ外相会議でハリマン大使がポーランド問題を持ちだそうとしたときには、ハル国務長官があいだに入ってそれを止め、「そんな些細な問題に関わっている場合ではない」と一蹴したのだ[113]。だがトルーマン政権になった今、実権を握っているのは反ソ連の強硬派だった。スターリンは、裏切られたと感じた。

## サンフランシスコ会議での対立——トルーマン、真実を知る

一九四五年四月二五日、国連設立のためのサンフランシスコ会議が開幕。世界平和の新時代を祝う華々しい舞台になるはずだった。ところが会議の幕開けは、主要な連合国の対立によって険悪なムードに染まってしまった。サンフランシスコ会議の初日、ハリマンはアメリカの代表団に会い、「おわかりのように、ソ連は戦後に向けた合意を守る気がないのです」と話した。そしてソ連は東ヨーロッ

パを支配するためなら、どんな汚い手を使うかわからないと警告した。ハリマンは非公式の記者会見の場でも同じことを語っている。一部の記者はうんざりしてその場を立ち去り、ハリマンを「戦争屋」と呼んで批判した。[114]だが、アメリカの代表団はハリマンの言うことを素直に信じ、ルブリン政権をポーランド代表として扱いたいというモロトフの要請を却下した（その一方でアメリカは、南米の代表たちに声をかけ、ナチス寄りのアルゼンチン政府の出席に協力してほしいと要請している）。

ソ連に対する強気な対応が思うような成果を生まなかったので、トルーマンはジョセフ・デイヴィスと二度の話し合いの場を設け、ソ連外交に関するアドバイスを求めた。デイヴィスは企業向け弁護士出身の保守的な人間だったが、意外なことにソ連の立場には共感を示していた。トルーマンはデイヴィスに対し、モロトフが自分の言葉に「体を震わせ、顔は青ざめていた」と語った。だが、あの強気のやり方自体は成功だったと思っていた。サンフランシスコ会議で、ソ連はルブリン政府の承認を強く求めなかったからだ。ただしあの会談以降、ソ連との関係は急激に悪化していた。

「君はどう思う、あれで本当によかったんだろうか？」とトルーマンはたずねた。

デイヴィスは、四月二三日の会談に先立ってモロトフと顔を合わせたことを語った。モロトフはデイヴィスに対し、ヤルタ会談の内容をトルーマンはすべて把握しているのかとたずねた。そしてルーズベルトの死は「大きな悲劇」だと語った。なぜなら「スターリンとルーズベルトはお互いをわかりあっていた」からだ。ソ連はつねに「味方に対して義理堅い」のだ、とデイヴィスはトルーマンに説明した。だからこそ、アフリカやイタリアやギリシャにおいてイギリスが打ち立てた政府についても、ソ連は文句を言わなかった。これらの政府は反ファシストの立場を代表しているとは言えなかったが、アメリカやイギリスにとって「重大な意味を持つ」ことをソ連はよく理解していたからだ。だからポーランド問題についても、同じような理解を求めるのはある意味で当然のことだと言える。デイヴィスはそのように説明し、アメリカやイギリスがさまざまな戦略を練っているあいだに、ソ連が現場の戦いを一手に引き受けていた事実を指摘した。さらに領土問題について「ルーズベルトへの配慮から」無理に主張しないと合意したことも説明した。トルーマンはそれを聞いてひどく驚いた。反ソ連派に誤った情報を吹き込まれたことにようやく気づき、そうした人間を外務省から「一掃する」ことを心に決めた。デイヴィスはさらに、イギリスの巧みな誘導によって、ここ六週間のあいだに大国の関係性が一変してしまった状況についても指摘した。

もしもアメリカとイギリスに「食い物にされている」とソ連が判断したら、彼らは敵対的な手段に出るかもしれない、とデイヴィスは忠告した。迫りくるナチスに対して西側諸国が何も動こうとしなかったとき、ソ連はヒトラーと不可侵条約を結びさえしたのだ。ただし、と彼は付け加えた。「こちらが寛大で友好的な態度をとれば、ソ連はそれ以上に寛大な態度で返してくれるでしょう。逆にこちらが強硬な態度をとれば、あちらもすぐに力でやり返そうとするはずです」。

トルーマンは、デイヴィスに頼んでスターリンとの会談の場を手配してもらった。自分が状況に対応しきれず、間違いをおかしてしまったことは明らかだった。このときのトルーマンの自嘲めいた言葉が、デイヴィスの日記に書き留められている。「もちろん悩んでいるさ。責任はひどく大きいし、私はまったくこの職務に向いていないんだ。まあ力いっぱいやるしかないがね」。トルーマンはそれに加えて、自分への皮肉を込めた詩を口ずさんだ。「ジョー・ウィリアムズは力いっぱい頑張った／

これがもう精いっぱい／でも力が足りなかっただけ[115]」。

一九四二年から四三年に在ソ連大使を務めたことのあるウィリアム・H・スタンドリーも、スターリンをおとしめる論調に対抗して声を上げた。雑誌《コリアーズ》に寄せた文章のなかで、彼はスターリンが真摯に永続的な世界平和を望み、そのために本気でアメリカとの協力関係を築こうとしていたと述べている。ソ連は安定的平和を「必死で」求めており、「誠意と熱意を持ってそれに取り組んでいる」とスタンドリーは言う。「これ以上戦争が起これば、世界はもう耐えられないのだ[116]」。

## ドイツ無条件降伏――ソ連への共感と懸念

ヨーロッパの戦況は順調だった。一九四五年四月二六日、アメリカとソ連の両軍がザクセン州トルガウを流れるエルベ川のほとりで出会った。アメリカの東岸からおよそ七二〇〇キロ、ソ連のスターリングラードから二二〇〇キロ離れた地点で、両軍がついに合流したのだ。兵士たちは大いに盛り上がった。食べ物がたっぷり振舞われ、酒もなみなみと注がれた。シャンパン、ウォッカ、コニャック、ワイン、ビール、スコッチ。このときのことをレオ・カシンスキー上等兵は「人生で最高のひとときだった」と語っている。「ソ連はすばらしい食事をだしてくれたし、六〇杯も酒を飲みまくった。ブルックリンの奴らだって驚くほどの飲みっぷりだったよ[117]」。《ニューヨーク・タイムズ》紙は、このできごとを次のように報じている。「乾杯と歌声、それに希望の言葉が響き渡り、アメリカとロシアとイギリスは永続的な平和のために力を合わせることを誓いあった[118]」。

そして一九四五年五月七日、ドイツ軍がついに無条件降伏。ヒトラーと妻のエヴァ・ブラウンは、その一週間前に地下壕のなかで自殺していた。あるアメリカの外交官が、ソ連の人々の圧倒的な喜びようを記録している。人々はモスクワのアメリカ大使館の前に集まり、「ルーズベルト万歳！」と口々に叫んだ。[119]赤の広場でおこなわれたスターリンの演説には、二〇〇万から三〇〇万人もの人が押し寄せたという。

ソ連がドイツとの戦闘で払った多大な犠牲のことを知ると、アメリカ人のソ連に対する仲間意識はふたたび強まった。六月の《ニューヨーク・タイムズ》紙に掲載されたC・L・サルズバーガーの文章は、ソ連に対する同情の念にあふれている。「その悲しみと苦しみ、痛みと不幸、勤労を美徳とする国において無駄に費やされた労力、そうした損失は計り知れないものである。その損失の大きさたるや、ほぼ無傷のアメリカ人には到底知りえないものだ。傷ついたイギリス人でも正しく把握することは無理である。おそらくはロシア人自身にも、完全には把握しきれないのではなかろうか」。サルズバーガーは、ソ連の人々の受けた傷が長く残ることも見抜いていた。「この甚大なる苦しみとかつてないほどの損害は、ソ連の人々や土地に消えない傷跡を残すだけでなく、将来にわたる意思決定や政策、そして人々の心理的な傾向にまで影響を与えるであろう」。その結果、ソ連は東ヨーロッパに「確実な味方」を求めるようになるだろうと彼は言う。ドイツの軍事力を永久に取り除くことを求め、さらに自国の安全のために、国境を接する中央・東アジアの諸国を味方につけていくはずだ。サルズバーガーはソ連の人々が「よりよい暮らし」を切望する一方で、戦争によって損なわれた安心感を取り戻すためなら、物質的な満足を犠牲にすることも厭わないだろうと分析している。[120]

困窮するソ連に対する寄付活動も盛んになった。《ワシントン・ポスト》紙の新年号は、祝賀ムー

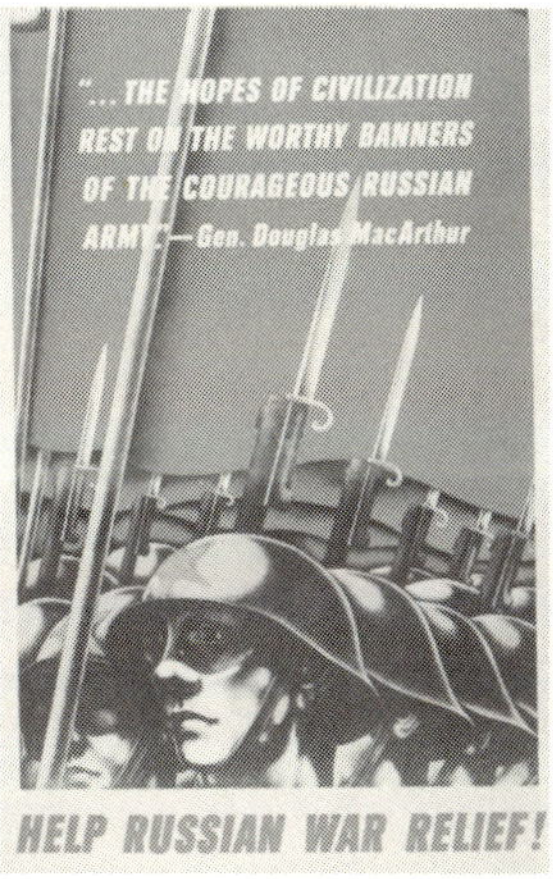


アメリカではソ連に対する戦後支援活動が盛んになり、市民から多くの支援が送られた。

ドのアメリカ人に対し、ソ連の子どもたちに思いを馳せようと呼びかけた。「われわれの幸運の一部を彼らに分け与え」ることで、「ロシア人に対する連帯感」を形にしようという呼びかけだ。[121] ベス・トルーマン大統領夫人も、こうした動きに参加した。七月に彼女は「ソ連復興支援のための古典文学コレクション」という活動の名誉会長となり、ナチスに本を焼かれてしまったロシア人のために、一〇〇万冊の本を贈ろうと全米に呼びかけた。集められた本にはすべてソ連とアメリカの国旗が貼られ、「アメリカより、勇敢なるソ連の人々へ」という献辞が記された。[122]

ソ連の兵士および市民の勇気と寛大さについて、数多くのストーリーが語られ始めた。《ワシントン・ポスト》紙は、ノルマンディー上陸作戦のときにパラシュート部隊のアーネスト・M・グルーエンバーグ大尉が経験したストーリーを詳しく紹介している。捕虜収容所から脱出したグルーエンバーグは、ほかのアメリカ人将校二人とともに、わずか一四日間でモスクワにたどり着いた。グルーエンバーグはそのときのことをこう語っている。「ほとんど歩く必要はなかった。トラックや電車がつねに乗せてくれたうえ、誰も切符や金を要求しようとはしなかった。アメリカ人にはどこまでも親切にしようという態度であった。どこへ行っても人々はわれわれを受け入れてくれた。トラックの荷台に乗ったりもしたが、モスクワへ入るときにはロシア人将校のための専用車をわざわざ用意してくれた。もちろんそれも無料だ」。ソ連とポーランドの人々は、わずかしかない食料を気前よく分け与えてくれた。そのおかげで、グルーエンバーグは捕虜収容所で失った一〇キロの体重を取り戻したという。[123]

このようにソ連に対する仲間意識が高まるなか、戦後の対ソ関係についても楽観的な見方が広まってきた。三月の世論調査では、アメリカ人の五五パーセントが、戦後のソ連との協力関係に期待を抱いているという結果になった(124)。

## 残酷な現実——ソ連兵の怒りと蛮行

トルーマンの助言者の多くは、ソ連が支配下に置いた国々に共産主義体制を広げてくるだろうと考えていた。だがスターリンのほうは、すぐに大きな変化を起こそうとは考えていなかった。スターリンは、共産主義がほとんどの国において少数派であることに気づいていた。反ナチスの抵抗運動を率いていた存在であるにもかかわらず、共産主義が大多数の人々の気持ちを獲得することはなかったのだ。ポーランドに共産主義を根付かせるのは、乳牛の背に鞍をつけるようなものだ、とスターリンは語っている(125)。

ソ連軍の兵士たちは、占領下のドイツ人と険悪な関係に陥っていた。ドイツ軍がもたらした破壊と混乱と屈辱を耐え忍んできた彼らは、占領下のドイツ人たちに怒りの矛先を向けた。とくに大きな代償を払わされたのは、ドイツの女性たちだ。ほんの二〜三週間のうちに、一〇万人を超える女性がレイプ被害で病院に駆け込んでいる。

こうしたソ連軍の行為は度を越しているし、どう考えても許されるものではない。ただしそれは、ハリマンの言う「野蛮な侵略」のひとことで済ませられるような話でもなかった。ソ連軍の兵士たちは、ソ連国内におけるドイツ軍の残虐行為をたっぷりと目にしていた。それだけでなく、マイダネクやソビボル、トレブリンカ、アウシュヴィッツなどの強制収容所を制圧していく過程で、あまりにも残酷な光景を日々見せつけられていた。従軍記者のアレクサンダー・ワースは、それを次のように書き記している。「西へ進軍する赤軍兵士たちの耳には、日々恐怖と屈辱と追放の物語が飛び込んできた。彼らは破壊された都市を見た。無惨に殺され、あるいは餓死していったロシア人捕虜たちの共同墓地を見た。……ロシア人兵士たちの心のなかで、ヒトラーやヒムラー、人種差別主義、想像を絶するほどのサディズムといったナチスドイツのイメージは、恐ろしいほどリアルな形をとっていったのである」(126)。また兵士たち自身の証言も残っている。V・レトニコフは一九四五年、妻に対して次のように語った。

昨日は一二万人を収容していた強制収容所を視察した。収容所の周囲には高さ二メートルの柱が立ち並び、電流を流した柵が張り巡らされている。さらに地雷もそこらじゅうに埋まっている。五〇メートルごとに監視塔が置かれていた。マシンガンで武装した護衛がそこから囚人に目を光らせるのだ。囚人バラックからほど近いところには火葬場があった。ドイツ人がここでどれほど多くの死体を焼いたか想像できるか？　爆破された火葬場の脇には、大量の人骨と靴が何メートルも積み上がっていた。子どもの靴もあった。ぞっとする光景だ。言葉を失う(127)。

ソ連の新聞はドイツ軍の残虐行為を克明に描写し、兵士たちは当然その新聞を読んでいた。ドイツの土を踏むころには、ソ連兵たちの怒りはまさに爆発寸前だった。スターリンはそれを許すでもなく咎《とが》めるでもなく、ただ彼らの行動を静観していた。

## 歩みよる米ソ

ソ連は占領下の国にいきなり共産主義を押しつけることはせず、むしろ東西ヨーロッパ諸国が革命的な変化に向かう動きを抑制し、もっとゆるやかな民主的連帯へ向かうよう呼びかけた。スターリンは世界を変える革命家というよりも、自国の利益を重視するナショナリストだった。だから何よりもまず、ソ連の国益のことを第一に考えていた。戦後の復興のためにはアメリカの経済的支援が必要だし、ドイツの力を押さえ込んでおくためには連合国の協力が必要だ。とくにドイツ軍の動きは、今でもソ連にとって大きな脅威でありつづけていた。もしもアメリカやイギリスとの関係が悪化すれば、ソ連の安全を保つことが難しくなる。だからスターリンは、解放した諸国にソ連寄りの政府を置いたけれども、共産主義体制を押しつけることはしなかった。彼はそれらの国の共産主義者に対し、ソ連と同じような共産主義体制をとるのではなく、「民主主義や議会共和制、立憲君主制など」その国に合った政治体制のもとで社会主義をめざすように呼びかけた[128]。

一方でトルーマンも、以前より融和的な態度をとるようになっていた。デイヴィスに話を聞き、またハリー・ホプキンスやヘンリー・ウォレス商務長官と話したあとで考えを改めたトルーマンは、ソ連との関係を改善する方向に動き始めた。イギリスはソ連から譲歩を引きだすまでヨーロッパに軍を駐留させるように圧力をかけてきたが、アメリカ側はこれに屈しなかった。トルーマンはソ連がヤルタ協定を破っているという考えを改め、スターリンの解釈のほうが自分よりも本質を捉えていると考えるようになった（彼にヤルタ協定の解釈を吹き込んだバーンズは、自分が最終合意の場におらず、その他多くの重要な会談に参加していなかったことを認めた）。トルーマンはまた、ルーズベルトがソ連の東ヨーロッパ支配を認めていたことを知った。ポーランド政府を一新しなければならないという主張も、根拠のないものだった。

一九四五年五月末、トルーマンはハリー・ホプキンスをソ連へ派遣し、スターリンと会談させた。その結果、米ソはポーランドについて、ユーゴスラビアと同様の形をとることで合意。内閣再編については、亡命政府の前首相、スタニスワフ・ミコワイチクを臨時政府の副首相として迎えるほか、三人の非共産党員を閣僚に含めることになった。そのほかの一七人は、共産党員およびその支持者だ。そしてトルーマンはマスコミに対し、この協定はソ連側の「すばらしい譲歩」の結果であると説明した。そしてそのおかげで、米ソの関係には明るい未来が待っているだろうと語った。[129]

七月にトルーマンがポツダム会談に向けて旅立つころには、二カ月前とは比べ物にならないレベルでソ連との関係が改善され、戦後の協力関係についても楽観的な見方が広がっていた。ただし、懐疑的な意見がなかったわけではない。

《ライフ》誌は一九四五年七月（スターリンが英雄として表紙を飾ってからほんの二年後）、次のような厳しい意見を載せた。「ロシアはアメリカが抱える最大の問題である。なぜならロシアは世界で唯一、われわれにとっての真実や正義や幸福といった概念を揺るがしうる力を持った国だからだ」。[130]

ポツダム会談は一見なごやかに進んだが、結果的には長期的な協力関係の妨げとなっていった。原爆の実験成功の知らせを聞いたトルーマンは、ソ連の協力がなくてもアメリカがうまくやっていけることを確信した。彼のそうした心境の変化は、スターリンに対する態度にもしっかりと表れていた。

重巡洋艦オーガスタに乗ってポツダムから戻る途中、トルーマンは数人の将校を前に、ソ連と対立したところで問題はないと語った。

「なぜならアメリカはいまや、まったく新しい種類の武器を手に入れたからだ。この強力な新兵器さえあれば、ソ連などわれわれには必要ない。もはやどこの国にも頼る必要はないのだ(131)」。

# 第4章　原子爆弾――凡人の悲劇

## 歴史の流れを変えた発明

広島への原爆投下の一報を聞いたとき、若き日のポール・ファッセル少尉はヨーロッパから太平洋方面へ転属される直前だった。一九八八年、ある雑誌に寄せた「原爆のおかげで」と題する記事に彼は書いている。「僕たちはうわべこそ毅然としていたが、心の中では安堵と歓喜の声を上げていた。僕たちは生きられる、生きて大人になれるんだってね(1)」。

第二次世界大戦末期、アメリカが不本意ながらも日本に原爆を落としたのは、日本に侵攻すれば死ぬことになる、何十万人というファッセルのような若者の命を救うためだった、とアメリカ国民は一貫して教えられてきた。しかし事実はもっと複雑であり、はるかに人の心に重くのしかかる。

ナチス殲滅《せんめつ》が第一と考えるアメリカは、軍の主力をヨーロッパ戦線に送り込んでいた。ルーズベルトがヨーロッパ重視を唱えていたからだった。彼は「太平洋に兵力を集中させることには反対していた」。日本を下してもドイツは倒せないが、ドイツを叩き伏せれば「おそらく一個の弾丸を撃つことも、一人の兵を失うこともなく」[2]日本を倒せるというのが彼の考えだった。

大戦初期には、真珠湾奇襲後も日本が攻勢をかけていた。しかし一九四二年六月にミッドウェー海戦で大勝を収めて以来、アメリカは飛び石作戦を三年以上にわたって進めていた。日本軍の応戦は熾烈をきわめ、アメリカ軍は多大な犠牲を払わねば戦果を得られなかった。そんなアメリカ軍にとって、自国の製造産業は強力な後ろ盾となった。一九四三年までには、アメリカにおける航空機生産は年間およそ一〇万機のレベルに達しており、この数字は日本が第二次世界大戦を通じて生産した七万機をはるかに凌ぐ。日本が大戦をとおして太平洋戦線に配備した航空母艦は二五隻にとどまったのに対して、アメリカは一九四四年夏までに一〇〇隻近く配備した。

大戦では科学も重要な役割を果たした。レーダーと近接信管の開発は連合国勝利に貢献している。しかし歴史の流れを変えたのはなんと言っても原子爆弾の開発だった。

当時すでにSF作家や科学者は、原子力の平和利用と軍事利用の可能性を探り始めて久しかった。一八九六年を皮切りに、アンリ・ベクレル、マリーとピエールのキュリー夫妻、フレデリック・ソディ、アーネスト・ラザフォードが一連の科学的発見をなし、人々の目は放射能に向けられていた。二〇世紀はじめ、ラザフォードやソディなどが物質に閉じ込められた莫大なエネルギー、そして全世界がそれによって絶滅する可能性を指摘し、人類の未来を危惧する声が高まった。けれども、これらの科学者や他の人々は、核エネルギーの有効利用とユートピア誕生を夢見てもいた。

原子力による新たな「エデンの園」の創造を心待ちにするうち、大衆はラジウムなどの放射性物質がもつとされる治癒力に心を奪われるようになった。そうした効果を挙げる人々は、彼らの製品が禿頭からリューマチ、消化不良、高血圧にいたるあらゆる病気を治癒すると主張した。あるリストには放射性物質を含む特許取得ずみの医薬品が八〇種挙げられており、それらは錠剤、入浴剤、塗布剤、坐薬、チョコレートキャンディといった形で吸引、注射、服用することによって摂取できるとあった。ウィリアム・ベイリーという人物は、ニュージャージー州イーストオレンジにベイリー・ラジウム研究所を設立し、そこでつくられる医薬品は腹部膨満から性欲減退までなんでも治癒すると宣伝した。なかでも「レイディオエンドクリネーター」という製品は、首に巻くと甲状腺が若返り、胴に巻きつけると副腎や卵巣が刺激され、専用のサポーターを用いて陰嚢の下にあてると精力が増すとの触れ込みだった。ベイリーの商売は繁盛し、なかでも「レイディトー」という液状の医薬品はたいそうな売れ行きだった。この薬の最も悲惨で注目すべき被害者は、ピッツバーグの裕福な製造業者でプレイボーイのエベニーザー・バイヤーズという男だった。バイヤーズが腕を負傷したとき、主治医がレイディトーの服用を勧めたことから、バイヤーズは一九二七年一二月から毎日レイディトーを数本飲むようになった。バイヤーズによると、この薬は腕の傷に効いただけでなく、かつてないほどの活力と精力を与えてくれたという。これは媚薬だと信じ込んだバイヤーズは、女友だちにも強く勧めた。彼自身も一九三一年までには合計一〇〇〇本から一五〇〇本飲んでおり、体の具合がおかしくなり始めた。体重が減り、ひどい頭痛を訴え、歯が抜けた。医師は彼の体が徐々に壊死していると診断した。上顎全体と下顎の大半が溶け去り、頭蓋骨にはいくつも穴が開いていた。やがて彼は放射能中毒により急死した。(3)

1914年、H・G・ウェルズは核戦争に材をとった初の小説『解放された世界』を書いた。この中でウェルズは、ドイツとオーストリアが手を組んでイギリス、フランス、アメリカとの核戦争に突入し、「原子爆弾の絶えざる深紅の焔」が200以上の都市を焼き尽くすだろうと予言した。彼はのちに自身の墓碑銘を「それ見ろ、だから言ったんだ」にすると決めている。

## 核エネルギーへの危惧——アインシュタインの後悔

核エネルギーがディストピアをもたらすと警告した人は多く、なかでもH・G・ウェルズは核戦争に材をとった初の小説『解放された世界』を一九一四年に書いた。このなかでウェルズは、ドイツとオーストリアが手を組んでイギリス、フランス、アメリカとの核戦争に突入し、「原子爆弾の絶えざる深紅の焔《ほのお》」が二〇〇以上の都市を焼き尽くすだろうと予言した。[4] 彼はのちに自身の墓碑銘を「それ見ろ、だから言ったんだ」にすると決めている。

優秀だが一風変わったハンガリー人物理学者レオ・シラードは、ウェルズの小説に影響を受けた。ナチスがハンガリーを掌握すると、シラードは即座に国を離れ、核エネルギー利用の可能性について詳細に考察した。彼はラ

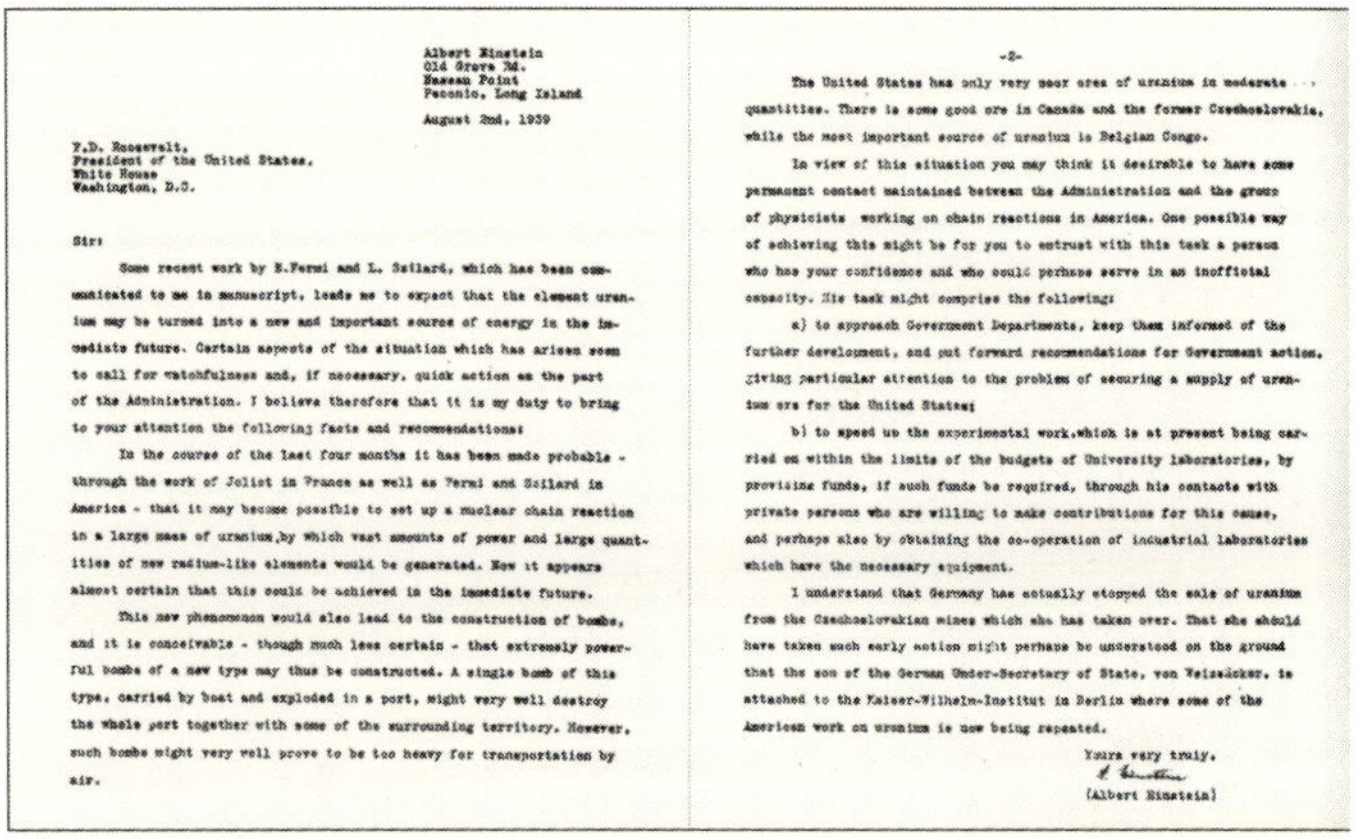

Albert Einstein
Old Grove Rd.
Nassau Point
Peconic, Long Island

August 2nd, 1939

F.D. Roosevelt,
President of the United States,
White House
Washington, D.C.

Sir:

Some recent work by E.Fermi and L. Szilard, which has been communicated to me in manuscript, leads me to expect that the element uranium may be turned into a new and important source of energy in the immediate future. Certain aspects of the situation which has arisen seem to call for watchfulness and, if necessary, quick action on the part of the Administration. I believe therefore that it is my duty to bring to your attention the following facts and recommendations:

In the course of the last four months it has been made probable - through the work of Joliot in France as well as Fermi and Szilard in America - that it may become possible to set up a nuclear chain reaction in a large mass of uranium, by which vast amounts of power and large quantities of new radium-like elements would be generated. Now it appears almost certain that this could be achieved in the immediate future.

This new phenomenon would also lead to the construction of bombs, and it is conceivable - though much less certain - that extremely powerful bombs of a new type may thus be constructed. A single bomb of this type, carried by boat and exploded in a port, might very well destroy the whole port together with some of the surrounding territory. However, such bombs might very well prove to be too heavy for transportation by air.

-2-

The United States has only very poor ores of uranium in moderate quantities. There is some good ore in Canada and the former Czechoslovakia, while the most important source of uranium is Belgian Congo.

In view of this situation you may think it desirable to have some permanent contact maintained between the Administration and the group of physicists working on chain reactions in America. One possible way of achieving this might be for you to entrust with this task a person who has your confidence and who could perhaps serve in an inofficial capacity. His task might comprise the following:

a) to approach Government Departments, keep them informed of the further development, and put forward recommendations for Government action, giving particular attention to the problem of securing a supply of uranium ore for the United States;

b) to speed up the experimental work, which is at present being carried on within the limits of the budgets of University laboratories, by providing funds, if such funds be required, through his contacts with private persons who are willing to make contributions for this cause, and perhaps also by obtaining the co-operation of industrial laboratories which have the necessary equipment.

I understand that Germany has actually stopped the sale of uranium from the Czechoslovakian mines which she has taken over. That she should have taken such early action might perhaps be understood on the ground that the son of the German Under-Secretary of State, von Weizsäcker, is attached to the Kaiser-Wilhelm-Institut in Berlin where some of the American work on uranium is now being repeated.

Yours very truly,
(Albert Einstein)

アメリカの原爆開発計画推進を要請するため、アインシュタインがルーズベルト大統領に書いた３通の書簡のうちの１通。アインシュタインは後日この行為を後悔し、化学者のライナス・ポーリングに、「私は生涯で大きな過ちを１つ犯しているが、それは原爆を開発するようルーズベルト大統領に進言する書簡を書いたことだ」と認めた。

ザフォードと意見を交わそうと試みたものの、ラザフォードはシラードの話を「単なるたわごと」と片づけ、シラードを研究室から放り出した[5]。これに臆することなく、シラードは核分裂の連鎖反応にかかわる特許を一九三四年に取得したが、その中で連鎖反応を起こす見込みのある物質としてウランではなくベリリウムが挙げられている。

一九三八年一二月、二人のドイツ人物理学者（訳注　オットー・ハーンとフリッツ・シュトラスマンを指す）がウランの原子核分裂を発見し、原子爆弾の開発が理論的に可能であることを示して科学界を驚愕に陥れた。アメリカの科学者でこの発見の危険性をいちばん憂慮したのは、ナチス占領下のヨーロッパ諸国から逃れてきた人々で、彼らはヒトラーがそうした兵器を手にした場合の結果を恐れていた。ヨーロッパから亡命してきたこれらの科学者は、アメリカも抑止力として原爆を開発すべきであると説いたが、アメリカ政府は関心を示さなかった。一九三九年七月、打つ手に窮したシラードと同胞のハンガリー人物理学者ユージン・ウィグナーが、当時世界に名声を轟かせていたアルバート・アインシュタインの助力を仰いだところ、アインシュタインはアメリカの原爆開発計画推進を要請する書簡をルーズベルト大統領に書くことに同意した。アインシュタインは後日この行為を後悔し、化学者のライナス・ポーリングに、「私は生涯で大きな過ちを一つ犯しているが、それは原爆を開発するようルーズベルト大統領に進言する書簡を書いたことだ」[6]と認めた。じつは彼は同趣旨の書簡を大統領に宛てて三通したためている。

科学者たちの憂慮は正しいものだったが、事態のすべてを見通していたわけではなかった。ドイツが原爆開発計画を開始したのは事実である。ところが、大戦終盤になるまでアメリカ人には知られていなかったのだが、ドイツは初期の段階でこの計画を断念し、ただちに実現可能なV1およびV2ロケットなどに切り換えていた。ヒトラーとナチスの軍需相、アルベルト・シュペーアは、現在進行中の戦争に使用できないかもしれない兵器の開発に人的・物的資源を割くことにはまったく興味がなかった。

## 先走りするテラー、恐怖するオッペンハイマー

ルーズベルトの努力にもかかわらず、アメリカの原爆開発は遅々として進まなかった。当時は原子爆弾一個につき純ウランが五〇〇トン必要である――これほど大量のウランが必要とあらば、計画が頓挫しても無理はない――という誤った説があり、アメリカでの研究は、これを覆すイギリスのモー

ドレポートをアメリカ政府が正式に受け取る一九四一年秋まで棚上げにされていた。実際、当時の大統領科学顧問ジェームズ・コナントは、計画に膨大な資源をつぎ込むのは賢明でないと考えた。ノーベル賞受賞者である物理学者アーサー・ホリー・コンプトンは、一九四一年夏までには「政府関係者は……戦争計画から核分裂研究を外す決定を下す寸前だった」[7]と報告している。しかし新たに計算が行なわれ、原爆一個当たり五から一〇キログラムの純ウランがあれば足り、二年以内に原子爆弾をつくることができると判明した。

この新たな報告書を入手したもう一人の大統領科学顧問ヴァネヴァー・ブッシュは、一〇月九日にルーズベルトとヘンリー・ウォレス副大統領に会っている。新しい情報にもとづき、ルーズベルトはブッシュが要請した人的・物的資源の充当を承認した。

ブッシュは原子爆弾の設計をコンプトンに委ねた。これを受けてコンプトンはシカゴ大学に冶金研究所を設立した。その目的は原子炉内で自己持続型の連鎖反応を起こすことにあった。コンプトンは、才気とカリスマ性に満ちた理論物理学者J・ロバート・オッペンハイマーに、優秀な理論家を招いて多数の重要な問題に取り組むよう依頼した。オッペンハイマーが「この道の権威」と呼んだ人々の中にエドワード・テラーとハンス・ベーテが含まれており、二人は一九四二年夏に目的地のバークレーへと西に向かう列車で客室をともにした。テラーは自身の本心を打ち明けた。ベーテはそのときのことをこう語っている。「核分裂爆弾（訳注　核分裂を利用する原子爆弾のこと）は悪くない考えだが、それはもう完成したも同然だとテラーは言った。実際には、研究はまだ始まってもいなかった。テラーは先走りするタイプでね。重水素を核分裂爆弾によって起爆すること、つまり、核融合爆弾（訳注　核融合を利用する水素爆弾のこと）の開発を検討すべきだというんだ」[8]。テラーは核融合爆弾にしか興味がなく、仲間の科学者たちは彼にまず解決すべき問題、つまり、原子爆弾の開発に目を向けさせるのに苦労した。こうした次第で、計画が緒についたほぼその瞬間から、主要な科学者たちは計画の最終目的が、人類がもつ破壊能力を数倍に増やす原子爆弾ではなく、地球上の生命体すべてにとって脅威となる水素爆弾であることを認識していたのだ。

## 連鎖反応の成功――「人類史に刻まれた暗黒の日」

その夏、科学者たちはすさまじい恐怖を体験し、計画の中止を余儀なくされた。議論を重ねるうち、原子爆弾の爆発によって海水中の水素や大気中の窒素に火がつき、地球全体が火の玉に変わるかもしれないことに突如として気づいたのだ。オッペンハイマーと物理学者のアーネスト・ローレンスにかんする著作で、N・ファール・デイヴィスはその場を圧倒した絶望的な恐怖について書いている。「オッペンハイマーは驚愕した表情を顔に浮かべて黒板をにらみ、テラーをはじめとする他の科学者も順に同じ表情を顔に浮かべた……テラーは核分裂爆弾が放出する熱を正しく計算していた。オッペンハイマーは重水素を入れる容器の有無にかかわらず、放出された熱によって地球全体の大気が燃え盛ると考えた。会議に出席していた誰一人として彼が誤っていると証明できなかった」[9]。オッペンハイマーはコンプトンと協議するため東部に急行した。コンプトンの自伝『原子の探究』によると、彼とオッペンハイマーは「自分たちが開発中の原子爆弾が大気や海を爆発させることはないという絶対に確実な結論が出ないかぎり、これらの爆弾をつくるべきではない」と考えた。コンプトンは「人類

1942年12月2日、シカゴ大学冶金研究所の科学者たちが初の自己持続型の核分裂連鎖反応を起こしたときの様子を描いた絵画。科学者たちが紙コップに注いだキャンティワインで乾杯し、エンリコ・フェルミの功をたたえるなか、シラードとフェルミは原子炉の前で握手を交わした。けれどもシラードはその瞬間のほろ苦さを承知していて、今日という日が人類史に暗黒の日として刻まれるだろうとフェルミに警告した。

絶滅の張本人になる危険を冒すくらいならナチスの奴隷になったほうがよほどましだ！」[10]と述べている。バークレーに戻ったベーテはさらに計算を重ね、テラーが放射線による熱吸収を考慮していなかったことを発見した。この熱を加味すると、地球が火の玉になる確率は一〇〇万分の三にまで減少した。彼らはそれくらいの危険なら冒してもよかろうと考えた。

一九四二年一二月二日、冶金研究所の科学者たちが自己持続型の核分裂連鎖反応を起こすことにはじめて成功した。安全策は講じられていなかったのだから、シカゴの町が爆発しなかったのは幸運というほかはない。科学者たちが紙コップに注いだキャンティワインで乾杯し、イタリアから亡命してきたエンリコ・フェルミの功をたたえるなか、シラードとフェルミは原子炉の前で握手を交わした。けれどもシラードはその瞬間のほろ苦さを承知していて、一二月二日は「人類史に暗黒の日として刻まれるだろう」とフェルミに警告した(11)。彼は正しかった。

## グローヴスとオッペンハイマー——好対照な二人の指導者

ここまで足踏みしたとはいえ、アメリカは一九四二年末にレスリー・グローヴス准将監督のもと、破壊計画——マンハッタン計画——をようやく始動させた。ニューメキシコ州の美しいサングレ・デ・クリスト山脈に抱かれたロスアラモスに、計画のために研究所が創設され、グローヴスはスタッフを選任、指揮する仕事をオッペンハイマーに委ねた。おおかたの傍観者の目には、グローヴスとオッペンハイマーの組み合わせは最悪に思われた。両者はあらゆる点で正反対だったのだ。オッペンハイマーは六フィート（一八〇センチメートル）を超える長身ながら、計画当初で一二八ポンド（約五八キログラム）、計画終盤では一一五ポンド（約五二キログラム）という体重だったが、グローヴスはひょろりとしたオッペンハイマーの二倍以上の体重があった。グローヴスが貧しい家柄の出身である一方、オッペンハイマーは裕福な家柄の出身だった。二人は信仰、食べ物の嗜好、喫煙や飲酒の習慣、ことに思想的に異なっていた。グローヴスが筋金入りの保守派であるのに対し、オッペンハイマーは生粋の左派で、彼の学生、友人、身内の大半は共産主義だった。オッペンハイマーは西海岸のあらゆる共産党戦線に属していることを隠そうともしなかったし、あるときなどは、スペインの共和国軍を支持しようと共産党に月給の一〇パーセントを寄付したほどだ。

オッペンハイマーとグローヴスは気性においても対照的だった。オッペンハイマーは知人の大半に敬愛されていたが、グローヴスは誰からも嫌われていた。グローヴスの補佐だったケネス・ニコルス

トリニティ実験の爆心地に立つグローヴスとオッペンハイマー。マンハッタン計画を率いた２人はあらゆる点で正反対だった――信仰、食べ物の嗜好、喫煙や飲酒の習慣、ことに思想的に異なっていた。両者は気性においても対照的だった。オッペンハイマーは知人の大半に敬愛されていたが、グローヴスは誰からも嫌われていた。しかし、グローヴスの粗野で、傲慢で、頑迷な性格は、仲間を発奮させ最大の成果を引き出すオッペンハイマーの能力とうまく嚙み合い、計画を完遂に導いた。

中佐は、自分の上官は「私が仕えたなかで最悪の人間だった」と言ってはばからなかった。中佐によると、グローヴスは「難題をふっかけるし」、「何事にも難癖をつけ」、「不愉快な皮肉屋で」、「恐ろしいほど頭が切れ」、「彼が知るなかで最も自分勝手な男」だったという。ニコルスは自分は「あいつを毛嫌いしていたし、ほかの人もみなそうだった[12]」と認めている。しかし実際には、グローヴスの粗野で、傲慢で、頑迷な性格は、仲間を発奮させ最大の成果を引き出すオッペンハイマーの能力とうまく嚙み合い、計画を完遂に導いた。

とはいえ、科学者と軍人のあいだに保安措置等にかかわる衝突が生じなかったというわけではない。オッペンハイマーは可能なかぎり科学者のために軍に口出しし、息の詰まるような軍の支配を和らげる工夫をした。友人に「オッピー」として親しまれたオッペンハイマーは、自分の考えを通すのにユーモアを駆使することもあった。あるときグローヴスが、オッペンハイマー愛用のポークパイハットは目立ちすぎるから被《かぶ》るのを止めるよう注意した。グローヴスが次にオッペンハイマーの部屋に入ると、オッペンハイマーは北米先住民のような派手な羽根飾りを頭につけ、戦争終結までこれを被るつもりだと言ってのけた。結局はグローヴスが折れた。

### 一九四四年――ルーズベルト、四期めの大統領候補に

原爆開発計画が着々と進むにつれ、太平洋戦線の戦況も連合国有利に運んだ。一九四四年までには、アメリカは日本軍に占領されていた地域を次々に取り戻し、最終的には日本本土を爆撃機の飛行範囲に収められるまで進軍した。一九四四年七月、のちに国務長官に就任し、ノーベル平和賞を受賞することになるジョージ・マーシャル元帥指揮のもと、合同参謀本部は太平洋戦争に勝利するために二段階戦略を採用した。まず空路と海路を封鎖して日本を孤立に追い込むとともに、本土を「集中的に空爆」[13]し、しかるのちに軍隊が弱体化し、士気の落ちた日本に侵攻するという寸法だった。

一九四四年六月、ヨーロッパでも太平洋でも戦局は連合国優勢に傾き、チャーチルとルーズベルトは長らくその実現が待たれていた第二戦線を開くことを決意し、フランスのノルマンディー海岸に一〇万人の兵士を上陸させた。ソ連軍の侵攻によって退却してきたドイツ軍は、いまやまさに両戦線での戦いを強いられたのである。

七月九日、アメリカ軍はサイパン島を制圧した。犠牲者は膨大な数に上った。日本側では、三万人の兵士と二万二〇〇〇人の民間人が戦死または自死した。アメリカ軍は約一カ月の戦闘で約三〇〇〇

人の戦死者と一万人以上の負傷者を出し、これらの数字は太平洋戦線で過去最大となった。日本の指導者の大半にとって、この無残な敗北は軍事的勝利など望むべくもないという決定的な証拠だった。七月一八日、東條英機《とうじょうひでき》首相と彼の内閣は辞職した。

翌日、日本で東條英機の辞職が一般に知れ渡るころ、アメリカでは民主党全国大会がシカゴで開催された。フランクリン・D・ルーズベルトは、過去に前例を見ぬ四期めの大統領候補にあっさりと指名された。真の闘いは副大統領の席をめぐるものだった。ヘンリー・ウォレスは、アメリカとソ連が手を携えて進める世界規模の「人民改革」(14)を唱え、労働組合、婦人、アフリカ系アメリカ人、ヨーロッパ諸国の植民地主義の犠牲者を擁護したために党内保守派の怒りを買っていた。対抗勢力には、ウォール街の銀行家、労働組合を敵視する実業家、南部の人種差別主義者、イギリスやフランスの植民地主義者などがいた。

## 圧倒的な人気を誇るウォレス副大統領候補

ニューヨークにあるイギリス安全保障調整局のウィリアム・スティーブンソン長官は、英国空軍（RAF）中尉でのちに作家となるロアルド・ダールがワシントンDC駐在になると、彼にウォレスの動きを監視させた。一九四四年、ダールはウォレスが書いた「太平洋におけるアメリカの役目」と題する未公表の小論文の草稿を入手した。その内容は「髪の毛が逆立つようなものだった」という。ウォレスは、英国領インド、マレーシア、ビルマ、フランス領インドネシア、オランダ領東インド、その他太平洋上の小さな島々の「植民地人の解放」を主張していたのだ。ダールはこの小論文の原稿をウォレスの友人宅からひそかに持ち出し、イギリス高官に急ぎ送り届け、写しをイギリスの諜報機関とチャーチルに配布するよう手配した。ダールは「私はあとで聞かされたのだが、チャーチルは自分が目にしたものを到底信じられなかったそうだ」と述懐する。「イギリスの諜報機関や外交筋の人々も憤懣やる方ない様子だった」と日記に書きつけている。ウォレスは「イギリス政府はウォレス副大統領を譴責処分とし、彼と袂を分かつようルーズベルトに圧力をかけた。スティーブンソンは振り返る。「私はウォレスを危険人物と見なすようになり、一九四四年に行なわれる大統領選で副大統領の党公認候補にウォレスの名が挙がるようなことがあれば、イギリス政府が懸念を示すことをホワイトハウスがかならず認識するよう手だてを講じた」。ワシントンにおけるダールのおもな仕事はウォレスの動静を探ることにあり、二人はたびたび散歩やテニスにともに興じたものだが、ダールは彼の「友人」が「愛すべき男ではあっても、現実世界で生きていくにはあまりに世間知らずで頭でっかちだ」[15]と語ったという。

ウォレスがこれほどの脅威とされたのは、世間の大半がダールのこうした見方に賛同しなかったからにほかならない。一九四三年三月、ウォレスは四〇日かけて中南米七カ国の表敬訪問に出かけた。彼はスペイン語を操って聴衆を魅了した。最初に訪れたコスタリカでは、国民の一五パーセントに当たる六万五〇〇〇人が彼の話を聞きにきた。《ニューヨーク・タイムズ》紙は「ウォレス氏はコスタリカ史上最大の歓待を受けた」と書いた。しかし、これはほんの序の口にすぎなかった。チリでは彼を乗せた飛行機を三〇万人という市民が出迎えた。ファン・アントニオ・リオス大統領と手に手を組んでサンティアゴの市街地を歩いたときには、一〇〇万人を超える市民が彼に喝采した。ウォレスの話を聞こうと、定員を二万人超える一〇万人もの大衆がスタジアムに詰めかけた。クロード・バウアーズ大使はワシントンにこう報告している。「チリの歴史上、これほどの大興奮の渦と正真正銘の熱意で迎え入れられた外国人はいない……彼は気取らず、どんな人とも分け隔てなく接し、気軽に労働者の住居を訪ねた……彼が住居計画を検分したときには大衆はひどく感激し、正気を失ったかのように振舞った」。

## トルーマンはなぜ抜擢されたのか

エクアドルでは、ウォレスはグアヤキル大学で戦後の未来について感動を呼ぶ講演をした。「人民の解放のために今日流されている若者の血と労働者の汗が、明日の帝国主義と迫害につながるのであれば、この悲惨な戦争は無益だったことになる」と彼は述べた。「この血と汗の犠牲がふたたび少数の人々への富の集中——特権階級による富の独占と庶民の貧困——をもたらすのなら、民主主義は失敗に終わり、これほどの犠牲も水泡に帰すであろう」。リマでは二〇万人の市民が彼を歓迎した。この訪問は彼個人の勝利にとどまらず、見事な外交成果につながった。訪問後、中南米の一二カ国がドイツに宣戦布告し、二〇カ国がドイツとの外交関係を断った[16]。

ウォレスはアメリカ国内でも人気があった。彼が海外を表敬訪問しているあいだ、ルーズベルト大統領がふたたび立候補しない場合、主要な候補者四人のうち誰に投票するかについて、ギャラップ社が民主党選挙人に尋ねた。ウォレスが得た五七パーセントという数字は、次点候補者の二倍を超えていた[17]。

ウォレスがこうまでもてはやされた以上、対抗陣営はなんらかの手を打つことをいよいよ余儀なくされた。ルーズベルト大統領は健康が優れず、四期めをまっとうできるとも思えないと承知している民主党幹部は、ウォレスを党公認候補から外し、党内の保守派の言いなりになる人物と入れ換えることにした。一九四四年、これらの保守派は民主党出納官で石油成金のエドウィン・ポーレーにちなんで命名された「ポーレーの反逆」として党内に知られることになる茶番を演じた。(18)かつてポーレーは、自分が政治家になったのは、古い議員に賄賂を使うより、新しい議員を選出したほうが安くつくと気づいたからだとうそぶいたことがある。ポーレーと共謀したのは、ブロンクス区選出のエドワード・フリン、シカゴのエドワード・ケリー市長、ジャージーシティのフランク・ハーグ市長、郵政公社総裁で元民主党党首でもあるフランク・ウォーカー、民主党書記のジョージ・アレン、民主党全国委員長のロバート・ハニガンだった。

候補者リストを検討した結果、民主党幹部はウォレスに代えてミズーリ州選出の凡庸なハリー・トルーマン上院議員を選んだ。彼らがトルーマンに白羽の矢を立てたのは、その職責に見合う資質を彼に認めたからではなく、毒にも薬にもならぬ彼には敵と言えるほどの敵もおらず、もめごとを起こす心配もないという確信があったからだった。歴史の針路を大きく変えることになる決定を下すに当たり、彼らは来たるべき困難な時代にアメリカと世界を導くために必要とされる資質にいささかなりとも考慮したわけではなかった。こうしてトルーマンのキャリア大半と同様、彼の大統領就任は腐敗した党幹部の裏取引によって実現したのだった。

大統領職を辞する時点でのハリー・トルーマンの支持率はいたって低く、ジョージ・W・ブッシュ

ハリー・トルーマン（13歳のとき）は苛酷な幼少時代を過ごし、その生い立ちが彼の人格に大きな影を落としている。彼は粗野な父親の愛情を得ようともがき苦しんだ。ところが牛乳瓶の底のように厚いレンズの眼鏡をかけねばならず、他の少年と一緒にスポーツしたり、ふざけあったりできずに、いじめられた。彼自身は「じつを言うと、私は意気地なしだった」と振り返っている。

並みだったとはいえ、彼は現在では偉大な大統領として広く認められ、民主および共和両党からその威光をたたえられることが多い。かつて国家安全保障担当大統領補佐官および国務長官の職にあったコンドリーザ・ライスは、ジョージ・W・ブッシュに「ソ連について私が知っていることはすべて彼女から学んだ」と言わしめた人物だが、そのライスは《タイム》誌で二〇世紀で最も偉大な人物にトルーマンを挙げている[19]。歴史学者のなかにも同じ誤謬《ごびゅう》を犯す人がおり、なかでもデイヴィッド・マカルーはトルーマンを聖人扱いする伝記によってピュリッツァー賞を受賞している。

## トルーマンの人となり

素顔のハリー・トルーマンは、マカルーが伝記で描いた像を超えてはるかに興味深い。トルーマンは苛酷な幼少時代を過ごし、その生い立ちが彼の人格に大きな影を落としている。一家が所有するミズーリの農場で育った彼は、父親のジョン・「ピーナッツ」・トルーマンの愛情を得ようともがき苦しんだ。父親は五フィート四インチ（一六〇センチメートル）そこそこの身長ながら、自分より背丈の高い男を殴って自分のたくましさを見せつけるような人物だった。ジョンは息子たちにも同様の男らしさを求めた。ハリーの弟ヴィヴィアンにはその素質があることを父親は見抜いていた。ところがハリーは俗に「フラット・アイ」と呼ばれる遠視と診断され、牛乳瓶の底のように厚いレンズの眼鏡をかけねばならず、他の少年と一緒にスポーツしたり、ふざけあったりできなかった。本人の弁によると、「あまり乱暴な遊びをすると目玉が飛び出してしまうのではないかと怖かった。じつを言うと、私は意気地なし《シシー》だった(20)」という。彼は他の少年に「メガネ」や「シシー」と呼ばれていじめられ、放課後に家まで追いかけられた。さらに悪いことに、息を切らして震えながら家に帰ると、母親は、おまえは女の子に生まれるはずだったんだからいいのよ、と言って慰めた。彼は一九一二年の書簡で、ある出来事について綴っている。「この話はいささか女々しく聞こえないだろうか。しかし、母親によれば私は女の子のはずだったらしい。そう聞くととても腹が立つが、まったくの筋違いとも言い難い」。のちに彼は「シシー」と呼ばれた経験は少年時代の自分にとって「辛い」ものだったと述べている。そのために彼は孤独になり、劣等感に苛まれ、それを克服しようと苦闘した(21)。当然ながら、ジェンダー問題について長く悩まされることとなった。自分の女々しい部分や性質に言及したことも一度や二度ではない。ところが、のちの彼は自分が意気地なしではなく、スターリンを相手に自分が優位に立つことを証明したのだ。

## 凡庸な男の苦闘——派閥の傀儡に

経済問題もまた彼を苦しめた。彼は優秀な生徒で、歴史に深い興味を抱いていたとはいえ、家庭の事情で大学進学はかなわなかった。高校を出ると、しばらくはさまざまな仕事に就いてみたものの、やがて父親の農場に戻った。また三度にわたって起業に失敗しており、真の意味での成功を経験したのは、第一次世界大戦中にフランスで勇猛果敢なはたらきをしたときが最初だった。

最後に自身で立ち上げた洋品店は一九二二年に立ち行かなくなり、三八歳のトルーマンに残されたのは扶養すべき妻のみで、将来の見通しは暗かった。民主党幹部のトマス・ペンダーガストがジャクソン郡の判事候補にトルーマンを推したのは、彼がそんなどん底にあえいでいたときだった。選挙運動中、普段から頑迷で反ユダヤ主義のトルーマンはクー・クラックス・クランに一〇ドルの小切手を贈ったが、カトリック教徒を雇用しないという確約をしなかったためにメンバーにはなれなかった[22]。

トルーマンは一九二〇年代から三〇年代はじめにかけて悪名高いペンダーガスト派閥の忠実な一員だったが、これまでの人生で何も成し遂げていないという思いが脳裏を去ることはなかった。一九三三年、四九歳になる誕生日前夜、彼は「明日、私は四九歳になる。しかし、自分がこれまで成就したことを考えるなら、四〇という数字は余計なくらいだ[23]」と書いている。翌年、トルーマンが派閥政治にうんざりし、農場に戻ろうかと思案していたまさにそのとき、ペンダーガストが彼を上院議員候補に選び（彼の前に名の挙がった四人は立候補を断わっていた）、当選を工作した。トルーマンほど見込みのない男をなぜ選んだかと尋ねられると、ペンダーガストは答えた。「派閥という仕組みに油をよく行き渡らせれば、雑用係でも上院議員に仕立て上げられると実証したかったんでね[24]」。仲間の新上院議員から「ペンダーガストが送り込んだ上院議員」と嘲られ、たいていまともに取り合ってもら

ペンダーガストが連邦刑務所にいた1940年の改選では、トルーマンはルーズベルトの指名を得られず、セントルイスのハニガン＝ディックマン派閥の助力を得て僅差で当選を果たした。これでトルーマンは、２つの腐敗した都市派閥に借りをつくったことになる。

えなかったトルーマンは、ワシントンで人並みに扱ってもらうためには懸命に努力するほかなかった。彼は上院議員の二期めでようやくこの目的を果たしている。

だが二期めの選挙ではあやうく落選の憂き目に遭うところだった。ペンダーガストが連邦刑務所にいた一九四〇年の改選では、トルーマンはルーズベルトの指名を得られず、セントルイスのハニガン＝ディックマン派閥（訳注　セントルイスのバーナード・ディックマン市長と弁護士のロバート・ハニガンは大恐慌後の混乱に乗じて市政を私物化していた）の助力を得て僅差で当選を果たした。これでトルーマンは、二つの腐敗した都市派閥に借りをつくったことになる。一方、ルーズベルトは副大統領候補に高潔なウォレスを選ぶことに自身の政治生命を賭けていた。進歩的な考えをもつウォレスとともに歩むならば、困難が予想される未来を乗り切れるだろうと信じていたのだ。

## シカゴ民主党大会の隠謀——歴史の分水嶺

アメリカ国民は民主党幹部よりはるかに正確な判断を下した。シカゴで民主党全国大会が開催されていた一九四四年七月二〇日発表のギャラップ世論調査では、副大統領に誰を望むか尋ねられると、民主党選挙人候補の六五パーセントがヘンリー・ウォレスと答えている。サウスカロライナ州出身のジェームズ・バーンズはのちにトルーマンの冷戦論や原子爆弾投下の決定に多大な影響を与えることになる人物だが、このとき彼は三パーセントの支持しか得られず、南部ではウォレスに六対一と大きく水をあけられた。トルーマンは候補者八人中八位という有様で、調査によると支持率は二パーセントだった。しかし、疲れ果て、病を抱え、再選に派閥のボスに依存せざるを得ないルーズベルトは、一九四〇年のときのようにウォレス支持を掲げて闘う気力も体力もなかった。彼は自分が下院議員ならウォレスを選ぶと認めただけだった。

大会は民主党幹部によって牛耳られた。しかし、下っ端の民主党員は彼らに唯々諾々と従うわけではなく、会場で反乱を起こした。下院議員その他の参加者のあいだでウォレス支持の声が高まり、幹部が議事を掌握して腕力に物を言わせようとしても、ウォレス支持者は会場で大々的なデモを繰り広げて勝利まであと一歩に迫っていた。デモ騒ぎの中で、フロリダ州選出のクロード・ペッパー上院議員は、もし自分が今夜、党公認候補にウォレスの名を挙げれば、ウォレスが大会で勝利をさらっていくであろうと確信した。ペッパーが議員を掻き分けて、マイクにあと一五〇センチメートルほどまで近づいたとき、取り乱した様子のケリー市長が火災の恐れがあると主張し、議長のサミュエル・ジャクソンに休会を宣言させた。仮に、下院議員の意思に反して幹部が休会宣言する前に、ペッパーが残りの一五〇センチメートル進んでウォレスを推薦したなら、ウォレスは一九四五年に大統領になり、歴史は劇的に変わっていただろう。もしそうなっていれば、原爆投下も、核武装競争も、冷戦もなかったかもしれない。一度めの投票ではウォレスが他を大きく離して首位にあった。しかし、党幹部は会場への入場を制限し、必要な裏取引を行なった。三度めの投票でようやくトルーマンが勝利した。大使、郵便局長その他の職が約束された。現金も飛び交った。幹部たちは全州の委員長に電話をかけて密約が交わされたこと、ルーズベルトがミズーリの上院議員を副大統領候補に推す意向であることを伝えた。ルーズベルトのたっての希望により、ウォレスは商務長官として政権にとどまることに同意した。

翌日、ジャクソンはペッパーに謝罪した。「もし君が動議を出していたら、大会でヘンリー・ウォレスが指名されていただろう。私は昨夜、下院議員に副大統領候補を指名させるな、とハニガンから釘を刺されていた。だから、君の目の前で休会を宣言しなければならなかったのだ。わかってほしい」。ペッパーは自伝に書き残している。「私にわかっていたのは、よくも悪くも、その夜シカゴで歴史がひっくり返ったということだった[25]」。

## トルーマン、原爆開発の秘密を知らされる

そんななか、原爆開発計画は急速に進行していた。科学者たちはいまだにドイツに遅れを取ることを懸念し、ウランとプルトニウムを用いる二種の原爆開発に取り組んでいた。ドイツが一九四二年に

ドイツが1942年に原爆開発を中止していた事実は44年末に知れたが、その時点でマンハッタン計画を離れた科学者は、ポーランド生まれのジョセフ・ロートブラット一人だった。ドイツの原爆に対する抑止力という原爆開発本来の目的は消えてしまったとはいえ、研究に魅せられ、戦争終結を早められると信じた他の科学者は、さらに真剣に研究に励んだ。

原爆開発を中止していた事実を連合国が知ったのは、一九四四年末だった。ドイツの原爆に対する抑止力という原爆開発本来の目的は消えてしまったわけだが、その時点でマンハッタン計画を離れた科学者はポーランド生まれのジョセフ・ロートブラット一人だった。残りは研究に魅せられ、戦争終結を早められると信じ、さらに真剣に研究に励んだ。

ウォレスが党公認候補から外されたことが、平和な戦後を阻んだ最初の要因だったとすれば、運命は二度めの痛烈な打撃をまもなく与えることになる。ドイツ降伏を目前にした一九四五年四月一二日、戦時中のアメリカを率い、国民に敬慕されたフランクリン・デラノ・ルーズベルト大統領が、一二年以上にわたってその職務を果たしたあげくに死去したのだ。アメリカ史上いちばん長くその職にあったルーズベルトは、大恐慌と第二次世界大戦という難局にあってアメリカを絶えず率いてきた。国民は彼の死を悼み、後継者は誰かと思案した。

それからの四カ月というもの、さまざまな出来事が矢継ぎ早に起こり、新大統領はアメリカ史上最も重大な決断を下すことを迫られた。四月一二日の緊急内閣会議のあと、ヘンリー・スティムソン陸軍長官がついに原子爆弾の秘密をトルーマンに明かした。翌日、ジェームズ・フォレスタル海軍長官が、かつて上院でトルーマンの師であったバーンズを自家用機でサウスカロライナ州から送り届け、トルーマンはバーンズからより詳細な報告を受けた。元最高裁判事のバーンズは、一九四四年に副大統領候補に指名されるはずだったが、党幹部は彼の強硬な人種差別主義を問題視していた。その日の会談でバーンズは、アメリカは「全世界を破壊するほど強力な[26]」爆弾をつくっているとトルーマンに告げた。

四月二五日、トルーマンはスティムソンとグローヴスから原爆にかかわるさらに詳細な説明を受けている。二人は四カ月以内には「一つの町全体を破壊できるような、人類史上最強の破壊力をもつ爆弾が完成する」予定であると伝えた。やがて他の国々も同様の爆弾を開発するに違いなかった。「技術の進歩が道徳のそれに先行している現状では、世界はそのような兵器に翻弄されるだろう。言い換えれば、近代文明は完全に消滅するかもしれない[27]」。彼らは、人類の運命はこれらの爆弾が実際に使用されるか否か、またどのように使用されるか、そして使用後にどのような規制が行なわれるかにかかっていると警告した。トルーマン没後、このときの会談について彼の娘が刊行した本に本人が記している。「スティムソンは、われわれが爆弾を使用できるか否か、あるいはそうすべきか否か自分にはわからない、なぜなら爆弾はあまりに強力で全世界の破滅につながるかもしれないからだ、と深刻な面持ちで話した。私も同じ危惧を抱いた」[28]。

東側からベルリンに攻め入ったソ連軍と、西側から攻めてくる連合国軍の板挟みになり、ドイツは五月七日に降伏した。これが意味したのは、ヤルタ会談での合意にもとづいて、ソ連が八月七日をめどに太平洋戦争に参戦するということであった。だが八月七日と言えば、連合国が日本を侵攻する予定の一一月一日にはまだ三カ月ばかりあった。

## 「神風特攻隊」の国、日本をいかにして降伏させるか

日本兵は勇猛果敢に戦った。投降する者はまれだった。戦死が最高の栄誉、つまり靖国神社に永遠に祀られることを意味すると信じていたのだ。タラワの戦いでは、二五〇〇人の日本兵のうち、生きて捕らわれたのはわずかに八人だった。硫黄島では、たったの五週間でアメリカ海軍兵と海兵隊員あわせて六二八一人が死亡し、約一万九〇〇〇人が負傷した。太平洋戦争の最激戦地となった沖縄では、一万三〇〇〇人のアメリカ兵が戦死または行方不明となり、三万六〇〇〇人が負傷した。日本側は、七万人の兵士と一〇万人を超える民間人が死亡し、その多くは自決だった[29]。神風特攻隊が次々とアメリカ軍の戦艦に突っ込み、戦艦に打撃を与えたり沈めたりしようとする自殺的行為を目の当たりにして、アメリカ兵は衝撃を受けた。

一九四五年、戦況がさらに不利になると、日本政府の指導層には降伏より死を選ぶべしという「一億総玉砕」を声高に唱える者も出てきた。しかしマーシャルとスティムソンはじめアメリカ政府の最高指導層は、そうした妄言にまどわされず、敗北が自明になれば日本は降伏するという確信を捨てな

かった。七月はじめにトルーマンに示した「対日戦略案」でスティムソンは、日本は「侵攻に狂信的に抵抗する」能力をもってはいるものの、「今般のような危機下にあっても、各種メディアが現在主張しているより分別をもち合わせてもいる。日本はわれわれとまったく異なる精神構造をもつ狂信者のみの国ではない(30)」と述べた。

日本に侵攻した場合の犠牲の規模については数十年にわたって議論の的だった。六月一八日に開かれた統合参謀本部の会議に提出された報告書では、統合計画担当幕僚は日本侵攻に際して一九万三五〇〇人の死傷者を見込んでいる。これより数字の大きい報告書も、小さい報告書もある。トルーマンは当初数千人の死亡を予測したが、徐々に数字を増やしていった。彼は、侵攻した場合には五〇万人の死亡が予想されるとマーシャルから聞かされた、と後日述べている。だが、この発言の裏は取れていない。マーシャルの予想は、占領計画担当のマッカーサー元帥同様かなり低い数字だった。

## 無条件降伏という「障害」

しかし血塗られた戦争が何カ月にもわたって続き、侵攻のめどは立たなかった。一九四四年末までには、日本海軍は弱体化しており、戦艦一二隻のうち七隻、航空母艦二五隻のうち一九隻、潜水艦一六〇隻のうち一〇三隻、巡洋艦四七隻のうち三一隻、駆逐艦一五八隻のうち一一八隻を失っていた。空軍もまた惨憺たる有様だった。鉄道網が寸断された結果、食料の供給が途絶えがちになり、国民の士気は落ちた。日本政府の指導層には暴動を懸念する声もあった。一九三七年から四一年のあいだに三度首相の座にあった公爵近衛《このえ》文麿《ふみまろ》は、一九四五年二月に天皇裕仁《ひろひと》に意見を上奏して危惧を表明した。

「敗戦は遺憾ながら最早必至なりと存候。……最も憂うるべきは敗戦よりも敗戦に伴いて起ることあるべき共産革命に御座候[31]」〔『終戦史録』〔外務省編纂、終戦史録刊行会発行〕より引用。文字遣いを若干改変した〕。サイパン島でアメリカが勝利を収めた少なくとも前年の八月から、日本は終戦工作を秘密裏に模索しはじめていた。日本を覆う絶望感は日を追ってその度を増した。この事実は、一九四五年春に太平洋方面を視察した出版界の大物ヘンリー・ルースの目には歴然としていた。「広島の数カ月前、私は日本沿岸を攻撃したハルゼー提督指揮下の海軍と行動をともにした。私には二つのことが明らかであり、それは私が話を聞いた軍上層部の多くにとってもはや自明の理だった。第一に日本は疲弊し切っており、第二に日本人はそれを承知していて、戦争に幕を引きたいという気持ちを日増しに強めていた[32]」。リチャード・フランクは原爆投下を擁護する最も権威ある著書『没落』を書いた人物だが、その彼ですら「原爆投下がなかったにしても、鉄道網の寸断と封鎖・空爆戦略の累積効果が相俟って、国内秩序は深刻な脅威にさらされたであろうし、その結果として天皇は戦争終結の宣言に追い込まれただろう[33]」と述べている。

では、日本が自殺をも辞さない狂信者のみの国ではなく、軍事的勝利の見込みも消え失せていたのなら、なぜ日本の指導者たちは降伏し、兵士や国民の苦しみを和らげようとしなかったのだろうか。この問いに対する答えは、天皇とその側近にも責めがあるとはいえ、アメリカが示した降伏条件の影響が大きい。

一九四三年一月、ルーズベルト大統領はカサブランカでドイツ、イタリア、日本の「無条件降伏」を要求した[34]。後日彼は、このときの自分の発言はあらかじめ企図されたものではなく、チャーチルにも初耳だったと主張した。チャーチル伝の著者であるロバート・シャーウッドに宛てた書簡でチャーチルは、「私は『無条件降伏』という言葉が大統領の口から出るのを［記者］会見の場ではじめて耳にした」[35]と書いて、大統領の言葉を追認している。しかし、「無条件」という言葉は記者会見の公式声明にこそ盛り込まれていなかったものの、ルーズベルトとチャーチルがこの件にかんして前もって議論し合意にいたっていたのは明らかである。この要求の受容には計り知れない意味合いがあった。

日本人は、「無条件降伏」が国体《コクタイ》（天皇制）の廃止と、天皇が戦争犯罪人として裁判にかけられて処刑される見通しを意味すると考えた。大半の日本人にとって、そのような結果は考えるだに恐ろしかった。日本国民は、紀元前六六〇年の神武天皇の御代から天皇を神のごとく崇めてきたのだ。マッカーサー指揮する南西太平洋司令部の調査報告には、「天皇の退位や絞首刑は、日本人全員の大きく激しい反応を呼び起こすであろう。日本人にとって天皇の処刑は、われわれにとってのキリストの十字架刑に匹敵する。そうなれば、全員がアリのように死ぬまで戦うであろう」[36]とある。これを知った人の多くは降伏条件を緩和するようトルーマンに求めた。かつて日本大使を務め、政権首脳部の中で誰よりも日本人をよく知るジョセフ・グルー国務長官代理は一九四五年四月、「日本人が現在の天皇制の存続を望むのであれば、無条件降伏は天皇の退位を意味するものではないと大統領が公式に表明しないかぎり、日本は軍事的に敗北を喫しようとも降伏する可能性はかなり低いであろう」[37]と述べた。スティムソンやフォレスタル、ジョン・マクロイ陸軍次官補とともに、グルーは降伏条件を変更するようトルーマンに進言した。アメリカ軍の指導層も、日本に天皇制の存続を確約する必要性を強く感じていた。リーヒ元帥は六月に開催された統合参謀本部の会議で、「われわれが強硬に無条件降伏を要求した場合には、日本人は絶望の淵に追い込まれ、アメリカ軍の死傷者が増えるであろう(38)」と発言した。

## 唯一の問題は天皇制維持

アメリカ当局は開戦以前にすでに日本軍の暗号を解読しており、降伏問題に繰り返し触れる日本側の通信を傍受していたため、降伏条件がいかに日本にとって重要であるかを認識していた。五月、日本の最高戦争指導会議が東京で会議を開いた。「六巨頭」としても知られるこの機関は、鈴木《すずき》貫太郎《かんたろう》首相、東郷《とうごう》茂徳《しげのり》外相、阿南《あなみ》惟幾《これちか》陸相、梅津《うめづ》美治郎《よしじろう》参謀総長、米内《よない》光政《みつまさ》海相、豊田《とよだ》副武《そえむ》軍令部総長から構成されていた。彼らはアメリカからより有利な降伏条件を引き出すためにソ連の助力を仰ぐことを決定し、その代わりに領土にかかわる譲歩を申し入れた。日本からの最初の通信を見れば、この国が戦争終結を望んでいるのはソ連当局には一目瞭然だった。しかしソ連は太平洋戦争に参戦する見返りに連合国が確約していた譲歩を得たいと考えており、定められた期日にはまだ二カ月あったため、日本の申し入れはソ連当局にとって好ましからざる事態だった。六月一八日、天皇が最高戦争指導会議に速やかなる和平を望むとの意向を伝えてきた。最高戦争指導会議はこれに同調し、今上天皇の在位と天皇制の存続を確約する降伏を実現するためソ連に調停を委ねることで同意した。

七月に東京の東郷外相からモスクワ駐在の佐藤《さとう》尚武《なおたけ》大使に送られた一連の電報からは、こうした日本側の意向がこのうえなく明確に見て取れる。七月一二日、東郷は佐藤に打電した。「陛下は戦争の早急な終結を望んでおられる……［しかしながら、］アメリカとイギリスが無条件降伏を主張するかぎり、わが国は祖国の安寧と名誉のために死力を尽くして戦いつづける以外に道はない」[39]。翌日、東郷はもう一本打電した。「陛下におかれては、この戦争が関係諸国の国民に日々苦痛と犠牲を強いていることにお心を痛められ、戦争の一刻も早い終結を切に願われている」[40]（訳注　ここに二つの電報として挙げられているものは、外務省編纂『終戦史録』によれば、東郷大臣が七月一二日に打電した電報中で、以下のようなひとつながりの文章になっている。「天皇陛下に於かせられては今次戦争が交戦各国を通じ国民の惨禍と犠牲を日々増大せしめつつあるを御心痛あらせられ戦争が速かに終結せられんことを念願せられ居る次第なるが大東亜戦争に於て米英が無条件降伏を固執する限り帝国は祖国の名誉と生存のため一切を挙げ戦い抜く外無くこれがため彼我交戦国民の流血を大ならしむるは誠に不本意にして人類の幸福のためなるべく速かに不和の克服せられんことを希望せらる」）。

降伏条件を変えれば戦争はすぐにも終結するという兆候が山のようにあったにもかかわらず、アメリカ国民が降伏条件の妥協を承知しないであろうと主張するバーンズが、あえて妥協するならば大統領の政治生命が危うくなると忠告し、トルーマンはバーンズの主張に耳を傾けた[41]。

国内の政治問題を避けるためにすでに敗北を喫した国に原爆を二個落とすという行為は、いかなる事情があろうとも道徳的に非難されるべきであろうが、トルーマンが天皇制存続のために尽力せねばならないと考える理由はひとつもなかった。事実、共和党幹部はトルーマンが必要とするあらゆる政治的な逃げ道をつくってくれていた。一九四五年七月二日、メイン州選出の共和党員で、上院の少数党院内総務ウォレス・ホワイトは、日本の降伏を早めるために「無条件降伏」という語句の意味を明確にするよう上院の演説でトルーマン大統領に要求した。仮に日本がより有利な条件の降伏案を無視あるいは拒否しても、「わが国の国益が損なわれたり、われわれの大義名分に傷がついたりするわけではない。文言の意味を明らかにすることで得るものは大きく、失うものはなにもない」というのが彼の理屈だった。ホワイトの共和党仲間でインディアナ州選出のホーマー・ケイプハートは、同日ややあって記者会見を開き、ホワイトの要求を支持した。ホワイトハウスは、天皇裕仁が退位しないという条件を認めるだけでも降伏するという提案を日本側から受け取ったというのである。「これは日本人を憎むとか憎まないとかいうレベルの話ではない。むろん私は憎んでいる。しかし、二年先に同じ条件で戦争が終結するのだとしたら、このまま続けてなんの益があるというのか」[42]。《ワシントン・ポスト》紙は六月のある社説で、「無条件降伏」という言葉は日本国民の心に恐怖を植えつけており、戦争終結の障害になりつつあるとして、これが「致命的な文言」であると糾弾した[43]。

## なぜ、投降寸前の国に原爆を落とすのか?

原爆を使用せずに日本の降伏を早める方法は、降伏条件を変える以外にもあった。日本人がなによりも恐れたのはソ連の参戦だった。一九四五年四月はじめ、ソ連が一九四一年に締結された日ソ中立条約を更新しないと日本に伝えてきたことから、日本はソ連の参戦を懸念した。関係諸国すべてがこれが意味するものを理解していた。四月一一日、統合参謀本部の統合情報参謀部は、「ソ連が参戦すれば、その時期にかかわらず、日本人はすべて完璧な敗北が避けられないことを知るだろう」[44]と予想している。五月、日本の最高戦争指導会議も同様の結論に達した。「現下日本が英米との間に国力を賭して戦いつつある間においてソ連の参戦を見るがごときことあるにおいては帝国はその死命を制せらるべき」[45]（『終戦史録』より引用）。七月六日、統合情報委員会は「敵国の情勢評価」にかかわる極秘報告書をポツダムで開催される合同参謀本部の会議に提出した。「降伏の可能性」にかかわる節《せつ》には、すでに壊滅的な状況にある日本にソ連の参戦が与える影響が述べられていた。

日本政府の指導層は戦局が絶望的であるのを承知していて、譲歩をしてでも和平の道を探りたいという願望を日増しに募らせているとはいえ、無条件降伏は受け容れ難いとも考えている。現政権の基本姿勢は、可能なかぎり長く激しく戦いつづけて完璧な敗北を避けるとともに、和平交渉により有利な立場で臨もうとするものである……現在、日本国民の多くは祖国が完璧な軍事的敗北を喫するだろうと考えているとわれわれは見る。海上封鎖と戦略的爆撃による累積的破壊――戦略的爆撃によってすでに何百万人の国民が家を失い、主要都市の人口密集地域の二五から五〇パーセントが破壊されていた――に鑑みるなら、この認識はより一般的になるはずだ。ソ連が参戦するならば、日本は完璧な敗北は避けられないとついに知るであろう。個々の日本人は国のためによろこんでわが身を犠牲にするだろうが、国家全体が自滅に向かって突き進むとも思えない……しかし日本国民は無条件降伏が国家の消滅に等しいと考えている。(46)

日本の「決号作戦《ケツゴー》」は侵攻してくる連合国軍を迎え撃つ、いわゆる「本土決戦」の準備をうながすもので、これは戦争に倦み疲れた連合国に大損害を与えれば、より寛容な降伏条件を引き出せると見込んでのものだった。日本政府の指導層は上陸予定地を九州と正しく予想し、ここに兵力を集中させた。先を尖らせた竹槍を手にした民間人も、兵士とともに死ぬまで戦うよう指示された。

アメリカ政府の指導層も、天皇制問題が日本の降伏を阻む主たる障害であり、懸念されたソ連参戦が刻々と近づいていることを明らかに承知していた。では、こうした状況下にあって、アメリカはなぜ無力な人々に対して二個の原爆を落としたのだろうか。これを理解するには、投下の決定がなされた時点でのアメリカ人の心情に迫らねばならない。

## 忌み嫌われた日本人——人種差別

アメリカ人は日本人に対して深い憎しみを抱いていたのである。ピュリッツァー賞を受賞している歴史学者のアラン・ネヴィンスは、「わが国の歴史上、日本人ほど忌み嫌われた敵はいないだろう(47)」と戦後に書いている。戦時中にアメリカが使ったプロパガンダは邪悪なナチス指導者と「善良なドイツ人」を慎重に区別していたが、こうした区別は日本人には用いられなかった。《ニューズウィーク》誌が一九四五年一月に論じたように、「今回の戦争ほどわが国の兵士が敵を憎み、殺したいと考えた戦争はいまだかつてなかった(48)」のである。

歴史学者のジョン・ダワーによれば、アメリカ人は日本人を害虫、ゴキブリ、ガラガラヘビ、ネズミと見なした。サルの比喩も多用された。南太平洋方面軍司令官のウィリアム・「ブル」・ハルゼー提督は、日本人をサル呼ばわりしたことで有名であり、「イエローモンキー」を殺せ、「もっとサルをやっつけろ」と兵をたきつけた。人々は日本人がほんとうに人間なのかと首をひねるほどだった。《タイム》誌は「日本の一般市民は思慮分別に欠け無知である。ひょっとすると人間かもしれないが、それを示す証拠は……皆無である」とコメントしている。ワシントンのイギリス大使館は、アメリカ

アメリカ人は日本人に対して深い憎しみを抱いていた。《ニューズウィーク》誌は1945年1月に、「今回の戦争ほどわが国の兵士が敵を憎み、殺したいと考えた戦争はいまだかつてない」と論じている。戦時中にアメリカが使ったプロパガンダは邪悪なナチス指導者と「善良なドイツ人」を慎重に区別していたが、こうした区別は日本人には用いられなかった。日本人は害虫、ゴキブリ、ガラガラヘビ、ネズミと見なされ、しばしばサルに例えられた。

人は日本人を「名もなき害虫の群れ」と考えていると本国に書き送り、大使はアメリカ人が普遍的にもつ「『皆殺しをも辞さぬ』反日感情」を伝えた。一九四五年二月、ヨーロッパから太平洋方面に転属になった有名な従軍記者アーニー・パイルは述べた。「ヨーロッパでは、われわれの敵はどれほど残忍で凶暴であろうとも、まだ人間だった。しかし、ここでは日本人は人間以下と見なされ、ゴキブリやネズミのように嫌悪されていることに私はほどなく気づいた(49)」。

こうした感情の一因は間違いなく人種差別だろう。だが、日本人に対してこれほどまでの憎しみを掻き立てる強力な要因はほかにもある。アメリカが参戦する前、アメリカ人は中国、とりわけ南京で日本人がなした爆撃、レイプ、残虐行為についてすでに聞きおよんでいた。真珠湾の「奇襲」によって、アメリカ人の反日感情はいやが上にも高まった。そんな状況にあった一九四四年はじめ、アメリカ政府は二年前に起きたバターンの「死の行進」で、アメリカやフィリピンの戦争捕虜が残酷な扱いを受けたという情報を公開した。やがて口にするのも憚《はばか》られるような日本人の残虐性——拷問、磔《はりつけ》、去勢、手足の切断、斬首、人を生きたまま焼いたり埋めたりする行為、生体解剖、捕虜を木に縛りつけて行なう銃剣の稽古——をめぐる逸話がメディアにあふれた。こうして戦争初期には日本人に対する怒りだったものが、太平洋方面でのアメリカ軍の苦戦が伝えられるようになると卑劣な憎悪にその姿を変えた(50)。

しかしアジア人に対するトルーマン大統領の狭量な考えの根は、日本人の蛮行を伝える報道をはるかにさかのぼる昔にあった。将来妻となるべき女性に求愛した、若き日の彼は書いている。「誠実で礼儀正しく、『黒ん坊《ニガー》』や中国人でないならみな同じ人間だ。神様は塵から白人を、泥から『黒ん《ニガ》坊』をつくり、残りかすから中国人ができたとウィル叔父が言っていた。叔父は中国人と日本人を毛嫌いしている。僕だってそうだ。これは人種差別なんだろう[51]」。トルーマンはユダヤ人を「カイク」、メキシコ人を「グリーサー」と呼び習わし、他の人種にも同様に蔑称を使った。彼の伝記を書いたマール・ミラーは「彼は非公式な場ではかならず『黒ん坊《ニガー》』と言った。少なくとも私と話したときはそうだった[52]」と述べている。

トルーマンに人種差別の傾向があったにしても、戦時中に日本人がなした恥知らずな行為は責められてしかるべきだろう。しかし、アメリカ人も同様に見下げはてた行為におよんだことを知る必要がある。太平洋戦争でアメリカ軍に随行した従軍記者エドガー・ジョーンズは、《アトランティック・マンスリー》誌の一九四六年二月号掲載の記事でアメリカ軍の残虐行為を詳述している。「わが国がどのような戦いをしたのか民間人は知っているだろうか。われわれは戦争捕虜を平気で撃ち殺し、病院を襲撃し、救命ボートを撃沈させ、敵の民間人を殺傷または虐待し、負傷した敵兵の命を奪い、瀕死の人を死体で埋まった穴に投げ入れた。太平洋戦争では、死体の頭蓋骨を煮て肉を取り去り、恋人のために置物をつくったり、骨を削ってレターオープナーをつくったりした[53]」。

## 強制収容所に送られる日系アメリカ人

戦争が始まったとき、アメリカ在住の日系人の処遇においても人種差別がその醜い頭をもたげた。日系アメリカ人は投票、就業、教育において数十年にわたって差別を受けた。一九二四年の移民法では、一九〇七年以降アメリカに移住した日本人にはアメリカに帰化する権利が認められず、日本からのさらなる移民は禁止された。真珠湾以前でも、西海岸の住民のなかには、戦争が始まれば日系アメリカ人が破壊活動に走るという奇怪な作り話をでっち上げる者がいた。あるジャーナリストは書いた。「太平洋戦争が始まったら、日系アメリカ人はただちに忙しくなるだろう。彼らの漁船がアメリカの港湾の入り口に水雷を仕掛ける。不審な爆発によって海軍造船所や離着陸場、艦隊の一部が破壊される……カリフォルニア州で農業を独占しているも同然の日系農民は、砒素入りの豆やイモやカボチャを市場に出す」。真珠湾以降、流言ははびこり、恥ずべき振舞いはその度を増した。カリフォルニア州のある理髪店の看板には「ジャップは髭剃り無料」とあり、「事故が起きても責任は負いません」と書き添えてあった。ある葬儀屋は宣伝した。「アメリカ人よりジャップのお役に立ちたく存じます(54)」。

カリフォルニア州地方検事のアール・ウォーレンは、日系アメリカ人を西部諸州から排除する強制収容を推進した。彼は南カリフォルニア在住の日本人が「民間防衛活動の落とし穴になるかもしれない(55)」と警告している。第四軍司令官で西部防衛司令部司令官でもあったジョン・L・デウィット中佐は、かつて「敵国人」をすべてハワイ諸島に隔離する一九二一年の戦争計画課戦略を策定した人物であり、その彼はウォーレンの考えを支持した。一二月九日、デウィットは前夜に日本の爆撃機がサンフランシスコ上空に飛来したこと、この町がいつ日本軍の空襲にさらされてもおかしくないことを公表した。民間防衛評議会の会議では、「この町をいつ死と破壊が襲うかわからない」と発言している。この会議でジョン・グリーンスレード少将は、市民は「神のご加護」によって「悲惨な破滅から救われたのだ」と述べた。デウィットは「なぜ爆弾が落とされなかったのか、私にはわからない」と認めている。じつは、もともと日本の爆撃機飛来はなかった可能性があり、そう考えるとアメリカ軍が日本の爆撃機を一機も撃ち落とさなかったのも、アメリカ陸海軍が日本の空母を捜索しても一隻も見つからなかったのも説明がつく。しかし、灯火管制令をさほど深刻に受け止めないサンフランシスコ市民を、デウィットは「無知で浅はかで愚かしい」と非難して怒りを露にし、「やさしく言ってもわかってもらえないなら、警察に突き出して棍棒でわからせるまでだ(56)」と恫喝《どうかつ》した。

デウィットのサンフランシスコ市民に対する不信は無害でも、彼の日本人に対する不信は病的だった。当初彼は、大規模な強制退去案を「まったく馬鹿げている」と評していた。だが国民からの圧力は高まっていき、真珠湾攻撃の政府報告書が最高裁判事オーウェン・ロバーツによって一月下旬に提出されると、ますますそれに拍車がかかった。報告書は攻撃を可能にしたのはスパイ行為だったと断じていた。情報の大半は日本領事館の職員から日本側に漏れたものであり、ハワイ在住の日系人もこれに加担していたというのである。この報告書によって、日系アメリカ人の忠誠心に対する疑念が強まった。その結果上がった抗議の声に押され、デウィットは熱心な強制収容擁護派になったらしい。アメリカ国民であるか否かにかかわらず、日本人がまだ破壊行為に手を染めていないということは、将来の攻撃に備えているのだ、とデウィットは主張した。スティムソンやマクロイなどもデウィットに同調し、手遅れにならぬうちに手を打つようルーズベルト大統領に迫った(57)。

「ジャップは信用ならない」という空気に付和雷同しなかった意外な人物に、アメリカ連邦捜査局（ＦＢＩ）のＪ・エドガー・フーバー長官がいた。フーバーはフランシス・ビドル法務長官に大量強制退去は無用であると伝えた。危険人物はすべて逮捕ずみだったのだ。ビドルはルーズベルトに「大

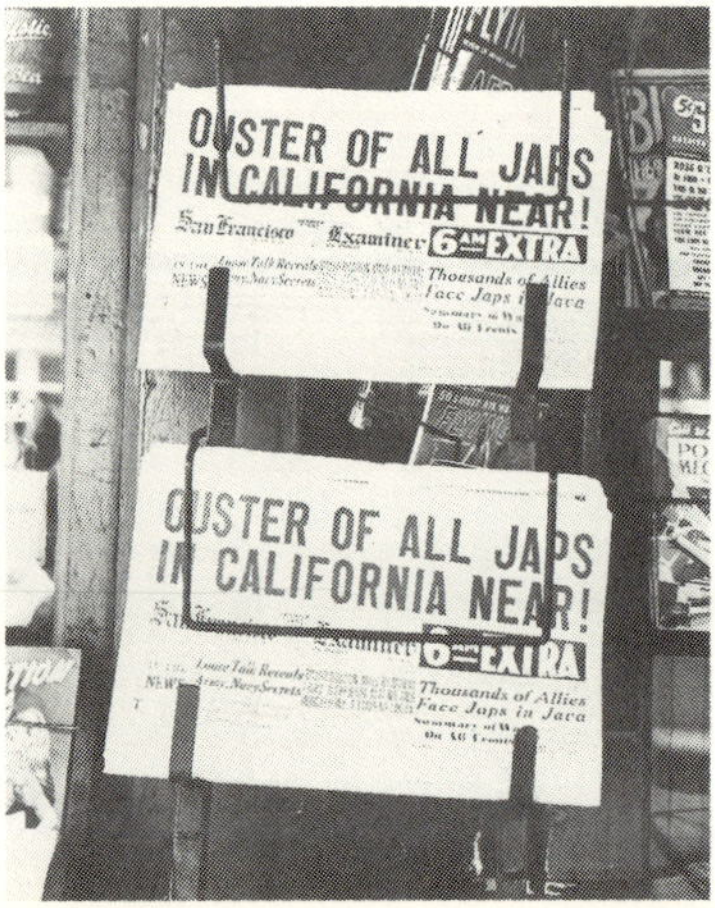


日系アメリカ人が破壊活動におよんでいるという証拠は皆無だったにもかかわらず、ルーズベルトは1942年2月19日に大統領令9066号に署名している。この大統領令によって、カリフォルニア州、オレゴン州、ワシントン州の日本人および日系アメリカ人の立ち退きと施設収容に法的根拠が与えられた。これらの人々の3分の2はアメリカで生まれたアメリカ国民だった。大統領令は人種あるいは民族に明確に言及していないとはいえ、誰を対象としているかは火を見るより明らかだった。

量強制退去を行なう理由はない」と伝えている。(58)

## カリフォルニア州の日系人が嘗めた辛酸

ルーズベルトは二人の助言を意に介さなかった。日系アメリカ人が破壊活動におよんでいるという証拠は皆無だったにもかかわらず、ルーズベルトは一九四二年二月一九日に大統領令９０６６号に署名している。この大統領令によって、カリフォルニア州、オレゴン州、ワシントン州の日本人および日系アメリカ人の立ち退きと施設収容に法的根拠が与えられた。これらの人々の三分の二はアメリカで生まれたアメリカ国民だった。大統領令は人種あるいは民族に明確に言及していないとはいえ、誰を対象としているのかは火を見るより明らかだった。

サトウキビとパイナップルを栽培する裕福な白人農園主が働き手を失うと苦情を申し立てると、アメリカ当局はハワイに住む大量の日本人全員の強制退去案についてはこれを反故にしている。それでもアメリカ政府は戒厳令を発し、人身保護令状の発給を一時的に停止し、帰米《キベイ》

日系アメリカ人は、カリフォルニア州サンペドロからカリフォルニア州サンタアニタの臨時収容所に入れられ、より恒久的な施設に移されるまで厩で過ごした。

者（教育や文化に親しむ目的で日本を訪れていた日系人）およそ二万人を投獄した。

本土、とりわけカリフォルニア州では、日本人の人口比率は全体の二パーセント余りしかなく、事情はかなり違った。大統領令９０６６号によって、およそ一二万人の日系人が住居を退去させられ、立入禁止の防衛区域外で暮らすことを強いられた。しかし、周辺諸州でも彼らの流入を禁止した。アイダホ州のチェイス・クラーク知事は放言した。「ジャップはやることなすことネズミそのものだ。こっちに入ってきてほしくないね」。ワイオミング州知事は、日本人が入ってくるなら、「松の木一本一本からジャップが吊るされるだろう」と警告した。アイダホ州地方検事は「すべての日本人を……強制収容所に入れる」措置を推奨した。「この土地をずっと白人のものにしておきたいからな[59]」。

転住センターでは、日本人は、アリゾナ州とカリフォルニア州では砂漠のような照りつける太陽の下で、アーカンソー州では沼地のような場所で、ワイオミング州やアイダホ州、ユタ州では手がかじかむ寒さのなかで労働し、わずかな賃金しか与えられなかった。

一九四二年二月二五日までには、FBIはカリフォルニア州ターミナル・アイランドに住むすべての日系男性を施設に収容していた。アメリカ海軍は残りの日系人すべてに四八時間以内に住居を退去するよう命じた。一九四二年三月から一〇月のあいだに、戦時市民統制局（WCCA）は転住所と呼ばれた臨時収容所を開設して日本人を収容し、全員を登記して番号を与えた。カリフォルニア州のサンタアニタとタンフォランでは、人々は厩《うまや》に収容され、一区切りに五人から六人入れられている。その後彼らは、当時「強制収容所」と呼ばれた、より恒久的な施設に移された。収容所での待遇は悲惨だった。水道、風呂、一定基準の学校、個別の部屋、雨露をしのぐ屋根といったもののないことが珍しくなかった。一方で、頑丈な鉄条網、備え付けのマシンガン、監視塔はきちんと整備されていた。収容者の処遇に衝撃を受け、ミルトン・アイゼンハワーは戦時転住局（WRA）長官を辞任した[60]。

## 背後にのぞく金銭欲

西部住人の一部が強制退去を支持した背景には金銭欲があった。退去する人々は自分で運べるだけの荷物しか持ち出せなかったため、近隣の人々は彼らの財産を実勢価格の数分の一で買ったり、未収穫の農産物などあとに残されたものを奪ったりした。中央カリフォルニアの野菜栽培・荷主協会のある幹部はこう認めている。「われわれは身勝手な理由でジャップを追放したかったんだ。正直になろうじゃないか。たしかにそうなんだよ。これは太平洋沿岸に住むのが白人か褐色人かという問題だ」。日本人は推定四億ドルもの私有財産を失ったと考えられ、この額は現在の価値に換算するとおよそ五四億ドルにもなる[61]。

一九四二年三月から、戦時転住局はアリゾナ州、アーカンソー州、カリフォルニア州、コロラド州、アイダホ州、ユタ州、ワイオミング州内に急遽建設した一〇カ所の転住センターに収容者を集めた。アリゾナ州のポストンとギラ・リバー転住センターには、たちまち一万七八一四人と一万三三四八人が収容され、両市は瞬く間に州内第三および第四の都市に膨れ上がった。ハートマウンテンはワイオミング州で第三の大都市となった[62]。

収容された日本人は、アリゾナ州とカリフォルニア州では砂漠のように照りつける太陽の下で、アーカンソー州では沼地のような場所で、ワイオミング州やアイダホ州、ユタ州では手がかじかむような寒さのなかで労働し、一般職で月一二ドル、専門職で月一九ドルというわずかな賃金を与えられただけだった。日本人医師の年俸が二二八ドルであるのに対し、白人上級医局員の年俸は四六〇〇ドルだった。イエローストーン郡病院で月八〇ドル稼いでいた白人看護師は、ハートマウンテンでは日本人の八倍から一〇倍に当たる月一五〇ドル稼いだ(63)。連邦当局は写真家のアンセル・アダムスとドロテア・ラングを収容所に送り込み、収容者の日常を記録させたが、有刺鉄線や監視塔、武装兵士などの写真は撮らないよう指示した。それでもアダムスやラング、そして収容されていた日本人の宮武東洋《みやたけとうよう》は、禁止されていた写真を何枚か撮影している(64)。

## 一転、兵士として死地に赴かされる

一九四三年二月、アメリカ政府は恥知らずな一八〇度転換をした。戦争を継続するために増兵が必要になると、ルーズベルトはアメリカ生まれの二世のみから成る第四四二連隊戦闘団を編成し、ミシシッピー州キャンプ・シェルビーに配属されていたハワイ出身者の第一〇〇歩兵大隊に合流させたのだ。ハワイ出身の兵に「ワン・プカプカ」と呼ばれた第一〇〇歩兵大隊は、戦争初期に実戦配備を志願し、アメリカ軍として認められるために長く辛い戦いを続けねばならなかった。第四四二連隊戦闘団は米軍史において最も勲章の多い部隊となった。イタリアやフランスで勇猛果敢に戦い、一〇七二名の戦死者を出した。その中には一九四四年一〇月の二一六名も含まれている(65)(訳注　ドイツ国境でドイツ軍に包囲された通称「テキサス大隊」二一一名の救出にこれだけの戦死者を出した)。

アメリカ陸軍西部防衛軍司令官には、日系アメリカ人が祖国のためにこれほどまでの犠牲を払う理由が理解できなかったらしい。一九四三年四月、デウィットは下院海軍小委員会で、自分はドイツ人やイタリア人については心配していないが、「ジャップは地上から抹殺されるまでわれわれの心配の種になるだろう」と述べている。アメリカ国民であるか否かを問わず「ジャップはジャップだ」と彼はつけ加えた。《ワシントン・ポスト》紙はデウィットの人種差別的な発言に怒り反論した。「デウィット中佐にはこう述べておかねばならない。アメリカの民主主義と憲法は、いかなる狂信的軍国主義者によってもないがしろにされたり、侮られたりすべきものではない……仮にある人々を根こそぎ強制退去させたり強制収容したりする行為を正当化する理由がかつてあったのだとしても、それはもはや存在しない(66)」。

## 最高裁判所も認めた強制収容

アメリカ人の多くがこれに賛同した。類似する部分より異質な部分が大きいのは明らかだったとはいえ、ナチスの政策との類似性を指摘する声もあった。一九四二年六月、《クリスチャン・センチュリー》誌は、「強制収容所という概念そのものに……憲法に保証された権利の否定……人種差別をアメリカ政権の根本方針として確立しようという意図が見える。アメリカはドイツと同じ方向に進もうとしているのだ」と書いた。ユージン・V・（ビクター・デブス）・ロストウは、一九四五年に《イエール・ロー・ジャーナル》誌に寄稿した論文で痛烈に指摘した。「ゲシュタポや親衛隊がひそかに行なった非道な行為について、ドイツ人は共同の政治的責任を負うと私たちは考える。では、あらゆる民主的な社会的価値を踏みにじる政策が議会、大統領、最高裁判所の承認を得ているというのであれば、いったい私たちはどのような責任を負うべきなのだろうか[67]」。

一九四三年六月、最高裁判所はこの問題をめぐって受理された最初の二件について全員一致で政府勝訴の判決を下した。「ヒラバヤシ対アメリカ合衆国事件」の判決では、強制退去と施設収容という基本的問題に判断を示さなかったとはいえ、フランク・マーフィー判事の賛成意見はそうした判断に踏み込んだも同然の内容だった（訳注　ヒラバヤシが起こした訴訟事件の判決は一九八〇年代に覆され、オバマ大統領は氏の没後の二〇一二年五月に大統領自由勲章を同氏に贈った）。

ある人々が自分たちの国に溶け込もうとしないと不平を言うのは、壮大なアメリカの実験が失敗したと認めるに等しい……人種または祖先という偶発事故にもとづいて、私たちがアメリカ国民の人身の自由を実質的に制限したのは、私が知るかぎり今回がはじめてである……その意味において、今回の事件はドイツその他のヨーロッパ諸地域においてユダヤ人が受けた処遇に憂慮すべき類似性を示している[68]。

一九四五年一月二日、戦時転住局は強制収容を「終了」させたが、収容者が台無しにされた人生をやり直すための援助をほとんどしていない。収容されていた人のなかには、西海岸からなるべく遠くに移住しようと決めた者もいた。アメリカ合衆国国立公園局によると、日本人は「一人当たり二五ドル、鉄道切符、さらに手元に五〇〇ドル未満の現金しか持ち合わせない者は目的地までの食べ物を与えられたのみだった[69]」。

一九五二年の移民・帰化法が議会を通過してはじめて、年配の日本人、すなわち、一世《イッセイ》の多くが「国民としてふさわしい」と認められた。さらに収容センターを生き延びた人々に国家の謝罪と総額一五億ドルの賠償金が与えられたのは、四〇年以上経ってからだった(70)。

## アメリカのモラルの崩壊——空爆対象の無差別化

アメリカの道徳基準——とりわけ民間人を大量に死に追いやることを軽視する傾向——も、民間人に対する長年の空爆（なかでも対日戦争における空襲）の影響で劇的に悪化していた。市街地の空爆は第一次世界大戦に始まる。ドイツ、イギリス、フランス、イタリア、オーストリアはいずれも相手国の都市部を空爆し、一部は戦間期でも容赦なく続いた。一九三七年に日本が中国の都市を空爆したとき、アメリカがこれを強く非難したことは称賛に値する。一九三九年にヨーロッパで戦端が開かれると、ルーズベルトは武器をもたない民間人に対する空爆など「非人道的な野蛮行為」に走らないよう軍人たちをたしなめている(71)。

そんなことにはおかまいなく、ドイツはイギリスの諸都市を空爆しはじめた。これに対してイギリスは、ドイツの都市部を攻撃目標とする「一〇〇〇機の空爆」で応酬した。一九四〇年なかばまでには、バルセロナ、マドリード、上海、北京、南京、ワルシャワ、ロンドン、ロッテルダム、モスクワ、スターリングラード、レニングラード、ケルン、ハンブルク、ベルリンなど多数の都市が激しい空爆にさらされた。

一方アメリカは、ヨーロッパ戦の終末期になるまで、空爆の対象をほぼ主要な産業施設や輸送網に限っていた。ポール・ティベッツは、のちに広島に原子爆弾を投下したB‐29爆撃機の機長を務めた人物だが、その彼は一九四二年八月、占領下のフランス国内にあるドイツの攻撃目標をアメリカがはじめて昼間に空爆するに当たり、民間人に死傷者が出る恐れがあると考えた。「この飛行機が落とす爆弾によって民間人に被害が出ると思うとやり切れない」と彼は記者に語っている。爆弾が落下するのを眺めながら、彼は思った。「おお、神様、女子どもが死ぬ!」(72)。しかし戦争が長引くにつれ、アメリカ人が感じていた良心の呵責は薄れていった。これには、一九四三年一〇月に行なわれたミュンスターの絨毯爆撃が重要な転機となった。初期の空爆倫理に反する、最も嘆かわしい事例は、一九四五年二月の連合国によるドレスデン爆撃にアメリカも参加したことだった。

## カーティス・ルメイと東京大空襲

アメリカは、日本に対してはるかに過酷な爆撃戦略を取った。第二一爆撃軍司令部の指揮官ヘイウッド・ハンセル少将が、大都市に焼夷弾を投下する命令に抵抗したとき、ヘンリー・「ハップ」・アーノルド元帥は代わりにカーティス・ルメイ大将を送り込んだ。その冷酷で厳格な性格から部下に「アイアン・アス(鉄の尻)」と呼ばれたルメイは、ヨーロッパの空襲で名を上げていた。その彼は日本で空爆戦略に革命を起こし、もともと「恐怖の空爆」と呼んで恐れられていたものを、すっかり別次元のものに変貌させた。

一九四五年三月九日から一〇日にかけて、ルメイは三三四機の爆撃機にナパーム弾、テルミット、黄燐その他の可燃物を含む焼夷弾を搭載させて東京に送り込んだ。空襲によって約四〇平方キロメー

1945年3月9日から10日にかけて、カーティス・ルメイ大将は334機の爆撃機にナパーム弾、テルミット、黄燐その他の可燃物をふくむ焼夷弾を搭載させて東京に送り込んだ。空襲によって約40平方キロメートルにおよぶ市街地が破壊され、8万人以上の死者と100万人近くの負傷者を出した。灼熱地獄によって水路は沸き上がり、金属は融け、人々は瞬時に炎に包まれた。ルメイは犠牲者が「黒焦げになり、煮えたぎり、焼け死んだ」と報告した。

トルにおよぶ市街地が破壊され、推定一〇万人の死者と多数の負傷者が出た。灼熱地獄によって水路は沸き上がり、金属は融け、人々は瞬時に炎に包まれた。ルメイは犠牲者が「黒焦げになり、煮えたぎり、焼け死んだ」と報告した。五月までには、投下された爆弾のうち七五パーセントが、日本の「紙の町」を焼き払う焼夷弾になっていた。日本人学者の田中利幸《たなかとしゆき》（訳注　海外の文献ではユキ・タナカとして知られる）によれば、アメリカは日本の一〇〇以上の町に焼夷弾を落としたという。[73] 富山市では市内の九九・五パーセントが壊滅状態となり、ヘンリー・スティムソン陸軍長官は「アメリカが残虐行為においてヒトラーを上回ると誹謗されるのを見たくはない」とトルーマンに告げている。とはいえ、スティムソンは虐殺に歯止めをかけようとなんらかの手だてを講じたわけではない。「民間人の犠牲[74]」を最小限に食い止めるというアーノルドの言葉を信じることで自分をごまかしたのだ。一九四五年、当時ルメイの部下で、のちに国防長官に就任したロバート・S・マクナマラは、もしアメリカが戦争に負ければ、自分たちはみな戦争犯罪人として裁かれ、有罪の判決を受けるだろうと上官は言っていたが、まったくそのとおりだと述べた。[75]

日本人に対する憎悪の念はことのほか激しく、民間人の大量虐殺に異を唱える者はほとんどいなかった。オッペンハイマーは、スティムソンがアメリカ人の無関心ぶりを嘆いていたと語った。「日本に対する空爆に抗議の声がひとつも上がらないことに愕然とする、とスティムソン氏が言っていたのを私は記憶している。なにしろ、東京の場合は夥しい数の死者が出ているのだ。彼は空爆を中止すべきだと言ったわけではないが、日本の都市部の空爆について誰も疑問を投げかけない国はなにかがおかしいと考えていた[76]」。ボナー・フェラーズ准将は、日本への空爆を「人類史上最も残忍で野蛮な非ろう」と思っていた。[78]

戦闘員殺戮[77]」と呼んだ。アーノルドは「アメリカ人の九〇パーセントは日本人殲滅も厭わなかっただろう」と思っていた。[78]

### 原爆の使用は「壮大な見せ物」――そしてソ連への牽制である

グローヴス少将率いる標的委員会は、これまで空爆を受けていない都市部の軍事施設で、周りを労働者の居住区域に囲まれている場所に原爆を投下すると決定した。世界中の人がこの兵器の重要性に気づくように、最初の使用を壮大な見せ物にしようと考えたのである。原爆使用にかかわる諸問題を検討するスティムソンの暫定委員会のメンバーは、示威実験などの代替案を示したが、トルーマンの代理として委員会に出席していたバーンズに押し切られた。

五月三一日の会議で、暫定委員会は核兵器の未来も検討している。科学者たちは、当時の原爆が今後開発されるであろうものの、初歩的で原始的なタイプであると理解していた。この考えに彼らは背筋が凍るような思いをしていた。オッペンハイマーは政権の中枢にいる武官や文官に対して、アメリカは三年以内に一〇から一〇〇メガトン級の兵器――まもなく広島に投下されることになる原爆のおよそ七〇〇〇倍の威力をもつ――を手に入れるだろうと述べた。[79]

五月末、シラード、ノーベル賞受賞者のハロルド・ユーリー、天文学者のウォルター・バートキーが原爆使用について注意をうながすためにトルーマンに会おうと試みたところ、彼らはサウスカロライナ州スパルタンバーグにいたバーンズのもとへ案内された。シラードはバーンズの回答に憤慨した。「バーンズ氏の回答は、戦争を終結するためには日本の都市に原爆を使用せざるを得ないというものではなかった。政府の誰もが知っていたように、彼はそのときすでに日本が敗北したも同然であるのを承知していた……当時のバーンズ氏の懸念はソ連がヨーロッパで覇権を握ることにあり、彼は原子爆弾の保有・示威行為によってヨーロッパにおけるソ連の影響力を抑えられると主張していた」[80]。グローヴスもソ連が敵国だと内心ではつねに考えていたと認めている。「今回の計画を指揮し始めて約二週間後には、ソ連がわれわれの敵国であるのは明白となり、今回の計画はその認識にもとづいていた」[81]。一九四四年三月に夕食をともにしたとき、グローヴスは次のように言ってジョセフ・ロートブラットを驚倒させた。「むろん、この計画の主たる目的はソ連に対する牽制であるのは承知しているね？」[82]。こうしたバーンズやグローヴスの発言を見れば、バーンズが四月一三日にトルーマンに漏らした、原爆のおかげで「戦争が終わったとき、われわれがイニシアチブを取れるかもしれない」という言葉の裏に隠された本音が見えてくる[83]。

## 原爆に異を唱えた人々

ロスアラモスの研究者が原爆完成に精力を傾けていたころ、自分たちの研究に疑念を抱きはじめた科学者たちもいた。六月、シカゴ大学冶金研究所の科学者が、核エネルギーのさまざまな側面を検討する委員会をいくつか設立した。ノーベル賞を受賞したジェームズ・フランク率いる「政治的・社会的問題に関する委員会」は報告書（訳注　フランク・レポートと呼ばれた）を作成した。この報告書はレオ・シラードの影響をおおいに受けており、今般の戦争での原爆使用の是非を問うものだった。また日本奇襲はアメリカの道徳的立場を損なうのみならず、「全面的な相互破壊」[84]の脅威に駆り立てられた、ソ連との核武装競争につながるとも警告していた。さらに、原爆の科学的原理に秘密はないのだから、ソ連は早晩アメリカに追いつくだろうとしている。
シラードは誰よりも原爆の危険性を承知しており、原爆使用を予防しようと全力を傾けていた。彼はフランクの諮問委員会が出した報告書を他の研究所の科学者に回覧した。保安局員が報告書を機密文書扱いにして以降の回覧を禁止すると、シラードは大統領に原爆の危険性を訴える嘆願書を作成した。

われわれが手にしている原子爆弾はまだ世界が破滅に向かう第一歩にすぎず、将来の開発によって人類が手にする破壊力は実質的に限りないものになります。したがって、新たに発見された自然の力を最初に破壊目的に使用した国家は、想像を絶する規模の破壊という時代の扉を開けた責任を負うことになるでしょう。[85]

シカゴ大学の冶金研究所とオークリッジにあるウラン工場に所属する一五五名の科学者がこの嘆願書に署名した。オッペンハイマーはロスアラモスでの嘆願書回覧を禁止し、嘆願書についてグローヴスに注意をうながした。グローヴスは、原爆使用を止めるのに間に合わなくなるまで、嘆願書がスティムソンとトルーマンの目に触れないよう手配りをした。グローヴスの保安局員は戦時中をとおしてシラードの動きを徹底的に監視していた。あるときグローヴスは、シラードを「敵国人」呼ばわりし、彼を「戦時中は強制収容する」よう要請する書簡を地方検事宛てに書くことまでした。幸いにも、コンプトンに説得されてその書簡は送らずじまいとなったが。グローヴスは独自に科学者の意識調査を行ない、八三パーセントが日本で原爆を使用する前に示威実験すべきだと答えたことに失望した。[86] 彼はこの結果を闇に葬った。

ほかにも原爆の使用を止めようとした人はいたにもかかわらず、不幸にもシラード以上に成功を収めた人はいない。六月二七日、暫定委員会に海軍代表として参加していたラルフ・バード海軍次官はスティムソンに意見書を送り、「ここ数週間、日本政府が降伏のきっかけを模索しているという確かな感触を得ている」と述べた。彼はアメリカが「崇高な人道主義を掲げる国家」である以上、ソ連の参戦および原子爆弾の開発について日本に警告し、降伏条件を明確にすべきであると力説した。数日後に委員会を去ったバードが、大統領に面会してこれらの点を強調したと考える歴史学者もいるが、明確な記録はない。しかし、六月一八日にトルーマンが統合参謀本部の委員たちと会談したとき、ジョン・マクロイ陸軍次官補が「天皇制と日本国民が望む政体を確約する」、「われわれはきわめて強力な破壊力をもつ兵器を保有しており、彼らが降伏しない場合にはその使用を余儀なくされる」[87] の二点を日本人に告げるようトルーマンに忠告したことだけはたしかだ。

## ポツダム会談始まる——アメリカのソ連参戦をめぐるジレンマ

連合国の指導者たちが爆撃の爪痕も生々しいベルリン郊外のポツダムに集結したとき、事態はいよいよのっぴきならなくなっていた。はじめての原爆投下の予定日があと一カ月足らずに迫っていたのである。トルーマンは七月一五日にこの地に到着し、チャーチルとスターリンとの初会談を不安のうちに待った。日本は条件付きの降伏を認められるなら戦争終結を望んでいるとの報告が東京から続々と入ってきた。アメリカの最高指導者たちが日本側の意向を察知していたのは間違いない。トルーマンは、七月一八日に傍受された「無条件降伏が和平への唯一の障害である[88]」という日本側の電文を、「和平を請う日本の天皇からの電報」と明確に位置づけている。フォレスタルは「日本が戦争状態を脱出したいという願望をもつ証拠」、スティムソンは「日本の和平への動き」、バーンズは「日本の和平希求[89]」について述べている。一九六六年の著書『静かなる降伏――サンライズ作戦／大戦終結を演出す』で、元戦略事務局（OSS）局員で、のちに後継機関の中央情報局（CIA）初代長官となったアレン・ダレスは当時をこう振り返る。「私はポツダムに行き、そこで東京からの情報――人々が降伏という衝撃的な知らせを聞いたあとに規律と秩序を維持するための基盤として、天皇制と憲法を護持できるのであれば、日本人は降伏したいと考えている――をスティムソン国務長官に報告した[90]」。ポツダム会談が開催された週に太平洋戦略情報部が出した報告書は、「いまや日本は、公然とではないにしても公式に敗戦を認識していると言ってもいい。日本は長く求めてきた勝利の目標を達成不能として放棄し、（1）国家としての矜持と敗北のあいだの折り合いをつける、（2）潰《つい》えた野望の後始末をつける最良の手段を見出す、という二つの目的に目を向けた[91]」と論じている。陸軍省作戦局局長のチャールズ・「ティック」・ボーンスティル大佐は、「哀れな日本人は懸命に探りを入れていた[92]」と述懐している。

本人の弁を借りれば、トルーマンがポツダム会談に参加したおもな目的は、ヤルタでの合意どおりソ連に対日参戦させることにあった。ソ連参戦が日本にとってとどめの一撃になると知っていたトルーマンは、スターリンが参戦を確約すると有頂天になり、七月一七日の日記に「ソ連は八月一五日に対日戦争に加わるだろう。そうなれば日本は終わりだ(93)」と書いた。翌日、彼は妻のベスに書き送っている。「これで戦争終結が一年は早まる。死なずにすむ若者がどれだけいることか!(94)」。トルーマンはもう一枚外交カードを手にしていたが、それを切るタイミングにはわずかな誤りも許されなかった。スティムソンはこのことを理解していた。五月一五日の日記にスティムソンは、原爆は重要な外交ツールではあるが、ポツダム以前に実験が行なわれることはないと述べている。「われわれは実験がポツダム後しばらくして行なわれると考えているが、鍵となるカードをもたずにこれほど重大な外交駆け引きに臨むのは空恐ろしい(95)」。

スターリンと交渉する前に原爆実験をすませたいトルーマンは、会談を始める日を二週間遅らせていた。オッペンハイマーは「われわれはポツダム会談前に原爆を完成せよ、という途方もない圧力を受けていた(96)」と振り返る。トルーマンの視点から見れば待った甲斐があったということになる。

七月一六日、トルーマンがベルリンを視察して、翌日に迫ったスターリンとの会談の準備にいそしんでいたとき、科学者たちがニューメキシコ州アラモゴルドで初の原爆実験を行なった。トリニティ実験の結果は予想をはるかに超えていた。一八・六キロトン爆弾の桁外れの威力と空のまぶしさに、実際に大気爆発を起こしてしまったかもしれないと考えた科学者もいたほどだった。オッペンハイマーは、ヒンドゥー教の聖典『バガヴァッド・ギーター』の一節「われは死となれり、世界の破壊者となれり」が脳裏を掠《かす》めたと言った。実験の責任者ケネス・ベインブリッジは嘆いた。「これで俺たちはみな人でなしだ!(97)」。

## 原爆実験成功――狂喜するトルーマン

グローヴスは暫定報告をスティムソンに送り、スティムソンがトルーマンとバーンズに急ぎ伝えた。彼らは奮い立った。七月二一日、グローヴスはより詳細で印象的な報告書を送り、それには「実験は誰が予想していたよりも大きな成功を収めた」とあった。グローヴスは、爆弾が放出したエネルギーはTNT爆薬換算で一五から二〇キロトンに当たると推測し、これほどの爆発力をもつ兵器は過去に例がなく驚嘆に値すると考えた。スティムソンはこの報告書を大統領と国務長官に読み上げた。グローヴスの報告書にはトマス・ファレル准将の報告が添えられており、そちらは実験を「世界の終末を思わせるような強力で長い大爆発」[98]と形容していた。この報告書に目を通したとき、チャーチルは「神がふたたびお怒りになられた」と叫んだ[99]。

トルーマン、バーンズ、グローヴスは、これでソ連の手を借りずともアメリカが望む条件で日本の降伏を早期に実現でき、ソ連に確約していた領土と経済上の譲歩もする必要がなくなったと考えた。スティムソンは述べている。「大統領は［報告書に］浮かれたようになり、会うたびに何度でもそのことを口にした。彼は以前とはまったく異なる自信を得たと語った」[100]。トルーマンはそれまでの会談ではチャーチルやスターリンに主導権を握られていたが、以降は審議を牛耳るようになった。ウィンストン・チャーチルが実験後初の本会議での様子について、「私には合点がいかなかった。報告書を読んだあとの彼はまるで別人だった。ロシア人たちにあれこれ指図し、会議をおのれの意のままに進めた」[101]と書いている。マクロイもまた原爆によってトルーマンが自信を深めたと感じた。「会談をとおして、『原爆』が大きな役割を果たした。チャーチル首相もトルーマン大統領も向かうところ敵なしといった様子だった。グローヴスの報告書を読んだあとは、二人はまるで大きい真っ赤なリンゴをポケットに隠している少年のように会談に臨んだ[102]」。

## トルーマンの豹変

父親やボスのペンダーガストなどの暴君に逆らえなかったトルーマンだったが、いまやスターリン相手にすっくと立ち上がったのである。拳銃をもてばどんな男でも偉丈夫になるなどとよく言うが、原爆実験の成功によってトルーマンは世界で最も恐れられた独裁者を前にそびえ立つ巨人になったのだ。しかしトルーマンが見せた虚勢の陰には、原爆の使用によってもたらされようとしている世界の深い理解が隠されていた。彼はポツダム会談当時の日記に、「われわれは世界史で最も恐ろしい爆弾を発見してしまった。それは、ノアと彼のすばらしい方舟のあとにメソポタミア文明が予言した『火による滅亡』かもしれない[103]」と綴っている。残念ながら、こうして黙示録めいた感慨を口にしているにもかかわらず、投下の日が迫ってもトルーマンが他の選択肢を取ることはなかった。

他の主要な意思決定者――トルーマン、バーンズ、グローヴス――とは違って、スティムソンは原爆使用に深い懸念を抱いていた。彼はそれを「恐るべき」、「悲惨な」、「言語に絶する」、「目も当てられない」、「悪魔のごとき」と形容した。つまり、それをただの新兵器というより、「人間と外界の関係の劇的変化……それは文明の消滅をも意味するかもしれず……私たちを食らうフランケンシュタインの怪物のようなものかもしれない[104]」と考えていたのだ。彼は日本人に天皇制の存続を確約するようトルーマンとバーンズ相手に何度も説得を試みた。だがその説得も実を結ぶことはなかった。スティムソンがポツダムで誰も自分の意見に耳を貸そうとしないとトルーマンに訴えると、トルーマンは自分より年長の華奢な陸軍長官に向かって、気に入らぬなら荷物をまとめて帰るがいいと言い放った。

スティムソンは、連合国軍最高司令官のドワイト・アイゼンハワー元帥に原爆使用はどうしても避けられないとポツダムで告げた。アイゼンハワーは強烈な反応を示した。アイゼンハワーはこのときの自分の反応について《ニューズウィーク》誌に書いている。「そこで彼は原爆を日本に落とすと言った。でも、私はそれを聞いても、なにも言わなかった。私の戦争はヨーロッパで終わっており、私はとやかく言う立場にいなかったからね。しかし考えれば考えるほど気持ちは沈むばかりだった。彼が私の意見を尋ねたので、私はそれには二つの理由から反対だと答えた。第一に、日本は降伏する用意ができており、あのような恐ろしい兵器を使用する必要はなかった。第二に、私は自国があのような兵器を用いる最初の国になるのを見たくはなかった」[105]。アイゼンハワーは、自分はトルーマンと側近に反対意見を直接伝えたと歴史学者のスティーブン・アンブローズに話している。同じく歴史学者のバートン・バーンスタインは、アイゼンハワーの話に疑義を挟む理由があると主張するが、オマー・ブラッドレー大将（訳注　一九五〇年に元帥に任官）はアイク（訳注　アイゼンハワーの愛称）の言い分を支持している[106]。

## もはやソ連参戦は不要——アメリカが一人勝ちするための原爆投下

原爆実験が成功した以上、トルーマン、バーンズ、スティムソンはもはやソ連の参戦を望まなかった。ソ連が参戦すれば、ルーズベルトがヤルタ会談でソ連に約束した譲歩を実施に移さねばならないからだった。七月二三日、チャーチルは「アメリカが現段階でソ連の対日戦争参戦を望んでいないのは歴然としている」(107)と述べた。バーンズは「今回の実験が成功したと知った以上、大統領も私もソ連の参戦は望まない」と記している。彼は補佐のウォルター・ブラウンに、自分は「時間が欲しい。［今回の］原爆投下が行なわれれば、日本は降伏するであろうし、ソ連も過大な要求はしないであろう」と話した。(108)トルーマンと顧問たちにとって、これを達成する方法は明らかだった。原爆を落とせばいいのだ。トルーマンは述べている。「ソ連が参戦する前に日本は折れるだろう。マンハッタン計画の産物が頭上で炸裂すれば、日本は間違いなくそうすると私は確信している」(109)。

会談が終了する前、トルーマンはスターリンに歩み寄り、アメリカが「途方もない破壊力をもつ兵器」を開発したとさりげなく話した。ソ連の情報部がすでにスターリンにマンハッタン計画について知らせていると気づいていないトルーマンは、スターリンがさして興味なさそうな返事をしたことに驚き、スターリンが果たして自分の発言を理解しているのだろうかと訝しく思った。実は、スターリンはトルーマンが考えるよりはるかに事態を把握していた。彼は実験が行なわれる予定になっていたことを知っていた。そこで、その実験が成功したと結論づけたのである。スターリンはただちに自国の内部人民委員部（ＮＫＶＤ）のラブレンチー・ベリヤ議長に電話し、実験がすでに行なわれたことをなぜつかめなかったかと叱責した。アンドレイ・グロムイコ駐米大使によると、スターリンは別荘に戻ったとき、アメリカはこれで核独占を楯にヨーロッパ支配を企むだろうが、自分は奴らの脅しに

1945年7月のポツダム会談に参加したスターリン、トルーマン、アメリカのジェームズ・F・バーンズ国務長官、ソ連のビャチェスラフ・モロトフ外相。トルーマンと顧問たちはこのポツダムでの会談中にトリニティ実験の成功を知った。新兵器の実験が成功した以上、ソ連に約束した領土と経済上の譲歩をしたくはないと考えたトルーマン、バーンズ、スティムソン国務長官は、もはやソ連の太平洋戦争参戦を望まなかった。

は乗らないと述べたという。(110) スターリンは軍部に参戦を急ぐよう命じ、科学者には研究のペースを上げるよう命じた。

## 原爆投下は、日本のポツダム宣言拒否の前に決められていた！

トルーマンが原爆投下の直接命令を発したことは一度もない。七月二五日、ポツダムにいた彼は、八月三日以降、天候が許すかぎり早い時機に原爆を投下するよう命じる、スティムソンとマーシャルの署名のある命令書に承認を与えてはいる。最終的なポツダム宣言には降伏条件の大幅な変更も、原子爆弾にかかわる警告も、ソ連の参戦通告も盛り込まれておらず、トルーマンは日本がこの宣言を受諾する可能性が皆無に近いことを知っていた。それでも、トルーマンとスティムソンが後日主張した内容とは裏腹に、原爆投下の承認は日本がポツダム宣言を拒否したあとではなく、その前に与えられたという事実に注目する必要がある。スターリンは宣言に署名するためにポツダムにやって来たのであり、自身の宣言草稿まで持参していたが、トルーマンは結局、スターリンに宣言への署名をさせずにすませた。スターリンの署名があれば、それは日本にとってソ連がただちに参戦することを意味する。したがって彼の署名がなければ、日本は有利な降伏条件を得るためにソ連の助力を得ようと無駄な努力を続けることになる。そのあいだも、原爆が使用可能となる瞬間が刻々と迫っていた。

ポツダムでトルーマンが態度を豹変させたことによって、スターリンはアメリカが戦争を早期に終結させ、約束した譲歩を反故にする魂胆であるという確信を強めた。会談でスターリンは、ソ連軍は八月なかばまでに攻撃準備が整うとトルーマンに告げている。ソ連軍参謀総長のアレクセイ・アントノフは、実際には参戦はその月の終わりごろになるだろうとの見通しをアメリカ軍関係者に伝えた。スターリンは、侵攻を一〇日から一四日繰り上げる準備をせよ、とアレクサンドル・バシレフスキー元帥に命じた[111]。

トルーマンは原爆投下の決定責任は自分にあるとつねに認めてきたものの、七月二五日の覚え書きを起草したグローヴスは、トルーマンが実際に決定を下したわけではなく、彼は黙従しただけだとしている。「私が知るかぎり、彼の決定はいつもながらの不干渉——言うなれば、すでに決まったことには異を唱えないというものであり……トルーマンは『ノー』はおろか『イエス』とさえ言えないような男だった」。グローヴスは、トルーマンはまるで「そりに乗った子ども」だと侮蔑を込めて話した[112]。

トルーマンは八月二日にポツダムを離れた。翌日、バーンズの補佐は日記に書いている。「〈オーガスタ〉艦上にて。大統領、リーヒ、JFB（バーンズ）は、日本が和平の道を探っているとの認識で一致した[113]」。トルーマンも和平を望んだ。しかし、彼はその前に原爆を使用したかった。

ダグラス・マッカーサー元帥は太平洋戦線で連合国軍最高司令官を務め、アメリカ軍現役で第二の地位にあったが、その彼は原爆の使用を「軍事的にはまったく不必要」と考えており、アメリカがまもなく使用する予定と知ると怒り失望した。八月六日のまだ原爆投下が発表される前、元帥は記者会見を開き、日本は「すでに敗北しており」、自分は「次の戦争が一万倍の恐怖をともなうだろう[114]」と考えていると記者たちに漏らした。

エノラ・ゲイの前に立つ操縦士のポール・ティベッツ（中央のパイプをくわえた人物）と他の乗組員。

## 八月六日、広島市消滅す

八月六日午前二時四五分、三機のB‐29爆撃機が、日本から約二四〇〇キロメートル隔たったマリアナ諸島のテニアン島を飛び立った。機長を乗せた〈エノラ・ゲイ〉は〝リトルボーイ〟と呼ばれるウラン原爆を搭載していた。リトルボーイは午前八時一五分に爆発し、その爆発力はTNT爆薬換算で一六キロトンに相当すると現在では推測されている。広島に住む約三〇万人の市民、四万三〇〇〇人の兵士、四万五〇〇〇人の朝鮮系強制労働者、そして数千人の日系アメリカ人（大半は児童で彼らの両親はアメリカで強制収容されていた）は、ちょうど一日を始めるところだった。投下目標は市の中心にあるT字形をした相生《アイオイ》橋だった。港湾と陸軍第二総軍司令部があったとはいえ、広島はそれまでの空爆では優先度の高い軍事的標的と見なされてはいなかった。原爆によって直径三キロメートル余りの円内全域が破壊された。〈エノラ・ゲイ〉の乗組員は広島市が消滅するのを目の当たりにして恐怖に凍りついた。操縦士のポール・ティベッツはB-29爆撃機を自分の母親にちなんで名づけた人物であるが、このときの様子をこう語っている。「巨大な紫色のキノコ雲がすでにわれわれの高度より約五〇〇〇メートル高い一万三五〇〇メートルまで立ち上り、おどろおどろしい生き物のようにまだ湧き上っていた。しかし、さらに凄まじかったのは眼下の光景だった。いたるところから炎が上がり、熱いタールが泡立つように煙がもくもくと立ち上った」[115]。別の機会に彼は語っている。「ダンテがわれわれと一緒に機上にいたとしたら、彼は戦慄を覚えたことだろう。ほんの数分前に朝日を浴びてはっきりと見えた町が、いまはぼんやりとした醜い染みにしか見えないのだ。町はこの恐るべき煙と炎の下に消滅してしまっていた」。ロバート・キャロン尾射手はこれを「地獄の光景」と呼んだ。副操縦士のロバート・ルイスは、投下後初の記録欄に記した。「ああ、俺たちはなにをやらかしたのか?」[116]。

爆発の被害調査のために観測機として同行した爆撃機〈グレート・アーティスト〉に乗っていた無電技師エイブ・スピッツァーは、自分は幻覚を見ているに違いないと思った。彼は乗組員が目にした身の毛のよだつような情景を生々しく伝える文章を残しており、ここに長く引用するに値するだろう。

眼下には見えるかぎり巨大な火災が広がっていたが、それは普通の火災とは違った。炎は見たこともないような一〇色以上の色彩を帯び、どの色も目を開けていられぬほどまぶしかった。最もまぶしく光る中心には、太陽よりも大きそうな火の玉があった。それはまるで太陽が空からわれわれの下の地面まで落ちてしまい、再びこちらに向かってまっしぐらに――そしてすばやく――上ろうとしているかのようだった。

同時に、火の玉は市全体を覆うように外側にも広がり、どの方向を見てもその炎は薄い灰色の太い煙の柱になかば覆われていた。煙は市街地を囲む丘陵地帯に向かって外側に膨れ、信じ難い速度でわれわれを追ってきた。

またしても機が揺れた。巨大な鉄砲――大砲かカノン砲――が、あらゆる方向からわれわれ目がけて発射されているかのような音がした。

やがて紫色の光は青緑に変わり、縁はわずかに黄味を帯びていた。太陽が転げ落ちたような眼下の火の玉は立ち上る煙を追いかけ、目にもとまらぬ速度でこちらに向かってくるように見えた。そのときには、われわれもかつて街があった場所を離れようとしていたが、追ってくる煙の速度には追いつけなかった。

突然、われわれの右手に煙の柱が現われ、あとでわかったところによるとその煙は推定約一万五〇〇〇メートルの高さまで上りつづけた。それは巨大な柱が上に行くにしたがって細くなり、成層圏まで延びているかのようだった。科学者が後日教えてくれたところによると、この煙の柱は地上付近で直径六・五から八キロメートル、先端で直径二・四キロメートル以上あったという。

私が呆けたようにこの眺めに見入るなか、煙は薄い灰色、茶色、さらに琥珀色へと色を変え、その三色すべてが混じり合ってまばゆく湧き上がる虹になった。ほんの一瞬、煙の勢いも止まったかと思われたが、そう考える間もないうちに、煙の柱の先端からキノコの傘のような雲が現わ

1945年8月6日に広島に原爆が落とされた際にキノコ雲が上がる様子。地上の眺めはこれとはまるで異なっており、地獄絵図さながらだった。爆心地では、温度が3000℃にも達し、火の玉によって「人々は内臓が煮えたぎり、一瞬のうちに黒焦げの塊になって燻り続けた」。

れ、一万八〇〇〇メートルから二万一〇〇〇メートルとも言われる高さにまで上っていった……煙の柱全体がほとばしるように渦巻き、キノコの傘のような先端部分は大海の荒波のように四方に広がっていった。

そこで、先端の傘が突如として鋭い刃で切られたように煙の柱から離れ、どんどん上がっていった。どれほど上がったかはわからない。それは誰も知らないのだ。写真にも映っていない。それに、それを正確に測定できる機械もなかった。二万四〇〇〇メートル、あるいは二万五五〇〇メートルと言う人も、あるいはそれ以上と言う人もいる……その後、さっきよりいくらか小さい別のキノコ雲が煙の柱から湧き出た[117]。

スピッツァーは誰かがこう言うのを耳にした。「俺たちは神の領域に踏み込んでしまったのか[118]」。

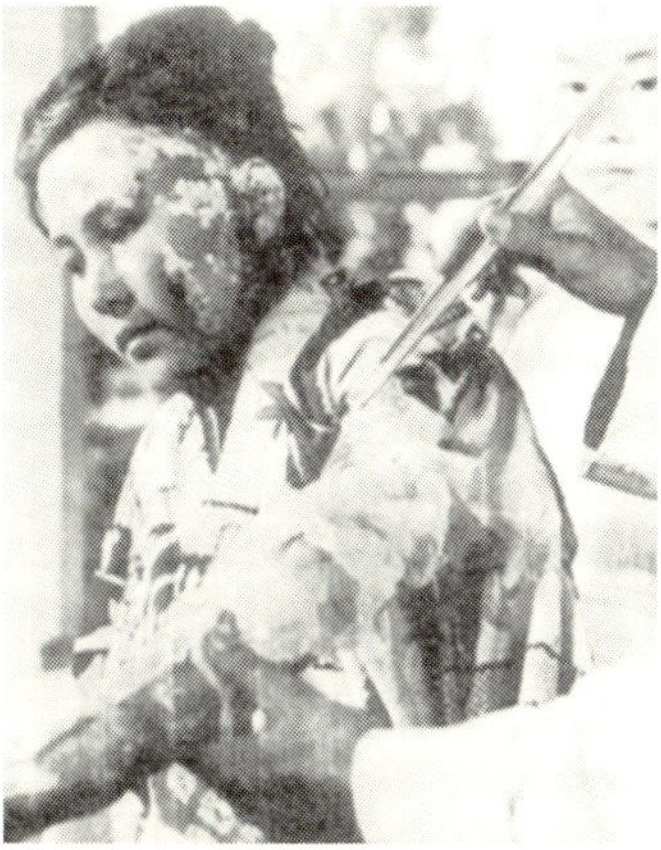

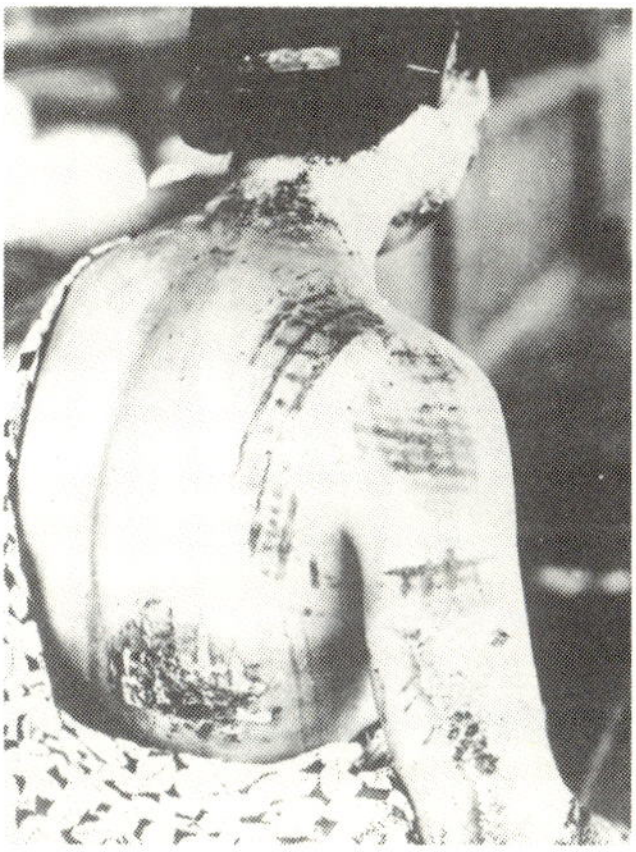

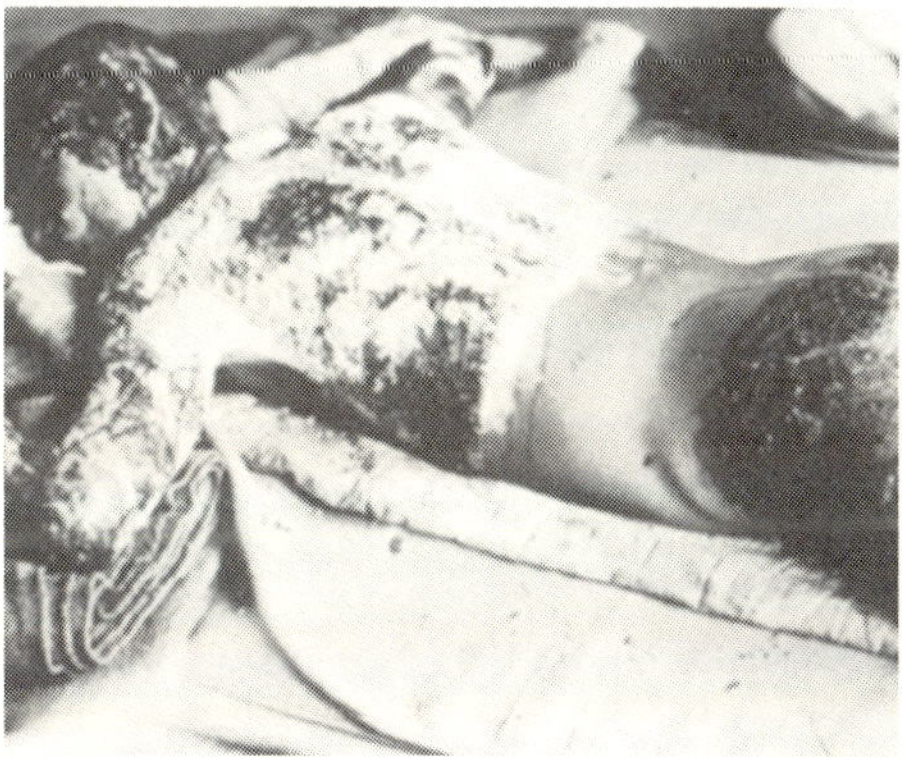

怪我や火傷を負った生存者は激痛に苛まれた。被爆者はこれを地獄の苦しみと言った。

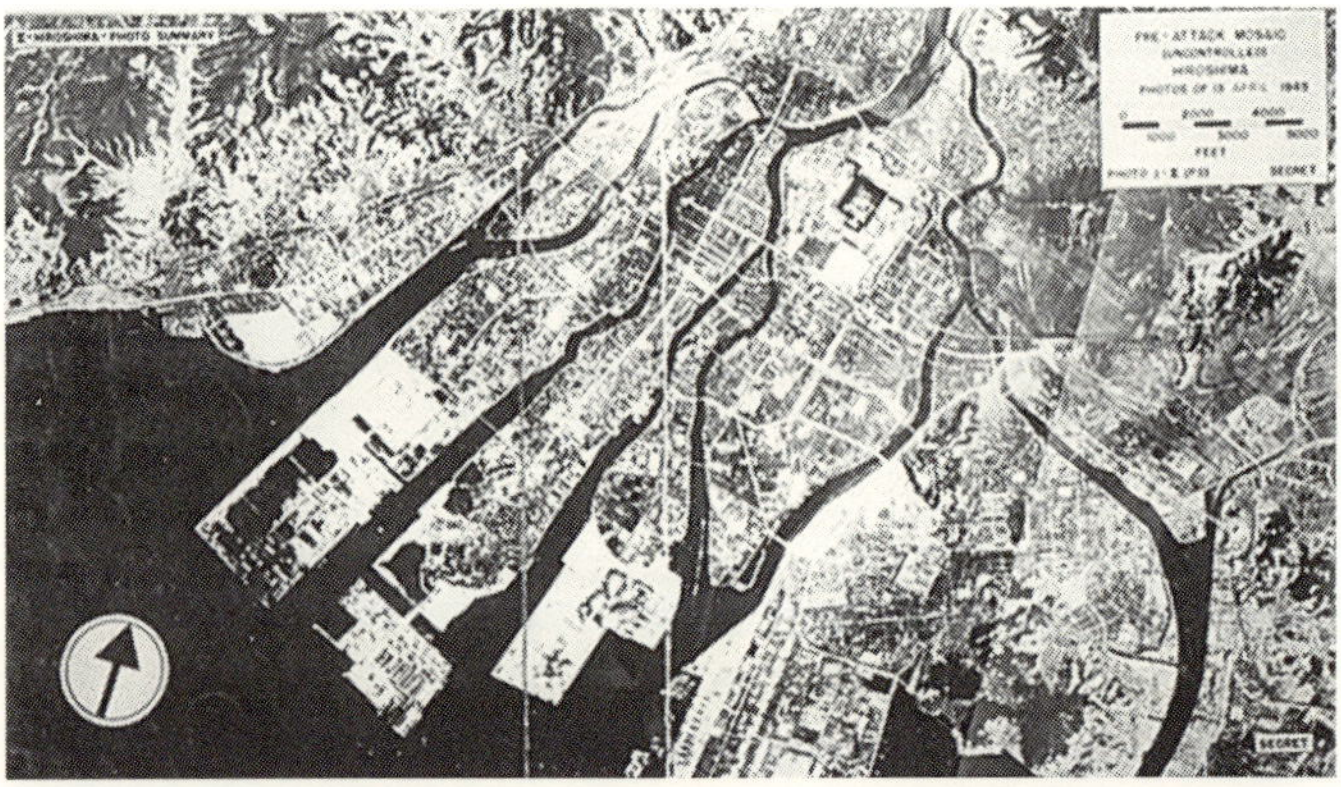


アメリカ戦略爆撃調査団が投下前後に撮影した写真を比較すると、原爆が広島に与えた被害は市内全域におよぶことがわかる。

## 「あの閃光が忘れえようか」

地上の眺めはこれとはまるで異なっており、地獄絵図さながらだった。爆心地では、温度が三〇〇〇度にも達し、火の玉によって「人々は内臓が煮えたぎり、一瞬のうちに黒焦げの塊になって燻《くすぶ》り続けた」[119]。何万人もの人が瞬時に落命した。その年が終わるまでに推定一四万人、一九五〇年までに二〇万人が死亡した。アメリカの公式発表は、三三四二人の日本兵が死んだのみというものであった。広島に落とされた原爆の犠牲者には、およそ一〇〇〇人のアメリカ人（大半は日系二世のアメリカ人）と二三人のアメリカ人戦争捕虜（爆発を生き延びた者もいたが他の生存者になぶり殺しにされた）がいた。数人のアメリカ人戦争捕虜が爆発で死亡した。

怪我や火傷を負った生存者は激痛に苛まれた。被爆者《ヒバクシャ》はこれを地獄の苦しみと言った。体がひどく焼けただれ、裸同然の姿で、骨から皮膚が垂れ下がった人々で通りが埋め尽くされた。負傷の手当を請う人、家族を探す人、迫りくる炎から逃げまどう人は、歩む足を宙で止めた姿のまま黒焦げになった死者の体につまずくこともしばしばだった。広島で最も有名な原子爆弾を謳った詩人の峠三吉《とうげさんきち》は、一九五三年に三七歳で没しており、「八月六日」と題する詩を残している。以下にその一部を掲載しよう。

あの閃光が忘れえようか
瞬時に街頭の三万は消え
圧《お》しつぶされた暗闇の底で

五万の悲鳴は絶え
……
やがてボロ切れのような皮膚を垂れた
両手を胸に
くずれた脳漿《のうしょう》を踏み
……
つながれた筏《いかだ》へ這《は》いより折り重なった河岸の群れも
灼《や》けつく日ざしの下でしだいに屍体とかわり
……
のがれ横たわった女学生らの
……
誰がたれとも分からぬ一群の上に朝日がさせば
すでに動くものもなく
……
三十万の全市をしめた
あの静寂が忘れえようか
そのしずけさの中で
帰らなかった妻や子のしろい眼窩《がんか》が

俺たちの心魂をたち割って
込めたねがいを
忘れえようか[120]！

（『原爆詩集』青木書店より引用）

テニアン島への帰路、乗組員たちは押し黙ったままだった。いま目にしたばかりの光景はあまりに凄惨で、これで間違いなく戦争が終わるのがせめてもの救いと自分を慰める者もいた。〈グレート・アーティスト〉の尾射手アルバート・「パピー」・デハートは、いま目撃した情景を見たことを後悔した。「孫たちには話せない、絶対に。子らに聞かせていい話ではないよ、俺たちが見たことは[121]」。

## さらに煽られた、ソ連の連合国への不信

広島への原爆投下を知ったとき、トルーマンはポツダムを離れるアメリカの重巡洋艦オーガスタ上で食事中だった。彼は飛び上がって叫んだ。「これは史上最大の出来事だ[122]！」。しばらくして彼は、広島への原爆投下の発表は自分がした中で「最も心躍る」仕事だったと語った。

トルーマンが快哉を叫んだと聞いて渋面をつくった人々もいた。ある民主党委員は二日後に電報を打って大統領に諫言した。「無辜《むこ》の人を死にいたらしめる兵器に歓呼するなど、かりそめにもアメリカ合衆国の大統領たるもののなすべきことではない。喜んだ理由が破壊ではなく、破壊に終止符を打ったことにあると明確にしていただきたい[123]」。

ソ連の指導者は喜ぶどころの騒ぎではなかった。すでに瀕死の状態にある国家を叩きのめすのに原

爆は必要ないと承知していたことから、彼らは真の標的がソ連であると結論づけた。アメリカは原爆投下によって日本の降伏を早め、ソ連がアジアの覇者になるのを阻もうとしたと考えたのである。さらに彼らの不安を煽ったのは、アメリカが明らかに無用と思われる局面で広島に原爆を投下したのは、仮にソ連がアメリカの国益を脅かすようなことがあれば、アメリカはソ連に対して原爆を使用することも辞さないという意志の現われと推測できることだった。

ソ連はこのメッセージを理解した。一九四一年から四八年にかけて、《サンデー・タイムズ》の特派員としてモスクワで過ごしたアレクサンダー・ワースは伝えている。「[広島の]ニュースには誰もがひどく落ち込んだ。これが世界の覇権争いにおける『新事実』であり、いまや原爆がソ連にとって脅威であると明らかになったことで、その日私と話したソ連の悲観的な人々の中には、ソ連がドイツ相手に収めた辛勝もいまとなっては『紙屑同然になった』と暗い表情で話す人もいた[124]」。

二六年後、ジューコフ元帥の頭を何度も悩ませ、アメリカの真意を浮き彫りにしてみせたのは、まさに原爆投下が無用だったという一点にあった。彼は当時をこう回想する。「したがってアメリカが『冷戦』において優位な立場に立つために原爆を利用するつもりであることは、その時点ですでに火を見るより明らかだった。この事実は八月六日と八日にはっきり確認されていた。軍事的にはまったく必要性がなかったにもかかわらず、アメリカは日本ののどかで人口の多い広島と長崎に二つの原爆を落としたのである」。他の軍指導者も同様に驚きを隠せなかった。のちにソ連外相、書記長となる駐米大使グロムイコの息子アナトーリーは、父親がした話を覚えている。広島によって、「ソ連軍部は右往左往した。クレムリンや参謀本部に張りつめた空気が流れ、連合国に対する不信感が見る間に膨れ上がった。広域にわたる領土支配を盤石なものとし、原爆の犠牲を最小限にとどめるため、大規模な陸軍展開を行なうべきであるという意見が続出した[125]」。

スターリンやビャチェスラフ・モロトフ外相などの政治指導者もまた、同様に警戒を強めた。物理学者のユーリー・ハリトンは「ソ連政府関係者はみな［広島を］ソ連に対する恫喝、目を覆わんばかりの悲惨な戦争を新たに起こしかねない脅威ととらえた」と述べた。核物理学者たちは、研究の進捗状況を報告するために毎日クレムリンに呼び出された。数日のうちにスターリンは、ソ連独自の原子爆弾開発に向けて緊急計画に着手した[126]。

## ソ連の日本侵攻、そして「長崎」

広島直後、日本の指導者はソ連に仲裁の意思があるかについて早急な回答を求めた。八月九日早朝、強力なソ連赤軍が満州、朝鮮、サハリン、千島列島に配備された日本軍をやすやすと撃破したとき、ソ連の答えは一目瞭然だった。

八月九日午前、外務省幹部四人が鈴木首相の官舎に出向き、この不幸な知らせをもたらした。首相は「いよいよ来るものが来ましたね[127]」（『終戦の表情』鈴木貫太郎、労働文化社刊より引用）と答えた。

同じ日の午前中、日本がソ連侵攻に対処する前に、アメリカが「ファットマン」と呼ばれる爆縮式のプルトニウム原爆を長崎に落とした。当初の標的だった小倉上空の視界が悪かったため、操縦士のチャールズ・スウィーニーは標的を長崎の市街地に変更した。原爆は標的だった浦上地区を三キロメートルほど外れ、アジア最大のカトリック教会（訳注　浦上天主堂）の上空で二一キロトンの威力で爆

長崎の惨状。原爆で4万人が即死し、1945年末までに7万人が死亡し、5年後までには14万人がこの世を去っていた。ニュルンベルク裁判の首席検事テルフォード・テイラーは「広島の是非については議論の余地があるが、私は長崎を正当化するに足る理由を聞いたためしがない」と述べた。

発した。四万人が即死し、これには約二五〇名の兵士も含まれていた。一九四五年末までに七万人が死亡し、五年でおそらく一四万人がこの世を去った。〈グレート・アーティスト〉に乗り組み、広島の街が消滅するのを目の当たりにしたスピッツァーらは、別の街がまたしてもこの地上から消されたことが信じられなかった。「もうこれ以上どんな作戦も、原爆も、恐怖も、死者も必要なかったのに、なんてことだ。どんな痴れ者にでもわかるはずではないか[128]」。ニュルンベルク裁判の首席検事テルフォード・テイラーは「広島の是非については議論の余地があるが、長崎を正当化するに足る理由を私は聞いたためしがない」と述べた。彼は長崎を戦争犯罪とみなしていた[129]。

## 日本を降伏させたのは原爆ではなく、ソ連軍への恐怖だった

ソ連軍の攻撃に衝撃を受けた日本の高官は緊急会議を開き、その席で長崎への原爆投下を知るにいたった。この発表も、あるいはアメリカがさらに原爆を一〇〇発保有しており、東京が次の標的であるという阿南陸相の誤った報告も、会議の参加者が無条件降伏に傾く理由にはならなかった。たとえアメリカが自分の町を三〇〇機の飛行機と数千個の原爆で破壊しようと、一機の飛行機と一個の原爆で破壊しようと、おおかたの指導者にとってなんら違いはなかった。アメリカに日本の都市を蹂躙《じゅうりん》する能力と意思があることはすでに実証ずみだった。しかし日本の指導者たちは、ソ連侵攻にすっかり意気消沈していた。それはソ連に対する日本の外交努力も、アメリカの侵攻にひたすら抵抗を試みている日本の決号作戦も完璧に破綻したことを意味していた。降伏を検討している日本の指導者たちにとって、原爆は降伏のいまひとつの動機になりはしても、決定的なものではなかったが、ようやく降

伏の名目ができたと考えた人々もなかにはいた。天皇は降伏し、ポツダム宣言を受諾する意思を示したものの、それは「天皇の主権を侵害しないかぎりにおいて」[130]という条件つきだった。

鈴木首相は日本に残された道は一つしかないと悟った。即時降伏するほかないのだ。さもなければ、「ソ連が満州、朝鮮、樺太ばかりでなく、北海道にもくるだろう。そうなれば日本の土台を壊してしまう。相手がアメリカであるうちに始末をつけねばならないのです」[131]（『日本のいちばん長い日』大宅壮一、文藝春秋新社刊より引用）と彼は明言した。天皇が意思を明確にしたことで、三項目の追加要求――自主的な軍縮、戦争犯罪裁判の免除、占領回避――を主張してきた六首脳のうちの保守派三人も、これまでの降伏反対の立場を翻した。こうして、ソ連赤軍がいまにも日本本土に押し寄せようとするなか、日本の指導者たちは天皇制の存続により理解を示すと思われるアメリカに降伏すると決定した。彼らは、ヨーロッパの一部で見られたように、赤軍の進軍によって国内に親共産主義の暴動が起きることを恐れてもいた。

トルーマンと顧問たちは日本の降伏案を検討した。バーンズは天皇制の存続は「大統領の十字架」になる可能性があると警告した。スティムソンはこれには賛同しなかった。「天皇以外には誰の権威も認めようとしない、各地に散らばった日本兵多数に降伏を納得させ……血塗られた硫黄島や沖縄での戦いの怨讐から逃れるには、たとえ日本側が天皇問題に触れなかったにしても、われわれのほうで天皇制の存続を認めざるを得ないだろう」。スティムソンはバーンズに対する不満を日記に綴っている。「日本といえばギルバート&サリヴァンの歌劇『ミカド』くらいしか知らないような人々にとって……天皇に対して抱く反感は無知ゆえに強烈であり、不思議にも、その感情がいまや国務省上層部の人々の心の奥深くにまでも巣食っていると私は感じる」(132)。さらに議論を重ねた末、彼らは「ポツダム宣言にもとづいて、日本の政体は日本国民の自由意志に委ねるものとする」(133)という曖昧な声明を出すことで妥協した。

戦後、日本の指導者たちは降伏は原子爆弾とソ連の侵攻双方によってもたらされたと主張した。しかしアメリカ占領当局によって聞き取りが行なわれた際、原子爆弾やアメリカの他の戦闘行為よりソ連侵攻がおもな理由だったと主張する人も一部にいた。参謀次長の河辺虎四郎《かわべとらしろう》中将は述べている。

> 広島の惨状が広く知られるようになるにはしばらく時がかかった……それに比して、ソ連参戦はただちに壮絶な衝撃を与えた。東京に伝わる報告にはソ連軍が「大挙して攻めてくる」とあった。それはより深刻な衝撃と懸念をもって受け止められた。なぜなら私たち日本人は「ヨーロッパの強大な赤軍が日本に矛先を変える」という鮮烈な心象を胸に抱いており、ソ連侵攻をつねに恐れていたからである(134)。

豊田大将も同様の考えを示した。「私は原子爆弾よりもソ連参戦のほうが日本の降伏を早めたと見る」。内閣総合計画局長官の池田純久《いけだすみひさ》中将は「ソ連参戦を耳にしたとき、われわれの運も尽きたと知った」と語った。連合国総司令部からの直接の問いに日本の陸軍省は、「日本の降伏決定に最も顕著な影響を与えたのはソ連参戦であった」(135)と答えている。一九四六年一月にアメリカ陸軍省が行なった調査も同じ結論に達した。「……決定につながる……議論においてアメリカの原爆使用にはほとんど言及がない……ソ連参戦によって日本が降伏したであろうことはほぼ間違いのないところ［である］[136]。

## アメリカの軍人も認めていた、原爆の正当性に関する疑問

原爆が戦争終結につながったという誤った信念を抱いてきたアメリカ国民の八五パーセントは、原爆使用を是認している。ほぼ二三パーセントが、日本があれほど早期に降伏せず、アメリカが原爆を落とし続けられたほうがよかったと考えた。しかしアメリカ国民の大半が知らされていなかったのは、アメリカ軍の最高指導者の多くが原爆使用を軍事的には不必要であるか、道徳的に非難されるべき行為ととらえていたという事実だった。トルーマン大統領付参謀長であり、統合参謀本部の議長でもあったウィリアム・リーヒ提督は、「キリスト教的倫理にもとづくあらゆる道徳律や戦争をめぐるあらゆる規律」に反する兵器として、原子爆弾を化学兵器や生物兵器と同類と見なすことにきわめて前向きだった。「日本はすでに敗北しており降伏する用意ができていた……広島と長崎に野蛮な兵器を使用したことは日本に対するわが国の戦争になんら貢献していない。はじめてこの兵器を使用した国家となったことで、われわれの道徳水準は暗黒時代の野蛮人レベルに堕した。私は戦争とはこのようなものではないと教えられてきたし、戦争は女子どもを殺して勝利するものではない[137]」。怒りに燃えたリーヒは、ジャーナリストのジョナサン・ダニエルズに一九四九年に語っている。「トルーマンは、われわれは原爆の使用を決定したが……目標を軍事施設に絞ったと私には言った。むろん、彼らはかまわず婦女子を殺しにかかったのであり、はじめからそのつもりだったのだ[138]」。

ダグラス・マッカーサー元帥は、アメリカが降伏条件を変更したなら戦争は数カ月早く終結しただ

ろうと一貫して主張している。彼は一九六〇年にフーバー元大統領に次のように語った。フーバーが一九四五年五月三〇日にトルーマンに送った、降伏条件の変更を提案する意見書は、「賢明でまことに政治家らしい」ものであり、もしこの意見書が聞き入れられたのであれば、「広島と長崎の虐殺も……アメリカの空爆による大規模な破壊もなかっただろう。日本が躊躇することなく降伏を受け容れたであろうことを私はいささかも疑っていない[139]」というのである。

ヘンリー・「ハップ」・アーノルド元帥は「原爆投下の如何にかかわらず、日本が壊滅寸前であることはわれわれには以前から明白に思われた[140]」と述べた。戦後ほどなくして、カーティス・ルメイ大将は「原爆もソ連参戦もなくとも、日本は二週間もあれば降伏していただろう」とも、「原爆は戦争終結とはまったくかかわりがない[141]」とも述べている。太平洋戦略航空軍の指揮官カール・「トゥーイー」・スパーツ大将は、長崎の二日後に日記に綴った。「ワシントンではじめて原爆使用を検討したとき、私は投下には賛成しなかった。私はある町の住人を殲滅するような破壊を好んだことは一度たりともない[142]」。

海軍将官の多くはこれらの空軍参謀長たちと意見を同じくしていた。合衆国艦隊司令長官のアーネスト・キング提督は「私は今回の投下はすべきでないと思う。それは無益だ」と補佐に話した。彼はインタビューで「私はとにもかくにも原爆を好まなかった[143]」と答えている。太平洋艦隊司令長官のチェスター・ニミッツ提督は、戦後しばらくしてワシントン記念塔で行なわれた会議で発言した。「実際、広島と長崎の破壊によって核の時代到来が世界に宣言される前に、そしてソ連が参戦する前に、日本はすでに講和を求めていた[144]」。南太平洋方面軍司令官のウィリアム・「ブル」・ハルゼー提督は翌年に語った。「最初の原子爆弾は不必要な実験だった……いや、どちらの原爆であれ投下は誤りである……多くの日本人が死んだが、日本はずっと以前からソ連を通じて和平の道を探っていたのだ[145]」。

傍受された外交電報の概要を作成する任務についていたカーター・クラーク准将は語った。「われわれは商用船の撃沈や空腹のみによって彼らを許し難い降伏に追い込み、もう誰が見ても原爆は無用であり、われわれ自身がそのことを承知しており、われわれがそう承知していると相手にもわかっているにもかかわらず、そのような人々相手に原子爆弾二個の実験をしたのだ[146]」。

アメリカの五つ星階級章将官七名のうち、第二次世界大戦で最後の星を獲得した六名——マッカーサー元帥、アイゼンハワー元帥、アーノルド元帥、リーヒ提督、キング提督、ニミッツ提督——は、戦争終結に原子爆弾が不可欠であるという考えを拒絶していた。残念ながら、これらの軍人が投下に先立ってトルーマンに自身の意見を強硬に訴えた形跡はほとんどない。

しかしグローヴスは彼らの考えを承知していた。広島に先立ち、彼は原爆にかんして国防省と交わしたあらゆる文書を廃棄するよう戦場の司令官に命じていた。なぜなら彼自身も認めていたように、「マッカーサーらに原爆を使用しなくても戦争に勝てたと主張させるわけにはいかなかった[147]」からである。

八月末、ジェームズ・バーンズまでもが戦争終結に原爆は必要なかったと認めた。《ニューヨーク・タイムズ》紙によると、「バーンズは、広島に最初の原爆が投下される前に日本は敗北を覚悟していたことをソ連はつかんでいたと述べている[148]」。

## 世界からの非難と、原爆投下が正当であるという神話

ローマ教皇庁は速やかに原爆投下を糾弾した。《カトリック・ワールド》誌は原爆使用を「残虐非道で……キリスト教文明と道徳律に対する前例を見ぬ打撃である」と述べた。全米教会協議会のジョン・フォスター・ダレス会長は、のちにアイゼンハワー政権のタカ派国務長官を務めた人物であるが、その彼が次のような懸念を表明している。「仮に敬虔なキリスト教国家であるわが国が、このような核エネルギー使用が人倫にもとっていないと考えるのであれば、他の国の人々も同じような考えに走るだろう。核兵器は通常兵器の一種と見なされるようになり、人類が突如として永久に破滅する道がひらかれるに違いない(149)」。

ほかにも原爆投下を非難する声が上がった。シカゴ大学のロバート・ハッチンス学長は、長崎に原爆が落とされたわずか三日後の八月一二日、NBC放送で放映された「原子力――それが人類に対してもつ意味」を論じるシカゴ大学円卓会議に出席した。この席でハッチンスは明確に述べている。「万に一つ、この兵器を使用することがあるとしても、それは最終的な自己防衛手段に限定すべきである。しかるに原爆が投下されたとき、アメリカ当局はソ連参戦の予定を承知していた。日本は陸路も海路も封鎖され、諸都市は焼け野原になっていた。すべての証拠が原爆使用は無用であったことを指し示していた。したがってアメリカ合衆国はその道徳的威信を失ったのである(150)」。

ポール・ファッセルのような勇敢なアメリカの若者や、ソ連やイギリスのやはり勇敢な若者が、第二次世界大戦で日本を敗北にいたらしめ、その過程で多くが落命した。ところが、連合国の勝利は原爆によってもたらされたものであり、原爆のおかげでアメリカが侵攻するまでもなく戦争が終結し、

ダグラス・マッカーサー元帥と天皇裕仁。残酷な皮肉と多くの人が考えるだろうが、アメリカの専門家の多くが戦後の日本社会の安定に天皇の存在が不可欠と考え、アメリカは天皇制の存続を日本に認めた。バーンズの警告とは裏腹に、トルーマンの政治生命がこの決断によって危うくなることはなかった。

何十万人というアメリカ人の命が救われたという神話が、トルーマン、スティムソンその他によって広められた。一九九一年、ジョージ・ハーバート・ウォーカー・ブッシュ元大統領は、トルーマンの「何百万人というアメリカ人の生命を救った……用意周到にして不屈の決断[151]」を擁護したほどだ。しかし事実は違う。たしかに原爆は日本の降伏受諾に影響を与えてはいるだろうが、それはアメリカの飛び石作戦、空爆、封鎖、そしてソ連の侵攻が与える劇的な影響に比べれば副次的なものだ。日本の指導者たちは本土決戦ですらすでに無意味だと確信していたのである。それはアメリカの指導者たちにしても同じだった。リーヒが認めたように、「すでに完璧に敗北を喫している日本にさらに侵攻することには、国家防衛上の観点から見ても、なんら正当な理由は見出せなかった[152]」。

また、広島と長崎への原爆投下はソ連に対するイニシアチブにつながったわけでもなかった。それは、〝アメリカはその意思を貫くためならどんな手段をとることも厭わないのだから、血に飢えたアメリカに対する抑止力としてソ連独自の原爆開発を急がねばならない〟という確信をスターリンに植えつけただけだった。

残酷な皮肉と多くの人が考えるだろうが、アメリカの専門家の多くが戦後の日本社会の安定に天皇の存在が不可欠と考え、アメリカは天皇制の存続を日本に認めた。バーンズの警告とは裏腹に、トルーマンの政治生命がこの決断によって危うくなることはなかった。

こうして、シラードらが憂慮していた核兵器競争が始まった。トルーマンは、世界が絶滅の危機に瀕するという自身の悪夢を現実のものとしてしまったのである。スティムソンは、原爆投下にかかわる一九四七年の雑誌記事でやはり同じような議論を展開している。「第二次世界大戦終盤におけるこの重大な戦闘行為によって、われわれは戦争とはすなわち死であるという決定的な証拠を目の前に突きつけられた。二〇世紀において、戦争はあらゆる側面でますます野蛮で、破壊的で、唾棄すべきものになった。人類は核エネルギーを手に入れたことで、いまや自分たちを絶滅させる能力をも獲得したと言っていい[153]」。

トルーマンは原爆投下を後悔したことはないと終始一貫して主張しており、「あの決断について悩んで眠れなかった夜はない[154]」と吹聴すらしたほどだ。テレビのインタビュー番組で著名なジャーナリストのエドワード・R・マローが「後悔したことはありませんか」と尋ねたところ、彼は「ないね、まったく……一度もないよ[155]」と答えた。別のアナウンサーが決断は道徳的に難しかったでしょうかと訊くと、彼は「そんなことあるわけない、このくらい簡単だったさ[156]」と言って指をパチンと鳴らした。

トルーマンは一九四五年一〇月二五日にはじめてオッペンハイマーに会い、ソ連が原爆を開発するのがいつになるだろうかと彼に尋ねた。オッペンハイマーがわからないと答えると、トルーマンは自分にはわかっていると言った。「未来永劫ないのさ」と言い放ったのである。これほど無知で好戦的な物言いに神経を逆なでされたオッペンハイマーは、「大統領閣下、私は自分の手が血に染まっていると感じます」と言った。トルーマンは苛立って答えた。「血に染まっているのは私の手だ――私がその心配をすればいいんだ」。会談後トルーマンは、ディーン・アチソンに「あの馬鹿者を二度と私の執務室に入れんでくれ」と命じた。後日彼は、オッペンハイマーを「臆病な科学者[157]」と呼んだ。

## 人間性のさらなる喪失――他者の苦しみへの無関心

第二次世界大戦の恐怖と流血によって多くの人が他人の苦しみに無関心になった。のちに著名な物理学者となるフリーマン・ダイソンは、三〇〇機の爆撃機で編成されたイギリス空軍の爆撃機派遣団「タイガー・フォース」の一員として沖縄戦に配属される直前にあり、他人の苦しみに無関心になる過程をこんなふうに説明している。

十分に守りを固めていたドイツ人の殺戮より、無防備な日本人を殺戮し続けたことに私は不快感を覚えた。それでも私は止めなかった。戦争にどっぷり浸かったころには、平和のことなど頭から消えていた。憎悪も慚愧の念もなく殺しつづけた私の魂の空しさを言葉にできる人は現代詩人にはいないだろう。しかしシェイクスピアは理解していた。そしてマクベスにこう言わしめた。

「血の流れにここまで踏みこんでしまった以上、今さら引き返せるものではない、思いきって渡ってしまうのだ」[158]（『マクベス』福田恆存訳、新潮社より引用）。

作家で社会批評家のドワイト・マクドナルドは、広島で惨劇が起きる前にこの人間性の喪失をすでに的確に描写している。一九三八年にフランコ将軍の爆撃機がスペインの民間人を何百人も殺したときの「わが目を疑う恐怖と義憤」が、東京で民間人数十万人が殺されたときの「見下げはてた無関心へ」と変貌する過程を、彼はこう説明した。「私たちは虐殺というものに麻痺してしまったのである。ミトリダテス六世は毒に対して免疫をつけるために毎日少量の毒を摂取し、その量を徐々に増やしたと伝えられる。この一〇年で徐々に惨事が増えてきたために、私たちはみな程度の差こそあれ『道徳のミトリダテス六世』になったのだ。他人への共感に対する免疫を獲得したのである[159]」。

すべての人が他人に対する共感を失ったわけではない。原爆計画に携わった科学者の多くが終生変わらぬ反核運動家になった。たとえば、レオ・シラードは物理学から生物学に転向し、「住みやすい世界のための協議会」を立ち上げた。アルバート・アインシュタインは一九四六年に「原子力科学者の緊急総会」の会長に就任している。ジョセフ・ロートブラットは九六歳でこの世を去るまで核兵器廃絶を倦むことなく訴えつづけ、一九九五年にノーベル賞平和賞を受賞した。

イギリスのウィンストン・チャーチル首相ですら、原子爆弾の擁護は難しいと感じた。彼は任期満了間近になってトルーマンとの会談に臨んでいる。その際トルーマンはささやかな夕食会を催し、ロバート・ラヴェット、オマー・ブラッドレー、ハリマン、アチソンを招いた。このときの様子について、トルーマン大統領の娘マーガレットが書き残している。「みんな楽しそうでした。とくに父はね。突然、チャーチルが父に向かって言いました。『大統領、あなたと私が天国の門を守る聖ペテロの前に立ち、聖ペテロが〝その方ら二人に原爆投下の責任があるそうだが、申し開きをしてみよ〟と言ったとき、あなたに答える用意があることを願っています』[160]。アメリカとイギリスがその後ソ連との対立を深めていったことを考えるなら、チャーチルとトルーマンの二人には原爆以外にも申し開きせねばならないことがあるはずだ。

ソ連との覇権争いを避けようと誰よりも尽力したヘンリー・ウォレスは、歴史の表舞台からほとんどその姿を消した。一九四四年七月のあの蒸し暑いシカゴの夜、ウォレスが副大統領候補の指名をあと一歩で逃したことを記憶している人はほとんどいない。一九四五年四月にルーズベルトの後を継いだのが、トルーマンではなくウォレスだったとしたら、アメリカはどのような国になっていただろう。第二次世界大戦でやはり原爆が投下されただろうか。核兵器競争と冷戦は避けられたか。戦後、公民権や女性の権利はすぐさま認められたか。植民地主義が数十年早く終わりを告げ、科学とテクノロジーの恩恵が世界の隅々にまで公平に行き渡っただろうか。答えは永遠に藪《やぶ》の中だ。

# 原　注

## 序章　帝国のルーツ

1　Lloyd C. Gardner, Walter F. LaFeber, and Thomas J. McCormick, *Creation of the American Empire,* vol. 1: *U.S. Diplomatic History to 1901* (Chicago: Rand McNally College Publishing, 1976), 108.

2　Alfred W. McCoy, Francisco A. Scarano, and Courtney Johnson, "On the Tropic of Cancer: Transitions and Transformations in the U.S. Imperial State," in *Colonial Crucible: Empire in the Making of the Modern American State,* ed. Alfred W. McCoy and Francisco A. Scarano (Madison: University of Wisconsin Press, 2009), 21.

3　J. M. Coetzee, *Waiting for the Barbarians* (London: Secker & Warburg, 1980), 133.『夷狄を待ちながら』(土岐恒二訳、集英社文庫、2003年)

4　Sam Dillon, "U.S. Students Remain Poor at History, Tests Show," *New York Times,* June 15, 2011.

5　President Woodrow Wilson speaking on the League of Nations to a luncheon audience in Portland, OR. 66th Cong., 1st sess. *Senate Documents: Addresses of President Wilson* (May–November 1919), vol. 11, no. 120, p. 206.

6　Barack Obama, News Conference, April 4, 2009, www.presidency.ucsb.edu/ws/index.php?pid=85959&st=american+exceptionalism&st1=#axzz1RXk$VS7z.

7　Jonathan Martin and Ben Smith, "The New Battle: What It Means to Be American," August 20, 2010, www.politico.com/news/stories/0810/41273.html.

8　Nina J. Easton, "Thunder on the Right," *American Journalism Review* 23 (December 2001), 320.

9　Emily Eakin, "Ideas and Trends: All Roads Lead to D.C.," *New York Times,* March 31, 2002.

10　Ibid.

11　William Appleman Williams, *Empire as a Way of Life: An Essay on the Causes and Character of America's Present Predicament Along with a Few Thoughts About an Alternative* (New York: Oxford University Press, 1980), 62.

12　Samuel P. Huntington, *The Clash of Civilizations and the Remaking of World Order* (New York: Simon & Schuster, 1996), 51.『文明の衝突』(鈴木主税訳、集英社、1998年)

13　Max Boot, "American Imperialism? No Need to Run Away from Label," *USA Today,* May 6, 2003.

14 Niall Ferguson, *Colossus: The Price of America's Empire* (New York: Penguin, 2004), 14–15.

15 Paul Kennedy, "The Eagle Has Landed," *Financial Times,* February 22, 2002.

16 Jonathan Freedland, "Is America the New Rome?" *Guardian,* September 18, 2002.

17 "Joint Vision 2010," www.dtic.mil/jv2010/jvpub.htm; General Howell M. Estes III, USAF, United States Space Command, "Vision for 2020," February 1997, www.fas.org/spp/military/docops/usspac/visbook.pdf; "Joint Vision 2020," www.dtic.mil/jointvision/jvpub2.htm.

18 Benjamin J. Cohen, *The Question of Imperialism: The Political Economy of Dominance and Dependence* (New York: Basic Books, 1973), 23.

19 Amiya Kumar Bacgchi, *Perilous Passage: Mankind and the Global Ascendance of Capital* (Lanham, MD: Rowman & Littlefield, 2005), 272.

20 Paul Kennedy, *The Rise and Fall of the Great Powers: Economic Change and Military Conflict from 1500 to 2000* (New York: Vintage Books, 1989), 150.『決定版 大国の興亡――1500年から2000年までの経済の変遷と軍事闘争』（鈴木主税訳、草思社、1993年）

21 Lars Schoultz, *Beneath the United States: A History of U.S. Policy Toward Latin America* (Cambridge, MA: Harvard University Press, 1998), 86.

22 Walt Whitman, *Complete Poetry and Collected Prose* (New York: Viking, 1982), 1074.

23 Robert V. Bruce, *1877: Year of Violence* (Chicago: Ivan R. Dee, 1989), 225–226.

24 Philip Sheldon Foner, *The Great Labor Uprising of 1877* (New York: Monad Press, 1975), 157.

25 Philip Sheldon Foner, *History of the Labor Movement in the United States,* vol. 2: *From the Founding of the A.F. of L. to the Emergence of American Imperialism* (New York: International Publishers, 1975), 50.

26 Maury Klein, *The Life and Legend of Jay Gould* (Baltimore: Johns Hopkins University Press, 1997), 357.

27 Ida Minerva Tarbell, *All in the Day's Work: An Autobiography* (Urbana: University of Illinois Press, 2003), 82.

28 John D. Hicks, *Populist Revolt: A History of the Farmers' Alliance and the People's Party* (Minneapolis: University of Minnesota Press, 1931), 140, 440.

29 Walter LaFeber, *The New Empire: An Interpretation of American Expansion, 1860–1898* (Ithaca, NY: Cornell University Press, 1998), 366.

30 Robert L. Beisner, *Twelve Against Empire: The Anti-Imperialists 1898-1900* (New York: McGraw Hill, 1968), xiv.

31 William Roscoe Thayer, ed. "John Hay's Years with Roosevelt," *Harper's Magazine* 131 (1915), 578.

32 Homer Clyde Stuntz, *The Philippines and the Far East* (Cincinnati: Jennings and Pye, 1904), 144.
33 John Byrne Cooke, *Reporting the War: Freedom of the Press from the American Revolution to the War on Terrorism* (New York: Palgrave Macmillan, 2007), 78.
34 "Ratification of the Treaty Now Assured," *Chicago Tribune,* February 6, 1899.
35 "Treaty Wins in the Senate by One Vote," *Chicago Tribune,* February 7, 1899.
36 Stephen Kinzer, *Overthrow: America's Century of Regime Change from Hawaii to Iraq* (New York: Times Books, 2006), 49.
37 George Frisbie Hoar, *Autobiography of Seventy Years,* vol. 2 (New York: Charles Scribner's Sons, 1905), 304.
38 "Gain for the Treaty," *New York Times,* February 6, 1899.
39 Kinzer, *Overthrow,* 52–53.
40 David Haward Bain, *Sitting in Darkness: Americans in the Philippines* (New York: Houghton Mifflin, 1984), 84.
41 *Congressional Record,* Senate, 56th Cong., 1st Sess., 1900, vol. 33, pt. 1, 704.
42 William Jennings Bryan, *Speeches of William Jennings Bryan,* vol. 2 (New York: Funk & Wagnalls, 1909), 17, 24–26. ブライアンの優れた伝記として、Michael Kazin, *A Godly Hero: The Life of William Jennings Bryan* (New York: Alfred A. Knopf, 2006) を参照。
43 Stuart Creighton Miller, *Benevolent Assimilation: The American Conquest of the Philippines, 1899–1903* (New Haven, CT: Yale University Press, 1982), 211.
44 Henry Moore Teller, *The Problem in the Philippines* (Washington, DC: U.S. Government Printing Office, 1902), 52.
45 Epifanio San Juan, *Crisis in the Philippines: The Making of a Revolution* (South Hadley, MA: Bergin & Garvey, 1986), 19.
46 フィリピン人の死者は60万人を超えたという推計もある。John M. Gates, "War-Related Deaths in the Philippines, 1898–1902," *Pacific Historical Review* 53 (1984), 367–378.
47 Eric Rauchway, *Murdering McKinley: The Making of Theodore Roosevelt's America* (New York: Hill & Wang, 2003), 102.
48 Howard C. Hill, *Roosevelt and the Caribbean* (Chicago: University of Chicago Press, 1927), 67.
49 Schoultz, *Beneath the United States*, 191.
50 Richard F. Grimmett, "Instances of Use of United States Armed Forces Abroad, 1798–2009," January 27, 2010, Congressional Research Service, www.fas.org/sgp/crs/natsec/ RL32170.pdf.
51 Walter LaFeber, *Inevitable Revolutions: The United States in Central America* (New York: W. W. Norton, 1993), 42.
52 Ibid., 46.

53　Ibid., 50.
54　"The Republic of Brown Bros.," *Nation,* 114 (1922), 667.
55　LaFeber, *Inevitable Revolutions,* 69.
56　Howard Zinn and Anthony Arnove, *Voices of a People's History of the United States,* 2nd. ed. (New York: Seven Stories Press, 2009), 251–252.『肉声でつづる民衆のアメリカ史』（寺島隆吉・寺島美紀子訳、明石書店、2012 年）

## 第 1 章　第一次世界大戦

1　William Appleman Williams, *The Tragedy of American Diplomacy* (New York: W. W. Norton, 1988), 72.『アメリカ外交の悲劇』（高橋章・有賀貞・松田武訳、御茶の水書房、1986 年）
2　Richard Slotkin, *Gunfighter Nation: The Myth of the Frontier in Twentieth-Century America* (New York: HarperPerennial, 1992), 240.
3　Richard Hofstadter, *The American Political Tradition and the Men Who Made It* (New York: Alfred A. Knopf, 1949), 237–241.『アメリカの政治的伝統——その形成者たち』（田口富久治・泉昌一訳、岩波書店、2008 年）
4　Lloyd C. Gardner, *Wilson and Revolutions: 1913–1921* (New York: J. B. Lippincott, 1976), 12.
5　Walter LaFeber, *The American Age: United States Foreign Policy at Home and Abroad Since 1750* (New York: W. W. Norton, 1989), 262.『アメリカの時代——戦後史のなかのアメリカ政治と外交』（久保文明訳、芦書房、1992 年）; Lloyd C. Gardner, Walter F. LaFeber, and Thomas J. McCormick, *Creation of the American Empire,* vol. 2: *U.S. Diplomatic History Since 1893* (Chicago: Rand McNally, 1976), 305.
6　George C. Herring, *From Colony to Superpower: U.S. Foreign Relations Since 1776* (New York: Oxford University Press, 2008), 390.
7　Gardner, LaFeber, and McCormick, *Creation of the American Empire,* vol. 2, 306–307; LaFeber, *The American Age,* 278.
8　Williams, *The Tragedy of American Diplomacy,* 70.
9　Lars Schoultz, *Beneath the United States: A History of U.S. Policy Toward Latin America* (Cambridge, MA: Harvard University Press, 1998), 246.
10　Nicholas D. Kristof, "Our Broken Escalator," *New York Times,* July 17, 2011.
11　Howard Zinn, *A People's History of the United States* (New York: Harper Colophon, 1980), 350.『民衆のアメリカ史—— 1492 年から現代まで』（猿谷要監修、富田虎男・平野孝・油井大三郎訳、明石書店、2005 年）
12　Nell Irvin Painter, *Standing at Armageddon: The United States, 1877–1919* (New York: W. W. Norton, 1987), 293.
13　Ray Ginger, *The Bending Cross: A Biography of Eugene Victor Debs* (New Brunswick, NJ: Rutgers University Press, 1949), 328.

14 Herring, *From Colony to Superpower,* 399.

15 Kathryn S. Olmsted, *Real Enemies: Conspiracy Theories and American Democracy, World War I to 9/11* (New York: Oxford University Press, 2009), 34.

16 "Notes Linking Wilson to Morgan War Loans," *Washington Post,* January 8, 1936.

17 Herring, *From Colony to Superpower,* 403, 409–410.

18 "Scene in the Senate as President Speaks," *New York Times,* January 23, 1917.

19 "Amazement and Bewilderment Caused by Proposal of Wilson for Peace Pact for the World," *Atlanta Constitution,* January 23, 1917.

20 LaFeber, *The American Age,* 278; Carter Jefferson, *Anatole France: The Politics of Skepticism* (New Brunswick, NJ: Rutgers University Press, 1965), 195.

21 Thomas J. Knock, *To End All Wars: Woodrow Wilson and the Quest for a New World Order* (New York: Oxford University Press, 1992), 118.

22 Ibid., 120.

23 Ibid., 121, 131.

24 David M. Kennedy, *Over Here: The First World War and American Society* (New York: Oxford University Press, 1992), 184–185.

25 Ibid., 60–62.

26 William Graebner, *The Engineering of Consent: Democracy and Authority in Twentieth- Century America* (Madison: University of Wisconsin Press, 1987), 42.

27 Victor S. Clark, "The German Press and the War," *Historical Outlook* 10 (November 1919), 427.

28 "Shows German Aim to Control World," *New York Times,* December 3, 1917.

29 Stewart Halsey Ross, *Propaganda for War: How the United States Was Conditioned to Fight the Great War of 1914–1918* ( Jefferson, NC: McFarland & Co., 1996), 241.

30 "Documents Prove Lenin and Trotzky Hired by Germans," *New York Times,* September 15, 1918.

31 Ross, *Propaganda for War,* 241.

32 "Creel Upholds Russian Exposure," *New York Times,* September 22, 1918.

33 "Spurns Sisson Data," *Washington Post,* September 22, 1918.

34 Ross, *Propaganda for War,* 241–242.

35 "The Sisson Documents," *Nation,* November 23, 1918, in Philip Sheldon Foner, *The Bolshevik Revolution: Its Impact on American Radicals, Liberals, and Labor* (New York: International Publishers, 1967), 137.

36 George F. Kennan, "The Sisson Documents," *Journal of Modern History* 28 (June 1956), 130–154.

37 Charles Angoff, "The Higher Learning Goes to War," *The American Mercury,* May–August 1927, 178.

38 Harold D. Lasswell, *Propaganda Technique in the World War* (New York: Alfred A. Knopf, 1927), 14–15.

39 "Oust Traitors, Says Butler," *New York Times,* June 7, 1917.

40 "Columbia Ousts Two Professors, Foes of War Plans," *New York Times,* October 2, 1917.

41 "The Expulsions at Columbia," *New York Times,* October 3, 1917.

42 "Quits Columbia; Assails Trustees," *New York Times,* October 9, 1917.

43 Ibid.

44 Horace Cornelius Peterson and Gilbert Courtland Fite, *Opponents of War, 1917–1918* (Madison: University of Wisconsin Press, 1957), 104–112.

45 Carol S. Gruber, *Mars and Minerva: World War I and the Uses of the Higher Learning in America* (Baton Rouge: Louisiana State University Press, 1975), 213–214.

46 "War Directed College Course to be Intensive," *Chicago Tribune,* September 1, 1918.

47 Gruber, *Mars and Minerva,* 217–218, 237–244; Kennedy, *Over Here,* 57–59.

48 "Bankers Cheer Demand to Oust Senator La Follette; 'Like Poison in Food of Army,'" *Chicago Tribune,* September 28, 1917.

49 Gruber, *Mars and Minerva,* 208.

50 Zinn, *A People's History of the United States,* 356.

51 Painter, *Standing at Armageddon,* 335; Kennedy, *Over Here,* 76.

52 "Sedition Act of 1918," www.pbs.org/wnet/supremecourt/capitalism/sources document1.html.

53 Nick Salvatore, *Eugene V. Debs: Citizen and Socialist* (Urbana: University of Illinois Press, 1982), 292.

54 Zinn, *A People's History of the United States,* 358.

55 Ibid., 358–359.

56 Ibid., 359.

57 "The I.W.W.," *New York Times,* August 4, 1917.

58 Kennedy, *Over Here,* 67–68; Knock, *To End All Wars,* 133; Alan Axelrod, *Selling the Great War: The Making of American Propaganda* (New York: Palgrave Macmillan, 2009), 181–182.

59 Painter, *Standing at Armageddon,* 335.

60 "Stamping Out Treason," *Washington Post,* April 12, 1918.

61 Zinn, *A People's History of the United States,* 355–356.

62 Painter, *Standing at Armageddon,* 336.

63 John D'Emilio and Estelle B. Freedman, *Intimate Matters: A History of Sexuality in America* (Chicago: University of Chicago Press, 1998), 212–213.

64 Barbara Meil Hobson, *Uneasy Virtue: The Politics of Prostitution and the Amer-*

*ican Reform Tradition* (Chicago: University of Chicago Press, 1990), 169, 176–177; Mark Thomas Connelly, *The Response to Prostitution in the Progressive Era* (Chapel Hill: University of North Carolina Press, 1980), 143–145.

65 Allan M. Brandt, *No Magic Bullet: A Social History of Venereal Disease in the United States Since 1880* (New York: Oxford University Press, 1987), 59–60, 101; Connelly, 140; Kennedy, *Over Here*, 186.

66 Brandt, *No Magic Bullet,* 101–106; Kennedy, *Over Here,* 186–187.

67 Brandt, *No Magic Bullet,* 116–119.

68 Randolph Bourne, "Unfinished Fragment on the State," in *Untimely Papers,* ed. James Oppenheim (New York: B. W. Huebsch, 1919), 145.

69 Jonathan B. Tucker, *War of Nerves: Chemical Warfare from World War I to Al-Qaeda* (New York: Pantheon Books, 2006), 10.『神経ガス戦争の世界史――第一次世界大戦からアル＝カーイダまで』（内山常雄訳、みすず書房、2008 年）

70 Wyndham D. Miles, "The Idea of Chemical Warfare in Modern Times," *Journal of the History of Ideas* 31 (April–June 1970), 300–303.

71 "Declaration (IV, 2) Concerning Asphyxiating Gases," Document 3 in Adam Roberts and Richard Guelff, ed. *Documents on the Laws of War,* 3rd ed. (New York: Oxford University Press, 2000), 60.

72 "Crazed by Gas Bombs," *Washington Post,* April 26, 1915.

73 "New and Peculiar Military Cruelties Which Arise to Characterize Every War," *Washington Post,* May 30, 1915.

74 "Topics of the Times," *New York Times,* May 8, 1915.

75 James Hershberg, *James B. Conant: Harvard to Hiroshima and the Making of the Nuclear Age* (New York: Alfred A. Knopf, 1993), 44.

76 David Jerome Rhees, "The Chemists' Crusade: The Rise of an Industrial Science in Modern America, 1907–1922," PhD Thesis, University of Pennsylvania, 1987, 169; Hershberg, *James B. Conant,* 45–49.

77 Hershberg, *James B. Conant,* 42.

78 James A. Tyner, *Military Legacies: A World Made by War* (New York: Routledge, 2010), 98–99.

79 Robert A. Millikan, "The New Opportunities in Science," *Science* 50 (September 26, 1919), 292.

80 John D. Moreno, *Undue Risk: Secret State Experiments on Humans* (New York: Routledge, 2001), 38–39; Andy Sagar, " 'Secret, Deadly Research': Camp AU Scene of World War Training Trenches, Drill Field," *Eagle,* American University, January 15, 1965.

81 Sagar, " 'Secret, Deadly Research.' "

82 Moreno, *Undue Risk,* 38–39; Sagar, " 'Secret, Deadly Research.' "

83 Martin K. Gordon, Barry R. Sude, Ruth Ann Overbeck, and Charles Hendricks,

“A Brief History of the American University Experiment Station and U.S. Navy Bomb Disposal School, American University,” Office of History, U.S. Army Corps of Engineers, June 1994, 12.

84 Hershberg, *James B. Conant,* 46–47.

85 Richard Barry, “America's Most Terrible Weapon: The Greatest Poison Gas Plant in the World Ready for Action When the War Ended,” *Current History* (January 1919), 125, 127.

86 Robert Harris and Jeremy Paxman, *A Higher Form of Killing : The Secret History of Chemical and Biological Warfare* (New York: Random House, 2002), 35.『化学兵器――その恐怖と悲劇』（大島紘二訳、近代文芸社、1996年）

87 Barry, “America's Most Terrible Weapon,” 127–128.

88 Dominick Jenkins, *The Final Frontier: America, Science, and Terror* (London: Verso, 2002), 38.

89 Tucker, *War of Nerves,* 19–20.

90 Barry, “America's Most Terrible Weapon,” 128.

91 Yuki Tanaka, “British ‘Humane Bombing’ in Iraq During the Interwar Era,” in Yuki Tanaka and Marilyn B. Young, ed. *Bombing Civilians: A Twentieth-Century History* (New York: New Press, 2009), 8, 11.

92 Spencer Tucker, ed., *Encyclopedia of World War I: A Political, Social and Military History* (Santa Barbara, CA.: ABC-CLIO, 2005), 57.

93 Tanaka, “British ‘Humane Bombing’ in Iraq,” 13–29.

94 Jenkins, *The Final Frontier,* 2–3.

95 Ibid., 12.

96 Will Irwin, *“The Next War”: An Appeal to Common Sense* (New York: E. P. Dutton & Co., 1921), 37–38 (quotes in original).『科學的軍備と次の戰爭』（弓家七郎訳、日本評論社出版部、1922年）

97 “The Chemical Industry Show,” *New York Times,* September 26, 1917.

98 Daniel P. Jones, “American Chemists and the Geneva Protocol,” *Isis,* September 1980, 432, 438.

99 Ibid., 433, 438; Tucker, *War of Nerves,* 21–22.

100 Tucker, *War of Nerves,* 20.

101 Gardner, LaFeber, and McCormick, *Creation of the American Empire,* 336.

102 “President Wilson's Message to Congress on War Aims,” *Washington Post,* January 9, 1918.

103 Gardner, LaFeber, and McCormick, *Creation of the American Empire,* 343.

104 Ibid., 343; Herring, *From Colony to Superpower,* 423.

105 Robert David Johnson, *The Peace Progressives and American Foreign Relations* (Cambridge, MA: Harvard University Press, 1995), 82–83.

106 “Our Men in Russia at Foch's Demand,” *New York Times,* January 10, 1919.

107 Johnson, *The Peace Progressives and American Foreign Relations,* 84, 320 (Table A.1, "Votes on Anti-imperialist Issues," Section J).

108 H. G. Wells, *The Shape of Things to Come* (New York: Macmillan, 1933), 82.『世界はこうなる――最後の革命』（吉岡義二訳、明徳出版社、新版 1995 年）

109 Donald Kagan, *On the Origins of War: And the Preservation of Peace* (Doubleday, 1995), 285.

110 LaFeber, *The American Age,* 297.

111 Ibid., 299.

112 Ibid.

113 Woodrow Wilson, *Woodrow Wilson: Essential Writings and Speeches of the Scholar-President,* ed. Mario DiNunzio (New York: New York University Press, 2006), 36.

114 Paul F. Boller, Jr., *Presidential Anecdotes* (New York: Oxford University Press, 1981), 220.『ホワイトハウスストーリーズ――アメリカ全大統領の逸話』（吉野寿子訳、三省堂、1999 年）

115 Gardner, LaFeber, and McCormick, *Creation of the American Empire,* 340–341.

116 Herring, *From Colony to Superpower,* 418, 426.

117 Gardner, LaFeber, and McCormick, *Creation of the American Empire,* 341.

118 Knock, *To End All Wars,* 223–224, 329, note 76.

119 Boller, *Presidential Anecdotes,* 220–221.

120 John Maynard Keynes, *The Economic Consequences of the Peace* (New York: Harcourt, Brace and Howe, 1920), 36–37, 268.『平和の経済的帰結（ケインズ全集第 2 巻）』（早坂忠訳、東洋経済新報社、1977 年）

121 John Lewis Gaddis, *Russia, The Soviet Union, and the United States: An Interpretive History* (New York: Alfred A. Knopf, 1978), 77; John M. Thompson, *Russia, Bolshevism, and the Versailles Peace* (Princeton, NJ: Princeton University Press, 1966), 2; Herring, *From Colony to Superpower,* 422.

122 Gardner, *Wilson and Revolutions,* 341–342.

123 Ibid., 338–339.

124 Robert K. Murray, *Red Scare: A Study in National Hysteria, 1919–1920* (New York: McGraw-Hill, 1955), 124–129.

125 Jeremy Brecher, *Strike!* (1972; reprint, Boston: South End Press, 1977), 126.

126 Olmsted, *Real Enemies,* 19.

127 66th Congress, 1st Session, *Senate Documents: Addresses of President Wilson,* 11, 120 (May–November 1919), 206.

128 Leroy Ashby, *The Spearless Leader: Senator Borah and the Progressive Movement in the 1920's* (Urbana: University of Illinois Press, 1972), 101.

129 Herring, *From Colony to Superpower,* 429.

130 Knock, *To End All Wars,* 186.

131 Ron Chernow, *The House of Morgan: An American Banking Dynasty and the Rise of Modern Finance* (New York: Simon & Schuster, 1990), 206–208.『モルガン家——金融帝国の盛衰』(青木榮一訳、日経ビジネス人文庫、2005年)

132 Sally Marks, *The Illusion of Peace: International Relations in Europe, 1918–1933* (New York: St. Martin's Press, 1976), 13, 38–39.

133 David F. Schmitz, *Thank God They're on Our Side: The United States and Right-Wing Dictatorships, 1921–1965* (Chapel Hill: University of North Carolina Press, 1999), 31–45.

134 Daniel Yergin, *The Prize: The Epic Quest for Oil, Money, and Power* (New York: Simon & Schuster, 1991), 176–183.『石油の世紀——支配者たちの興亡』(日高義樹・持田直武訳、日本放送出版協会、1991年)

135 Ibid., 233.

136 Darlene Rivas, "Patriotism and Petroleum: Anti-Americanism in Venezuela from Gómez to Chávez," in *Anti-Americanism in Latin America and the Caribbean,* ed. Alan L. McPherson (New York: Berghahn Books, 2006), 87.

137 Stephen G. Rabe, *The Road to OPEC: United States Relations with Venezuela, 1919–1976* (Austin: University of Texas Press, 1982), 22.

138 Yergin, *The Prize,* 233.

139 Rabe, *The Road to OPEC,* 17, 38, 43.

140 Ibid., 17–18, 36, 38.

141 Nikolas Kozloff, *Hugo Chávez: Oil, Politics, and the Challenge to the U.S.* (New York: Palgrave Macmillan, 2007), 15.

142 Yergin, *The Prize,* 233–236.

143 B. S. McBeth, *Juan Vicente Gómez and the Oil Companies in Venezuela, 1908–1935* (New York: Cambridge University Press, 1983), 70.

144 Rivas, "Patriotism and Petroleum," 93; Rabe, *The Road to OPEC,* 94–116; Yergin, *The Prize,* 436.

145 "Favors Body with Teeth," *New York Times,* August 29, 1920.

146 "The Republic of Brown Bros.," *Nation,* June 7, 1922, 667.

147 John Dos Passos, *Three Soldiers* (New York: George H. Doran, 1921), 209–211.

148 F. Scott Fitzgerald, *This Side of Paradise* (New York: Charles Scribner's Sons, 1920), 282.『楽園のこちら側』(池田満寿夫訳、中央公論社、1984年)

149 Ernest Hemingway, *A Moveable Feast: The Restored Edition* (New York: Scribner, 2009), 61.『移動祝祭日』(高見浩訳、新潮文庫、2009年)

150 Kennedy, *Over Here,* 187–189; Loren Baritz, *The Servants of Power: A History of the Use of Social Science in American Industry* (New York: John Wiley & Sons, 1974), 43–46.『権力につかえる人々——産学協同批判』(三戸公・米田清貴訳、未來社、1969年)

151 Kennedy, *Over Here,* 188.

152　Merle Curti, "The Changing Concept of 'Human Nature' in the Literature of American Advertising," *The Business History Review* 41 (Winter 1967), 337–353.

153　Noble T. Praigg. *Advertising and Selling : By 150 Advertising and Sales Executives* (New York: Doubleday, 1923), 442.

154　Roland Marchand, *Advertising the American Dream: Making Way for Modernity* (Berkeley: University of California Press, 1985), 69.

155　Ibid., 85.

156　H. L. Mencken, "The Husbandman," in H. L. Mencken, *A Mencken Chrestomathy* (New York: Alfred A. Knopf, 1967), 360–361.

157　Arthur M. Schlesinger, Jr., *The Cycles of American History* (New York: Houghton Mifflin Co., 1986), 16.『外交問題と国益――アメリカ史のサイクルⅠ』(猿谷要監修、飯野正子訳、パーソナルメディア、1988年)

## 第2章　ニュー・ディール

1　David M. Kennedy, *Freedom from Fear: The American People in Depression and War, 1929–1945* (New York: Oxford University Press, 1999), 163–164.

2　"Looking to Mr. Roosevelt," *New York Times,* March 4, 1933.

3　Arthur M. Schlesinger, Jr., *The Coming of the New Deal, 1933–1935* (New York: Houghton Mifflin Harcourt, 2003), 13.『ニューディール登場(ローズヴェルトの時代第2巻)』(中屋健一監修、佐々木専三郎訳、ぺりかん社、1975年)

4　"Text of New President's Address at Inauguration," *Los Angeles Times,* March 5, 1955.

5　"The Michigan 'Bank Holiday,' " *New York Times,* February 16, 1933; "More States Move to Protect Banks," *New York Times,* March 1, 1933; "Banks Protected in 5 More States," *New York Times,* March 2, 1933.

6　Anne O'Hare McCormick, "Main Street Reappraises Wall Street," *New York Times,* February 28, 1932.

7　"Mitchell Called in Senate Inquiry," *New York Times,* February 2, 1933.

8　Liaquat Ahamed, *Lords of Finance: The Bankers Who Broke the World* (New York: Penguin, 2009), 441; Jonathan Alter, *The Defining Moment: FDR's Hundred Days and the Triumph of Hope* (New York: Simon & Schuster, 2007), 150.

9　Barton J. Bernstein, "The New Deal: The Conservative Achievements of Liberal Reform," in *Towards a New Past: Dissenting Essays in American History,* ed. Barton J. Bernstein (New York: Pantheon, 1968), 268.『ニュー・レフトのアメリカ史像――伝統史学への批判』(琉球大学アメリカ研究所訳、東京大学出版会、1972年)

10　Francis Perkins, *The Roosevelt I Knew* (New York: Harper Colophon, 1946), 328.

11　Stephen K Shaw, William D. Pederson, and Frank J. Williams, ed. *Franklin D.*

*Roosevelt and the Transformation of the Supreme Court,* vol. 3 (Armonk, NY: M. E. Sharpe, 2004), 83.

12 Robert S. McElvaine, *The Great Depression: America, 1929–1941* (New York: Times Books, 1983), 158; Gary Orren, "The Struggle for Control of the Republican Party," *New York Times,* August 17, 1976.

13 "The Nation: I've Had a Bum Rap," *Time,* May 17, 1976, 19.

14 "National Affairs: Not Since the Armistice," *Time,* September 25, 1933, 12.

15 Hugh S. Johnson, *Blue Eagle, from Egg to Earth* (New York: Doubleday, Doran, 1935), 405; Perkins, 206; McElvaine, 161.

16 Arthur G. Dorland, "Current Events: The Break Down of the London Economic Conference," *Quarterly Review of Commerce,* Autumn 1933, 36–37.

17 Michael Augspurger, "Henry Luce, *Fortune,* and the Attraction of Italian Fascism," *American Studies* 41 (Spring 2000), 115.

18 "Cites Harm to U.S. in 'Patriot Racket,' " *Baltimore Sun,* March 9, 1931.

19 Philip Jenkins, *Hoods and Shirts: The Extreme Right in Pennsylvania, 1925–1950* (Chapel Hill: University of North Carolina Press, 1997), 91.

20 Ibid., 118; "Ballot on Gold 283–5," *New York Times,* May 30, 1933.

21 Peter H. Amann, "A 'Dog in the Nighttime' Problem: American Fascism in the 1930s," *The History Teacher* 19 (August 1986), 572; Alan Brinkley, *Voices of Protest: Huey Long , Father Coughlin, and the Great Depression* (New York: Vintage Books, 1983), 266–277.

22 Michael Kazin, *The Populist Persuasion* (Ithaca, NY: Cornell University Press, 1998), 130.

23 Alan J. Lichtman, *White Protestant Nation: The Rise of the American Conservative Movement* (New York: Atlantic Monthly Press, 2008), 76; Leo P. Ribuffo, *The Old Christian Right* (Philadelphia: Temple University Press, 1983), 25–79, 80–127.

24 Lichtman, *White Protestant Nation,* 76; Jenkins, *Hoods and Shirts,* 101–104; Ribuffo, *The Old Christian Right,* 184–185.

25 Amann, "A 'Dog in the Nighttime' Problem," 566.

26 Kennedy, *Freedom from Fear,* 154; Raymond Moley, *After Seven Years* (New York: Harper & Brothers, 1939), 369–370.

27 "Defends Current Policy," *New York Times,* November 10, 1933; Franklyn Waltman, Jr., "Morgan Call on President Is Surprise," *Washington Post,* November 17, 1933; "More Loans Urged by Irénée DuPont," *New York Times,* December 31, 1933.

28 "Moley Says Banks Back Gold Policy," *New York Times,* December 4, 1933.

29 "Smith Hurls Broadside Against Gold Program," *Los Angeles Times,* November 25, 1933.

30 Howard Wood, "Fears for Nation's Future Lead Bankers to Speak Out," *Chicago Tribune,* September 29, 1934.

31　"Business Body Demands U.S. Return to Gold," *Washington Post,* November 4, 1933.

32　"Time to Stop Crying Wolf," *New York Times,* May 4, 1934.

33　"Business: Reassurance," *Time,* October 8, 1934, 56.

34　Kennedy, *Freedom from Fear,* 388–389; Douglas MacArthur, *Reminiscences* (New York: McGraw-Hill, 1964), 101.『マッカーサー大戦回顧録』（津島一夫訳、中公文庫、2003年）

35　Arthur Krock, "Tide Sweeps Nation," *New York Times,* November 7, 1934.

36　"Borah Demands a Rebuilt Party," *New York Times,* November 9, 1934.

37　Oswald Garrison Villard, "Russia from a Car Window," *Nation,* November 6, 1929, 517.

38　Louis Fischer, "Russia and the World Crisis," *Nation,* November 25, 1931.

39　"6,000 Artisans Going to Russia, Glad to Take Wages in Roubles," *Business Week,* September 2, 1931; "Amtorg Gets 100,000 Bids for Russia's 6,000 Skilled Jobs," *Business Week,* October 7, 1931.

40　Stuart Chase, "The Engineer as Poet," *New Republic,* May 20, 1931; Stuart Chase, *A New Deal* (New York: Macmillan, 1932), 252.

41　Edmund Wilson, *Travels in Two Democracies* (New York: Harcourt, Brace, 1936), 321.

42　Edmund Wilson, "The Literary Consequences of the Crash," *The Shores of Light: A Literary Chronicle of the Twenties and Thirties* (New York: Farrar, Straus & Young, 1952), 408; Peter J. Kuznick, *Beyond the Laboratory: Scientists as Political Activists in 1930s America* (Chicago: University of Chicago Press, 1987), 106–143.

43　"The Beleaguered City," *Los Angeles Times,* July 17, 1934.

44　"Strike Condemned by Coast Papers," *New York Times,* July 17, 1934.

45　Read Bain, "Scientist as Citizen," *Social Forces* 11 (March 1933), 413–414.

46　Kuznick, *Beyond the Laboratory,* 101–102.

47　Bernstein, "The New Deal," 271.

48　Frank A. Warren, *Liberals and Communism: The "Red Decade" Revisited* (Bloomington: Indiana University Press, 1966), 6.

49　John Dos Passos, "Whither the American Writer," *Modern Quarterly* 6 (Summer 1932), 11–12.

50　ヒトラーおよびスターリンによる絶滅政策の戦慄すべき詳細については以下を参照のこと。Timothy Snyder, *Bloodlands: Europe Between Hitler and Stalin* (New York: Basic Books, 2010). 1932年から33年にかけて、ウクライナで数百万人が餓死したいわゆる「ウクライナ大飢饉」は、スターリンによって周到かつ意図的に引き起こされたものであり、そのさい飢餓のために数千人が食人行為に及んだとされる。

51　Kennedy, *Freedom from Fear,* 278–279.

52　"Text of Roosevelt's Closing Campaign Speech at Madison Square Garden,"

*Baltimore Sun*, November 1, 1936.

53 Kennedy, *Freedom from Fear,* 286.

54 "President Sets a Record with Electoral Vote," *Chicago Tribune,* November 4, 1936.

55 "Politics and Health," *Nation,* July 30, 1938, 101.

56 "National Health Program Offered by Wagner in Social Security Bill," *New York Times,* March 1, 1939.

57 未刊行の文献であるが Peter Kuznick, "Healing the Well-Heeled: The Committee of Physicians and the Defeat of the National Health Program in 1930's America" (1989) と以下の既刊書を参照せよ。 Kuznick, *Beyond the Laboratory,* 86–87.

58 Lichtman, *White Protestant Nation,* 68.

59 Ibid., 60–62.

60 Ibid., 69–70.

61 Arthur M. Schlesinger, Jr., *The Politics of Upheaval* (New York: Houghton Mifflin, 1960), 83. "Gen. Butler Bares Fascist Plot to Seize Government by Force," *New York Times,* November 21, 1934.『大変動期の政治（ローズヴェルトの時代第 3 巻)』(中屋健一監修、岩野一郎訳、ぺりかん社、1982 年)

62 Lichtman, *White Protestant Nation,* 70.

63 Kathryn S. Olmsted, *Real Enemies: Conspiracy Theories and American Democracy, World War I to 9/11* (New York: Oxford University Press, 2009), 30.

64 "Probing War's Causes," *Washington Post,* April 14, 1934.

65 Wayne Cole, *Senator Gerald P. Nye and American Foreign Policy* (Minneapolis: University of Minnesota Press, 1962), 71–73.

66 John E. Wiltz, *In Search of Peace: The Senate Munitions Inquiry, 1934–36* (Baton Rouge: Louisiana State University Press, 1963), 37.

67 "Arms and the Men," *Fortune,* March 1934, 53.

68 "Congress Gets Message," *New York Times,* May 19, 1934.

69 "Greed, Intrigue Laid to War Materials Ring," *Washington Post,* June 23, 1934.

70 "Munitions Control by the Government Favored by Senatorial Inquiry Group," *New York Times,* August 30, 1934.

71 "$1,245,000,000 Work to Du Ponts in War," *New York Times,* September 13, 1934.

72 Robert C. Albright, "Du Ponts Paid 458 Per Cent on War Profits," *Washington Post,* September 13, 1934.

73 Robert Albright, "Reich Builds Big Air Force with U.S. Aid, Inquiry Hears," *Washington Post,* September 18, 1934.

74 "Plan of Legion to Curb Profits of War Hailed," *Washington Post,* September 25, 1934.

75 "Nye Plans to Abolish War Profit," *Los Angeles Times,* September 27, 1934.

76 "Arms Inquiry Just Starting, Nye Declares," *Washington Post,* September 29, 1934.

77 "Look Before Leaping," *Washington Post,* October 1, 1934.

78 "Nye Asks 98% Tax for War Incomes," *New York Times,* October 4, 1934.

79 Constance Drexel, "State Ownership Not Arms Problem Remedy," *Washington Post,* December 4, 1934.

80 "The Problem of Munitions," *Chicago Tribune,* December 18, 1934; Walter Lippmann, "Today and Tomorrow," *Los Angeles Times,* December 16, 1934.

81 "Roosevelt Asks Laws to Remove Profit from War," *Los Angeles Times,* December 13, 1934.

82 Raymond Clapper, "Between You and Me," *Washington Post,* December 14, 1934.

83 Cole, *Senator Gerald P. Nye and American Foreign Policy,* 80, 82.

84 "800% War Profit Told at Inquiry; Du Pont Deal Up," *Washington Post,* December 14, 1934.

85 "Senator Nye's Third Degree," *Chicago Tribune,* December 24, 1934.

86 "Roosevelt Backs Munitions Inquiry," *New York Times,* December 27, 1934.

87 "Urge Continuing Munitions Inquiry," *New York Times,* January 11, 1935.

88 "Grace Challenges 100% War Tax Plan," *New York Times,* February 26, 1935; "Huge War Profits Laid to Bethlehem," *New York Times,* February 27, 1935.

89 Eunice Barnard, "Educators Assail Hearst 'Influence,' " *New York Times,* February 25, 1935; Eunice Barnard, "Nye Asks for Data for Press Inquiry," *New York Times,* February 28, 1935.

90 L. C. Speers, "Issue of War Profits Is Now Taking Form," *New York Times,* March 24, 1935; Robert C. Albright, "President Hears Drastic Plan to Take Profit Out of War," *Washington Post,* March 24, 1935; Cole, *Senator Gerald P. Nye and American Foreign Policy,* 85.

91 "House and Senate Clash on Drastic Bills to End All Profiteering in War," *New York Times,* April 3, 1935.

92 "Hostility to War Rules House Votes as Army Parades," *New York Times,* April 7, 1935.

93 Arthur Krock, "In the Nation," *New York Times,* April 11, 1935.

94 "Hedging on Aims Denied by Baruch," *New York Times,* April 17, 1935.

95 "Nye Submits Bill for Big War Taxes," *New York Times,* May 4, 1935.

96 "The Communistic War Bill," *Chicago Tribune,* September 18, 1935.

97 Newton D. Baker, "Our Entry into the War," *New York Times,* November 13, 1935.

98 Thomas W. Lamont, "Mr. Lamont Excepts," *New York Times,* October 25, 1935.

99 "2 Morgan Aides Deny Blocking Arms Inquiry," *Washington Post,* January 7,

1936.

100 Ibid; “Morgan Testifies as Nye Bares Data on War Loans Curbs,” *New York Times,* January 8, 1936.

101 Felix Bruner, “Nye Assailed as Senators Leave Arms Investigation,” *Washington Post,* January 17, 1936.

102 “Southerner Shakes with Rage as He Defends Chief in Senate,” *Washington Post,* January 18, 1936.

103 “Funds Spent, Nye Declares Arms Inquiry Is Postponed,” *Washington Post,* January 20, 1936.

104 “Senate Votes Funds for Nye Wind-up,” *New York Times,* January 31, 1936.

105 Ray Tucker, “Hard Road to Peace Revealed by Inquiry,” *New York Times,* February 9, 1936.

106 “An Inquiry Ends Well,” *New York Times,* February 9, 1936.

107 “Nye Denies Inquiry ‘Cleared’ Morgan,” *New York Times,* February 10, 1936.

108 George Gallup, “82% Majority Votes to End Profit of War,” *Washington Post,* March 8, 1936.

109 “Munitions Report May Challenge Arms Industry,” *Atlanta Constitution,* March 8, 1936.

110 “On Nationalizing Munitions,” *Washington Post,* March 9, 1936.

111 Cole, *Senator Gerald P. Nye and American Foreign Policy,* 91–92.

112 “Nye Group Urges U.S. Set Up Its Own Gun Plants,” *Chicago Tribune,* April 21, 1936.

113 Max Wallace, *The American Axis: Henry Ford, Charles Lindbergh, and the Rise of the Third Reich* (New York: St. Martin’s Press, 2003), 226.

114 Richard S. Tedlow, *The Watson Dynasty: The Fiery Reign and Troubled Legacy of IBM’s Founding Father and Son* (New York: HarperCollins, 2003), 129.

115 “British, Nazi Trade Groups Reach Accord,” *Chicago Tribune,* March 17, 1939.

116 Theodore J. Kreps, “Cartels, a Phase of Business Haute Politique,” *American Economic Review* 35 (May 1945), 297.

117 Kevin Maney, *The Maverick and His Machine: Thomas Watson Sr. and the Making of IBM* (New York: John Wiley & Sons, 2003), 206.『貫徹の志 トーマス・ワトソン・シニア——ＩＢＭを発明した男』（有賀裕子訳、ダイヤモンド社、2006年）

118 “Ford Says It’s All a Bluff,” *New York Times,* August 29, 1939; Wallace, *The American Axis,* 219.

119 ゼネラル・モーターズのスポークスマンであるジョン・ミューラーが弁明したところによれば、1939年9月の時点でGMのドイツにおける操業は日増しに困難になり、事実上は統御不能な状態に陥っていたという。以下を参照のこと。 Michael Dobbs, “Ford and GM Scrutinized for Alleged Nazi Collaboration,” *Washington Post,* November 30, 1998; Wallace, *The American Axis,* 332; Bradford Snell, “American Ground

Transport," U.S. Senate, Committee on the Judiciary, February 26, 1974, 17–18.
120 Snell, "American Ground Transport," 16.
121 Edwin Black, *Nazi Nexus: America's Corporate Connections to Hitler's Holocaust*(Washington, DC: Dialog Press, 2009), 9.
122 Ibid., 10; Dobbs, "Ford and GM Scrutinized."
123 Paul A. Lombardo, *A Century of Eugenics in America* (Bloomington: Indiana University Press, 2011), 100; Robert N. Proctor, *Racial Hygiene: Medicine Under the Nazis* (Cambridge, MA: Harvard University Press, 1988).
124 Black, *Nazi Nexus,* 34–35.
125 Daniel J. Kevles, *In the Name of Eugenics: Genetics and the Uses of Human Heredity* (New York: Alfred A. Knopf, 1985), 111; Black, *Nazi Nexus,* 25.『優生学の名のもとに——「人類改良」の悪夢の百年』(西俣総平訳、朝日新聞社、1993 年)
126 Kevles, *In the Name of Eugenics,* 116.
127 Ben Aris and Duncan Campbell, "How Bush's Grandfather Helped Hitler's Rise to Power," *Guardian,* Sep. 25, 2004; Wallace, *The American Axis,* 349.
128 Black, *Nazi Nexus,* 119; Snell, "American Ground Transport," 22.
129 *Research Findings About Ford-Werke Under the Nazi Regime* (Dearborn, MI: Ford Motor Company, 2001), 7, 121–122, http://media.ford.com/events/pdf/0_Research_ Finding_Complete.pdf.
130 Jason Weixelbaum, "The Contradiction of Neutrality and International Finance: The Presidency of Thomas H. McKittrick at the Bank for International Settlements in Basle, Switzerland 1940–1946," http://jasonweixelbaum.wordpress.com/#_ftn85.
131 Dobbs, "Ford and GM Scrutinized."
132 Johnson, *The Peace Progressives,* 292.
133 George C. Herring, *From Colony to Superpower: U.S. Foreign Relations Since 1776* (New York: Oxford University Press, 2008), 503–504.
134 Kennedy, *Freedom from Fear,* 395–396.
135 William L. Shirer, *The Rise and Fall of the Third Reich: A History of Nazi Germany* (New York: Simon & Schuster, 1960), 293.『第三帝国の興亡』(松浦伶訳、東京創元社、2008 年)
136 Dominic Tierney, *FDR and the Spanish Civil War: Neutrality and Commitment in the Struggle that Divided America* (Durham, NC: Duke University Press, 2007), 68–69.
137 Kennedy, *Freedom from Fear,* 398–400.

## 第 3 章　第二次世界大戦

1 "The Debate in Commons," *New York Times,* October 4, 1938.

2 David Reynolds, *From Munich to Pearl Harbor: Roosevelt's America and the Origins of the Second World War* (New York: Ivan R. Dee, 2001), 42–49.

3 United States Holocaust Memorial Museum, http://www.ushmm.org/wlc/en/article.php?ModuleId=10007411.

4 Frank L. Kluckhohn, "Line of 4,500 Miles," *New York Times,* September 4, 1940.

5 David M. Kennedy, *Freedom from Fear: The American People in Depression and War, 1929–1945* (New York: Oxford University Press, 1999), 456.

6 John C. Culver and John Hyde, *American Dreamer: The Life and Times of Henry A. Wallace* (New York: W. W. Norton, 2000), 123–125.

7 Arthur Schlesinger, Jr., "Who Was Henry A. Wallace? The Story of a Perplexing and Indomitably Naïve Public Servant," *Los Angeles Times,* March 12, 2000.

8 Peter J. Kuznick, *Beyond the Laboratory: Scientists as Political Activists in 1930s America* (Chicago: University of Chicago Press, 1987), 184–186, 205–206.

9 Samuel I. Rosenman, *Working with Roosevelt* (New York: Harper & Brothers, 1952), 218.

10 Culver and Hyde, *American Dreamer,* 222–223.

11 Charles Hurd, "President Moves," *New York Times,* March 31, 1940.

12 George Bookman, "President Says Program Would Eliminate 'Silly Foolish Dollar Sign,'" *Washington Post,* December 18, 1940.

13 "Mrs. Roosevelt Rebukes Congressmen of G.O.P.," *Los Angeles Times,* January 8, 1941.

14 "Hoover Scores Surrender of Congress," *Washington Post,* January 11, 1941.

15 "Wheeler Sees War in Bill," *Los Angeles Times,* January 13, 1941.

16 Ibid.

17 Robert C. Albright, "President Calls Senator's 'Plow Under . . . Youth' Remark 'Rotten,'" *Washington Post,* January 15, 1941.

18 "Wheeler Asserts Bill Means War," *New York Times,* January 13, 1941.

19 George C. Herring, *Aid to Russia 1941–1946: Strategy, Diplomacy, the Origins of the Cold War* (New York: Columbia University Press, 1973), 5.

20 Kennedy, *Freedom from Fear,* 475.

21 "Basic Fear of War Found in Surveys," *New York Times,* October 22, 1939.

22 このドイツ兵の数を、デイヴィッド・ケネディはこれより多い360万人と見積もっている。以下を参照。Kennedy, *Freedom from Fear,* 482.

23 "Text of Pledge by Churchill to Give Russia Aid," *Chicago Tribune,* June 23, 1941.

24 Turner Catledge, "Our Policy Stated," *New York Times,* June 24, 1941.

25 Herring, *Aid to Russia 1941–1946,* 12.

26 "Our Alliance with Barbarism," *Chicago Tribune,* September 2, 1941, 14.

27　Arthur Krock, "US Aid to Soviet Is Found Lagging," *New York Times,* December 3, 1941.

28　Charles A. Beard, *President Roosevelt and the Coming of the War* (Hamden, CT: Archon Books, 1968), 139.『ルーズベルトの責任――日米戦争はなぜ始まったか』(開米潤・阿部直哉・丸茂恭子訳、藤原書店、2011 年)

29　Ibid., 141–142.

30　Walter LaFeber, *The American Age: United States Foreign Policy at Home and Abroad Since 1750* (New York: W. W. Norton, 1989), 381–382.『アメリカの時代――戦後史のなかのアメリカ政治と外交』(久保文明訳、芦書房、1992 年)

31　Justus D. Doenecke and John E. Wilz, *From Isolation to War, 1931–1941* (American History Series) (Arlington Heights, IL: Harlan Davidson, 1991), 159–161, 168–176.

32　Ronald H. Spector, *In the Ruins of Empire: The Japanese Surrender and the Battle for Postwar Asia* (New York: Random House, 2007), 95.

33　Henry R. Luce, "The American Century," *Life,* February 1941, 61–65.

34　LaFeber, *The American Age,* 380.

35　Henry A. Wallace, *The Price of Vision: The Diary of Henry A. Wallace 1942–1946,* ed. John Morton Blum (New York: Houghton Mifflin, 1973), 635–640.

36　Herring, *Aid to Russia 1941–1946,* 56, 58.

37　Herbert Feis, *Churchill, Roosevelt, Stalin: The War They Waged and the Peace They Sought* (Princeton, NJ: Princeton University Press, 1957), 42.

38　Lloyd C. Gardner, Walter F. LaFeber, and Thomas J. McCormick, *Creation of the American Empire,* vol. 2: *U.S. Diplomatic History Since 1893* (Chicago: Rand McNally, 1976), 425.

39　John Lewis Gaddis, *Russia, The Soviet Union, and the United States* (New York: McGraw- Hill, 1990), 149.

40　Kennedy, *Freedom from Fear,* 573.

41　Allan M. Winkler, *Franklin D. Roosevelt and the Making of Modern America* (New York: Longman, 2006), 235.

42　Kennedy, *Freedom from Fear,* 574.

43　Edward T. Folliard, "Molotov's Visit to White House, Postwar Amity Pledge Revealed," *Washington Post,* June 12, 1942.

44　"US Pledges Europe Attack," *Los Angeles Times,* June 12, 1942.

45　Kennedy, *Freedom from Fear,* 575–576.

46　Mark Sullivan, "A Military Question," *Washington Post,* August 5, 1942.

47　Mark Sullivan, "Mark Sullivan," *Washington Post,* July 12, 1942.

48　John Lewis Gaddis, *The United States and the Origins of the Cold War, 1941–1947* (New York: Columbia University Press, 1972), 69.

49　George C. Herring, *From Colony to Superpower: U.S. Foreign Relations Since*

*1776* (New York: Oxford University Press, 2008), 547.

50 Mark A. Stoler, *The Politics of the Second Front: American Military Planning and Diplomacy in Coalition Warfare, 1941–1943* (Westport, CT: Greenwood Press, 1977), 55–58, 110.

51 Kennedy, *Freedom from Fear,* 579.

52 "Hull Lauds Soviet Stand," *New York Times,* December 12, 1941.

53 Ralph Parker, "Russian War Zeal Lightens Big Task," *New York Times,* April 4, 1942.

54 Orville Prescott, "Books of the Times," *New York Times,* June 22, 1942.

55 Barnett Nover, "Twelve Months," *Washington Post,* June 22, 1942.

56 Robert Joseph, "Filmland Salutes New Tovarichi," *New York Times,* July 5, 1942.

57 Leland Stowe, "Second Front Held Vital," *Los Angeles Times,* July 7, 1942.

58 Leland Stowe, "Second Front Decision Held Imperative Now: All Signs Point to Powerful Resistance in West if Allies Wait Until Spring," *Los Angeles Times,* August 25, 1942.

59 George Gallup, "Allied Invasion of Europe Is Urged," *New York Times,* July 17, 1942.

60 June Austin, "Letter to the Editor," *Washington Post,* July 10, 1942.

61 "C.I.O. Leaders Ask President to Open Second Front at Once," *Los Angeles Times,* July 18, 1942.

62 "C.I.O. Rally to Ask 2d Front," *New York Times,* July 13, 1942.

63 "Moscow's Newspapers Highlight Second Front," *Atlanta Constitution,* August 2, 1942; "Sees Stand Vindicated," *New York Times,* June 13, 1942.

64 "500 Writers Ask 2d Front," *New York Times,* September 15, 1942.

65 "2d Front Demand Made at Red Rally," *New York Times,* September 25, 1942.

66 "43 May Be Too Late for 2nd Front—Wilkie," *Chicago Tribune,* September 27, 1942.

67 A. J. P. Taylor, *The Second World War: An Illustrated History* (New York: G. P. Putnam's Sons, 1975), 168.『第二次世界大戦——目で見る戦史』(古藤晃訳、新評論、1981年)

68 Melvyn P. Leffler, *For the Soul of Mankind: The United States, the Soviet Union and the Cold War* (New York: Hill and Wang, 2007), 26.

69 Susan Butler, ed. *My Dear Mr. Stalin: The Complete Correspondence of Franklin D. Roosevelt and Joseph V. Stalin* (New Haven, CT: Yale University Press, 2005), 63.

70 Frances Perkins, *The Roosevelt I Knew* (New York: Harper & Row, 1946), 83–85.

71 Lloyd C. Gardner, *A Covenant with Power: America and World Order from Wilson to Reagan* (New York: Oxford University Press, 1984), 63.

72 Winston Churchill, *Triumph and Tragedy: The Second World War,* vol. vi (Boston:

Houghton Mifflin Company, 1953), 214–215; Gaddis, *Russia, The Soviet Union, and the United States,* 154.『第二次世界大戦』（佐藤亮一訳、河出文庫、2001 年）

73　Edward S. Mason and Robert E. Asher, *The World Bank Since Bretton Woods: The Origins, Policies, Operations, and Impact of the International Bank for Reconstruction* (Washington, DC: Brookings Institution, 1973), 29.

74　Elizabeth Borgwardt, *A New Deal for the World: America's Vision for Human Rights* (Cambridge, MA: Belknap Press, 2005), 252.

75　Warren F. Kimball, *Forged in War: Roosevelt, Churchill, and the Second World War* (New York: William Morrow, 1997), 140.

76　Elliott Roosevelt, *As He Saw It* (New York: Duell, Sloan and Pearce, 1946), 37.

77　Warren F. Kimball, *The Juggler: Franklin Roosevelt as Wartime Statesman* (Princeton, NJ: Princeton University Press, 1991), 144.

78　Lloyd C. Gardner, *Approaching Vietnam: From World War II through Dienbienphu* (New York: W. W. Norton, 1988), 25.

79　Kimball, *The Juggler,* 149, 154.

80　Steve Vogel, *The Pentagon: A History: The Untold Story of the Wartime Race to Build the Pentagon—and to Restore It Sixty Years Later* (New York: Random House, 2007), 42.

81　この国防総省の新しい建物を「コンクリート製の巨大なドーナツを思わせる建物」と表現したのはニューヨーク・タイムズ紙であるが、ニューズウィーク誌は「まるで刑務所を思わせる」と酷評した。それからだいぶたってからノーマン・メイラーは、かつて彼が「軍産複合体にとって真の大聖堂である」と神聖化しさえしたペンタゴンの「色あせた黄色の壁」が、「おぞましい戦闘が生み出した死体の穴に詰めるための、プラスチックの栓のようなものを思わせる」までになりはてたのを見た。以下を参照。"Mammoth Cave, Washington, DC," *New York Times,* June 27, 1943; Vogel, *The Pentagon: A History,* 306; Norman Mailer, *The Armies of the Night: History as a Novel, the Novel as History* (New York: Signet, 1968) 116, 132.

82　Churchill, *Triumph and Tragedy,* 227–228; Paul Johnson, *Modern Times: The World from the Twenties to the Nineties* (New York: Perennial, 2001), 434.

83　LaFeber, *The American Age,* 413.

84　Howard Jones, *Crucible of Power: A History of American Foreign Relations from 1897* (Lanham, MD: Rowman & Littlefield, 2008), 219.

85　Churchill, *Triumph and Tragedy,* 338.

86　Gaddis, *The United States and the Origins of the Cold War, 1941–1947,* 163.

87　H. W. Brands, *The Devil We Knew: Americans and the Cold War* (New York: Oxford University Press, 1993), 6.

88　Kenneth W. Thompson, *Cold War Theories: World Polarization, 1943–1953* (Baton Rouge: Louisiana State University Press, 1981), 103.

89　"Report of President Roosevelt in Person to the Congress on the Crimea Con-

ference," *New York Times,* March 2, 1945.

90 Robert E. Sherwood, *Roosevelt and Hopkins: An Intimate History* (New York: Harper & Brothers, 1950), 870.『第二次世界大戦——ルーズヴェルトとホプキンズ（現代史大系 5、6)』（村上光彦訳、みすず書房、1957 年）

91 Tsuyoshi Hasegawa, *Racing the Enemy: Stalin, Truman, and the Surrender of Japan* (Cambridge, MA: Harvard University Press, 2005), 43. 長谷川毅『暗闘——スターリン、トルーマンと日本降伏』（中公文庫、2011 年）

92 William E. Leuchtenburg, *In the Shadow of FDR: From Harry Truman to Ronald Reagan* (Ithaca, NY: Cornell University Press, 1983), 1.

93 Harry S. Truman, *Memoirs by Harry S. Truman: 1945: Year of Decisions* (New York: New American Library, 1955), 31.『トルーマン回顧録』（堀江芳孝訳、恒文社、1992 年）

94 Lloyd C. Gardner, *Architects of Illusion: Men and Ideas in American Foreign Policy, 1941–1949* (New York: Quadrangle Books, 1970), 56.

95 Walter Millis, ed., *The Forrestal Diaries* (New York: The Viking Press, 1951), 36–37.

96 LaFeber, *The American Age,* 417–418.

97 Truman, *Memoirs by Harry S. Truman: 1945,* 25–26.

98 Donald C. Watt, *Succeeding John Bull: America in Britain's Place, 1900–1975* (New York: Cambridge University Press, 1984), 105.

99 Robert H. Ferrell, ed. *Off the Record: The Private Papers of Harry S. Truman* (Columbia: University of Missouri Press, 1980), 17.

100 Truman, *Memoirs by Harry S. Truman: 1945,* 21, 104.

101 Gar Alperovitz, *The Decision to Use the Atomic Bomb and the Architecture of an American Myth* (New York: Alfred A. Knopf, 1995), 197.『原爆投下決断の内幕——悲劇のヒロシマナガサキ』（鈴木俊彦・米山裕子・岩本正恵訳、ほるぷ出版、1995 年）

102 Hasegawa, *Racing the Enemy,* 57.

103 Truman, *Memoirs by Harry S. Truman: 1945,* 86; Gardner, *Architects of Illusion,* 58–59.

104 Truman, *Memoirs by Harry S. Truman: 1945,* 95.

105 "Memorandum by Mr. Charles E. Bohlen, Assistant to the Secretary of State, of a Meeting at the White House, April 23, 1945," in *Foreign Relations of the United States,* 1945, vol. 5 (Washington, DC: U.S. Government Printing Office, 1967), 253.

106 Truman, *Memoirs by Harry S. Truman: 1945,* 87.

107 "WPB Aide Urges U.S. to Keep War Set-up," *New York Times,* January 20, 1944.

108 Robert H. Ferrell, *Harry S. Truman: A Life* (Columbia: University of Missouri Press, 1994), 200.

109 Truman, *Memoirs by Harry S. Truman: 1945,* 99.

110 Arnold A. Offner, *Another Such Victory: President Truman and the Cold War,*

*1945–1953* (Stanford, CA: Stanford University Press, 2002), 33.

111　Gaddis, *The United States and the Origins of the Cold War, 1941–1947,* 205.

112　Truman, *Memoirs by Harry S. Truman: 1945,* 102–103.

113　Gaddis, *Russia, The Soviet Union, and the United States,* 157.

114　Gaddis, *The United States and the Origins of the Cold War, 1941–1947,* 227.

115　Martin J. Sherwin, *A World Destroyed: Hiroshima and the Origins of the Arms Race* (New York: Vintage, 1987), 172–174, 180–183.『破滅への道程——原爆と第二次世界大戦』（加藤幹雄訳、TBSブリタニカ、1978年）; Elizabeth Kimball MacLean, *Joseph E. Davies: Envoy to the Soviets* (New York: Praeger, 1992), 136–140; Walter Isaacson and Evan Thomas, *The Wise Men: Six Friends and the World They Made: Acheson, Bohlen, Harriman, Kennan, Lovett, McCloy* (New York: Simon & Schuster, 1986), 279.

116　"Durable World Peace Fervent Aim of Stalin," *Atlanta Constitution,* June 22, 1945; "Russia Seen Eager for Lasting Peace," *New York Times,* June 22, 1945.

117　Don Whitehead and John Beals Romeiser, *Beachhead Don: Reporting the War from the European Theater, 1942–1945* (New York: Fordham University Press, 2004), 355–356.

118　Harold Denny, "First Link Made Wednesday by Four Americans on Patrol," *New York Times,* April 28, 1945.

119　Leffler, *For the Soul of Mankind,* 34.

120　C. L. Sulzberger, "What the Russians Want—and Why," *New York Times,* June 10, 1945.

121　Editorial, "Russia's Children," *Washington Post,* January 1, 1945.

122　"First Lady Gathers Books for Russians," *New York Times,* July 1, 1945.

123　" 'I Am an American' Is Powerful Password in Poland or Russia," *Washington Post,* March 4, 1945.

124　George Gallup, "New Confidence in Russian Aims Shown in Poll," *Los Angeles Times,* March 11, 1945.

125　Melvyn P. Leffler, "Inside Enemy Archives: The Cold War Reopened," *Foreign Affairs* 75 (July–August 1996), 123.

126　Alexander Werth, *Russia at War* (New York: Dutton, 1964), 768.『戦うソヴェト・ロシア』（中島博・壁勝弘訳、みすず書房、1967年・1969年）

127　Anita Kondoyanidi, "The Liberating Experience: War Correspondents, Red Army Soldiers, and the Nazi Extermination Camps," *Russian Review* 69 (July 2010), 438.

128　Leffler, *For the Soul of Mankind,* 29.

129　Offner, *Another Such Victory,* 54.

130　"America and Russia," *Life,* July 30, 1945, 20.

131　Gardner, *Architects of Illusion,* 58.

## 第4章　原子爆弾

1　Paul Fussell, "Thank God for the Atom Bomb: Hiroshima: A Soldier's View," *New Republic,* August 26 and 29, 1981, 28–30.

2　Robert E. Sherwood, *Roosevelt and Hopkins: An Intimate History* (New York: Harper & Brothers, 1950), 605.

3　Roger M. Macklis, "The Great Radium Scandal," *Scientific American* 269 (1993), 94–99; Spencer R. Weart, *Nuclear Fear: A History of Images* (Cambridge, MA: Harvard University Press, 1988), 50–52.

4　H. G. Wells, *The World Set Free* (New York: E. P. Dutton, 1914), 152.『解放された世界』（浜野輝訳、岩波文庫、1997年）

5　Barton J. Bernstein, "Introduction" in *Toward a Livable World: Leo Szilard and the Crusade for Nuclear Arms Control,* ed. Helen S. Hawkins, G. Allen Greb, and Gertrud Weiss Szilard (Cambridge, MA: MIT Press, 1987), xxvi.

6　Allan M. Winkler, *Life Under a Cloud: American Anxiety About the Atom* (New York: Oxford University Press, 1993), 36.『アメリカ人の核意識――ヒロシマからスミソニアンまで』（麻田貞雄・岡田良之助訳、ミネルヴァ書房、1999年）

7　Arthur Holly Compton, *Atomic Quest: A Personal Narrative* (New York: Oxford University Press, 1956), 49.『原子の探求』（仲晃訳、法政大学出版局、1959年）

8　Jeremy Bernstein, *Hans Bethe, Prophet of Energy* (New York: Basic Books, 1980), 73.

9　Nuel P. Davis, *Lawrence and Oppenheimer* (New York: Da Capo Press, 1986), 130.『ローレンスとオッペンハイマー――その乖離の軌跡』（菊池正士訳、タイムライフインターナショナル、1971年）

10　Compton, *Atomic Quest,* 128.

11　William Lanouette with Bela Silard, *Genius in the Shadows: A Biography of Leo Szilard, the Man Behind the Bomb* (Chicago: University of Chicago Press, 1992), 245.

12　Kai Bird and Martin J. Sherwin, *American Prometheus: The Triumph and Tragedy of J. Robert Oppenheimer* (New York: Vintage Books, 2005), 185.『オッペンハイマー――「原爆の父」と呼ばれた男の栄光と悲劇』（河邉俊彦訳、PHP研究所、2007年）

13　Michael S. Sherry, *The Rise of American Air Power: The Creation of Armageddon* (New Haven, CT: Yale University Press, 1987), 172, 236.

14　Henry A. Wallace, "The Price of Free World Victory," in Henry A. Wallace, *The Price of Vision: The Diary of Henry A. Wallace, 1942–1946,* ed. John Morton Blum (Boston: Houghton Mifflin, 1973), 636.

15　Anthony Cave Brown, *"C": The Secret Life of Sir Stewart Graham Menzies* (New York: Macmillan, 1987), 481–484; Wallace, *The Price of Vision,* 385.　1945年10月、ウォレスはダールについて日記に綴った。「あいつは気の置けない、とてもいい奴なんだ

が、どうしてもイギリスの政策という観点からものを見る。そしてイギリスの政策の真意は、明らかに米ソ2国間に最大限の不信感を生じさせ、第三次世界大戦の種をつくることにある」。Wallace, *The Price of Vision,* 492–493.

16　Culver and Hyde, *American Dreamer,* 298-300; "Costa Ricans Mass to Cheer Wallace," *New York Times,* March 19, 1943; "Wallace Sees Evil If Few Hold Riches," *New York Times,* April 20, 1943.

17　George Gallup, "The Gallup Poll," *Washington Post,* March 19, 1943.

18　エドウィン・W・ポーレーがリチャード・イングリッシュにした談話「トルーマンが大統領になった理由」より。Harry S. Truman Library, Papers of Harry S. Truman, White House Central Files, Confidential Files 所蔵。彼はこれを「ポーレーの陰謀」と呼び、「もしこれが陰謀であるとしたら、私は自分が首謀者だったことを誇りに思う」とコメントした。

19　Steve Kettmann, "Politics 2000," www.salon.com/politics2000/feature/2000/03/20/rice.

20　Robert J. Lifton and Greg Mitchell, *Hiroshima in America: A Half Century of Denial* (New York: Avon Books, 1995), 196–197.『アメリカの中のヒロシマ』（大塚隆訳、岩波書店、1995年）

21　Harry S. Truman, *Dear Bess: The Letters from Harry to Bess Truman, 1910–1959,* ed. Robert H. Ferrell (Columbia: University of Missouri Press, 1998), 80, 83; Ronald Takaki, *Hiroshima: Why America Dropped the Atomic Bomb* (Boston: Little, Brown, 1995), 109–111.『アメリカはなぜ日本に原爆を投下したのか』（山岡洋一訳、草思社、1995年）; Merle Miller, *Plain Speaking : An Oral Biography of Harry S. Truman,* 34–35, 51. 近所に住んでいたモートン・チリスは当時をこう振り返る。彼らは「ハリーをシシーと呼んだものだ。あいつは眼鏡をかけていて、僕たちと一緒には遊ばなかった。あいつは本を抱え、僕たちは野球のバットを手にしていた。だから、僕たちはあいつをシシーと呼んだ」。後年、若いインタビュアーがトルーマンに「幼少のころ人気がありましたか」と尋ねたところ、彼は正直に答えている。「いや、まったく人気はありませんでした。人気があるのは遊びがうまくて、強くて大きな拳骨を食らわせられる奴でした。私はそれにはほど遠かったのです。眼鏡がないと何も見えませんでしたし、正直なところ、意気地なしというのは当たっています。喧嘩になりそうな気配がしようものなら、私はいちはやく逃げ出したものでしたから」。

22　Arnold A. Offner, *Another Such Victory: President Truman and the Cold War, 1945–1953* (Stanford, CA: Stanford University Press, 2002), 8.

23　Ibid., 9.

24　Arthur Sears Henning, "How Boss Rule and Roosevelt Named Truman," *Chicago Tribune,* July 25, 1944.

25　Culver and Hyde, *American Dreamer,* 364.

26　Harry S. Truman, *Memoirs of Harry S. Truman,* vol. 1 (New York: Signet/New American Library, 1955), 21.

27 Henry L. Stimson and McGeorge Bundy, *On Active Service in Peace and War* (Harper & Brothers, 1948), 635–636.

28 Harry S. Truman, "Why I Dropped the Bomb," *Parade,* December 4, 1988. 私にこの記事の存在を教えてくれたバート・バーンスタインは、マーガレット・トルーマンの編集によって本人の言葉が変わっている可能性があると注意をうながした。

29 Barton J. Bernstein, "A Postwar Myth: 500,000 U.S. Lives Saved," *Bulletin of the Atomic Scientists,* June–July 1986, 38; David M. Kennedy, *Freedom from Fear: The American People in Depression and War, 1929-1945* (New York: Oxford University Press, 1999), 834.

30 Henry L. Stimson, "The Decision to Use the Atomic Bomb," *Harper's Magazine,* February 1947, 97–107.

31 Tsuyoshi Hasegawa, *Racing the Enemy: Stalin, Truman, and Japan's Surrender in the Pacific War* (Cambridge, MA: Harvard University Press, 2005), 37.

32 Gar Alperovitz, *The Decision to Use the Atomic Bomb and the Architecture of an American Myth* (New York: Vintage Books, 1996), 328.

33 Richard B. Frank, *Downfall: The End of the Imperial Japanese Empire* (New York: Penguin, 1999), 354.

34 "Roosevelt in North Africa: The President Interrupts Historical Conference of Anglo-American High Command to Review U.S. Troops," *Life,* February 8, 1943.

35 Sherwood, *Roosevelt and Hopkins,* 696.

36 John W. Dower, *Embracing Defeat: Japan in the Wake of World War II* (New York: W. W. Norton, 1999), 282–283.『増補版 敗北を抱きしめて——第二次大戦後の日本人』(三浦陽一・高杉忠明訳、岩波書店、2004 年。本文での引用は同書の訳文による)

37 Hasegawa, *Racing the Enemy,* 52–53.

38 U.S. Department of Defense, *The Entry of the Soviet Union into the War Against Japan* (Washington, DC: U.S. Government Printing Office, 1955), 84.

39 John W. Dower, *Cultures of War: Pearl Harbor/Hiroshima/9-11/Iraq* (New York: W. W. Norton, 2010), 227.

40 Magic Diplomatic Summary SRS-1727, July 13, 1945, Records of the National Security Agency, Magic Files, Box 18, RG 457, National Archives.

41 Barton J. Bernstein, "The Perils and Politics of Surrender: Ending the War with Japan and Avoiding the Third Atomic Bomb," *Pacific Historical Review,* February 1977, 5.

42 "Senator Urges Terms to Japs Be Explained," *Washington Post,* July 3, 1945.

43 "Fatal Phrase," *Washington Post,* June 11, 1945.

44 Alperovitz, *The Decision to Use the Atomic Bomb,* 20.

45 Hasegawa, *Racing the Enemy,* 72–73.

46 Combined Chiefs of Staff, 643/3, "Estimate of the Enemy Situation (as of 6 July)" July 8, 1945, RG 218, Central Decimal Files, 1943–1945, CCS 381 (6/4/45),

sec. 2, pt. 5.

47 Allan Nevins, "How We Felt About the War," in *While You Were Gone: A Report on Wartime Life in the United States,* ed. Jack Goodman (New York: Simon & Schuster, 1946), 13.

48 Lisle Abbott Rose, *Dubious Victory: The United States and the End of World War II* (Kent, Ohio: Kent State University Press, 1973), 58.

49 John W. Dower, *War Without Mercy: Race and Power in the Pacific War* (New York: Pantheon, 1986), 54, 78, 79, 85; "World Battlefronts, THE ENEMY: Perhaps He Is Human," *Time,* July 5, 1943, 29.『容赦なき戦争――太平洋戦争における人種差別』（猿谷要編、斎藤元一訳、平凡社ライブラリー、2001 年）

50 Dower, *War Without Mercy,* 51–52.

51 Truman, *Dear Bess,* 39.

52 Peter Kuznick, "We Can Learn a Lot from Truman the Bigot," *Los Angeles Times,* July 18, 2003; Miller, 183.

53 Edgar Jones, "One War's Enough," *Atlantic Monthly,* February 1946, 49.

54 Greg Robinson, *By Order of the President: FDR and the Internment of Japanese Americans* (Cambridge, MA: Harvard University Press, 2001), 89–90; John Morton Blum, *V Was for Victory: Politics and American Culture During World War II* (New York: Houghton Mifflin Harcourt, 1976), 158.

55 Lillian Baker, *The Concentration Camp Conspiracies, A Second Pearl Harbor* (Lawndale, CA: AFHA Publications, 1981), 156.

56 Harry N. Scheiber, *Earl Warren and the Warren Court: The Legacy in American and Foreign Law* (New York: Lexington Books, 2007), 41; Roger Daniels, Sandra C. Taylor, Harry H. L. Kitano, and Leonard J. Arrington, *Japanese Americans, from Relocation to Redress* (Seattle: University of Washington Press, 1991), 242; "Bay City Warned Raid Peril Real," *Los Angeles Times,* December 10, 1941; Lawrence E. Davies, "Carrier Is Hunted off San Francisco," *New York Times,* December 10, 1941.

57 Kennedy, *Freedom from Fear,* 749–751.

58 Robert Asahina, *Just Americans: How Japanese Americans Won a War at Home and Abroad* (New York: Gotham, 2006), 20.

59 "Epilogue to a Sorry Drama," *Life,* April 28, 1967, 6; Kennedy, *Freedom from Fear,* 753.

60 John Howard, *Concentration Camps on the Home Front: Japanese Americans in the House of Jim Crow* (Chicago: University of Chicago Press, 2008), 120; Dower, *War Without Mercy,* 82.

61 Kennedy, *Freedom from Fear,* 751.

62 Eddie Yamaoka, "Sport Tidbits," *Heart Mountain Sentinel,* July 7, 1945.

63 Susan Lynn Smith, "Women Health Workers and the Color Line in the Japanese

American 'Relocation Centers' of World War II," *Bulletin of the History of Medicine* 73 (Winter 1999), 585–586.

64 Linda Gordon and Gary Y. Okihiro, *Impounded: Dorothea Lange and the Censored Images of Japanese American Internment* (New York: W. W. Norton, 2008), 19–20.

65 Asahina, *Just Americans,* 43, 161–193.

66 "A Jap's a Jap," *Washington Post,* April 15, 1943.

67 Blum, *Victory,* 163, 166; Charles McClain, *The Mass Internment of Japanese Americans and the Quest for Legal Redress* (New York: Taylor & Francis, 1994), 189.

68 *Hirabayashi v. United States,* 320 U. S. 81, 1943, http://supreme.justia.com/us/320/81/case.html.

69 J. Burton, M. Farrell, F. Lord, and R. Lord, "Closing the Relocation Centers," www.nps.gov/history/history/online_books/anthropology74/ce3o.htm.

70 Michi Nishiura Weglyn, *Years of Infamy: The Untold Story of America's Concentration Camps* (Seattle: University of Washington Press, 1996), 268, 281–282.『アメリカ強制収容所——屈辱に耐えた日系人』(山岡清二訳、政治広報センター、1973年)

71 Dower, *War Without Mercy,* 39.

72 Greg Mitchell, "On the Death of 'Hiroshima Bomb' Pilot Paul Tibbets," *Editor and Publisher,* November 1, 2007, http://editorandpublisher.com/Article/UPDATE-On-the-Death-of-Hiroshima-Bomb-Pilot-Paul-Tibbets. ティベッツの談話の全容については、Peter J. Kuznick, "Defending the Indefensible: A Meditation on the Life of Hiroshima Pilot Paul Tibbets, Jr.," *The Asia Pacific Journal: Japan Focus,* January 22, 2008, http:// japanfocus.org/-Peter_J_-Kuznick/2642 を参照のこと。

73 Yuki Tanaka and Marilyn B. Young, *Bombing Civilians: A Twentieth-Century History* (New York: New Press, 2009), 5, 84–85, 117.

74 Lifton and Mitchell, *Hiroshima in America,* 133; Sherry, *The Rise of American Air Power,* 295.

75 Robert S. McNamara, "We Need International Rules for War," *The Gazette* (Montreal, Quebec), August 9, 2003.

76 Bird and Sherwin, *American Prometheus,* 291.

77 Alperovitz, *The Decision to Use the Atomic Bomb,* 352.

78 Ronald Schaffer, *Wings of Judgment: American Bombing in World War II* (New York: Oxford University Press, 1985), 154.

79 Sherwin, *A World Destroyed,* 298.

80 Alperovitz, *The Decision to Use the Atomic Bomb,* 147.

81 Sherwin, *A World Destroyed,* 62.

82 Bird and Sherwin, *American Prometheus,* 284.

83 Truman, *Memoirs by Harry S. Truman:1945,* 104.

84 報告書全体については、Alice Kimball Smith, *A Peril and A Hope: The Scientists'*

*Movement in America: 1945–47* (Chicago: University of Chicago Press, 1965), 560–572 の補遺を参照のこと。

85　Lanouette with Silard, *Genius in the Shadows*, 273.

86　Ibid., 527–528, note 42. 72 パーセントが使用前の示威実験に賛成し、11 パーセントが示威実験には賛成だが使用には反対した。

87　Bird and Sherwin, *American Prometheus,* 300.

88　Sherwin, *A World Destroyed,* 235; Harry S. Truman, *Off the Record: The Private Papers of Harry S. Truman,* ed. Robert H. Ferrell (New York: Harper & Row, 1980), 53.

89　Hasegawa, *Racing the Enemy,* 133–134.

90　Allen Dulles, *The Secret Surrender* (New York: Harper & Row, 1966), 255–256.『静かなる降伏——サンライズ作戦 / 大戦終結を演出す』（志摩隆訳、早川書房、1967 年）

91　"Russo-Japanese Relations (13–20 July 1945)," Publication of Pacific Strategic Intelligence Section, Commander-in-Chief United States Fleet and Chief of Naval Operations, 21 July 1945, SRH-085, Record Group 457, Modern Military Branch, National Archives.

92　Alperovitz, *The Decision to Use the Atomic Bomb,* 27.

93　Truman, *Off the Record,* 53.

94　Truman, *Dear Bess,* 519.

95　Henry L. Stimson, diary, May 15, 1945, Sterling Memorial Library, Yale University.

96　Bird and Sherwin, *American Prometheus,* 304.

97　Ibid., 309.

98　Alperovitz, *The Decision to Use the Atomic Bomb,* 250–251.

99　Stimson, diary, July 21, 1945.

100　Ibid.

101　Stimson, diary, July 22, 1945.

102　Alperovitz, *The Decision to Use the Atomic Bomb,* 259.

103　Truman, *Off the Record,* 55.

104　Stimson, diary, May 31, 1945.

105　"Ike on Ike," *Newsweek,* November 11, 1963, 107.

106　Barton J. Bernstein, "Ike and Hiroshima: Did He Oppose It?," *Journal of Strategic Studies* 10 (September 1987), 377–389.

107　Alperovitz, *The Decision to Use the Atomic Bomb,* 271.

108　Robert L. Messer, *The End of an Alliance: James F. Byrnes, Roosevelt, Truman and the Origins of the Cold War* (Chapel Hill: University of North Carolina Press, 1982), 105.

109　Truman, *Off the Record,* 54.

110　Andrei Gromyko, *Memoirs* (New York: Doubleday, 1989), 110.『グロムイコ回想

録――ソ連外交秘史』（読売新聞社外報部訳、読売新聞社、1989 年）

111 Hasegawa, *Racing the Enemy,* 177.

112 Fletcher Knebel and Charles W. Bailey, "The Fight over the Atom Bomb," *Look,* August 13, 1963, 20. グローヴスがトルーマンにこの発言を否定したことについては、Alperovitz, *The Decision to Use the Atomic Bomb,* 780, note 39 を参照のこと。

113 Alperovitz, *The Decision to Use the Atomic Bomb,* 415.

114 Dorris Clayton James, *The Years of MacArthur: 1941–1945,* vol. 2 (Boston: Houghton Mifflin, 1975), 774.

115 Richard Goldstein, "Paul W. Tibbets Jr., Pilot of Enola Gay, Dies at 92," *New York Times,* November 2, 2007.

116 Kuznick, "Defending the Indefensible."

117 Merle Miller and Abe Spitzer, *We Dropped the A-Bomb* (New York: Thomas Y. Crowell, 1946), 42–45.

118 Ibid., 45.

119 Hasegawa, *Racing the Enemy,* 179–180.

120 Robert Jay Lifton, *Death in Life: Survivors of Hiroshima* (New York: Random House, 1967), 441–442.

121 Miller and Spitzer, *We Dropped the A-Bomb,* 47. 乗組員たちの談話全体と広島と長崎への原爆投下に対する彼らの反応については、Kuznick, "Defending the Indefensible" を参照のこと。

122 Truman, *Memoirs by Harry S. Truman: 1945,* 465.

123 Lifton and Mitchell, *Hiroshima in America*, 169–170.

124 David Holloway, *Stalin and the Bomb: The Soviet Union and Atomic Energy 1939–1956* (New Haven, Conn.: Yale University Press, 1994), 127.『スターリンと原爆』（川上洸・松本幸重訳、大月書店、1997 年）

125 Georgii Konstantinovich Zhukov, *The Memoirs of Marshal Zhukov* (New York: Delacorte Press, 1971), 674–675; Vladislav M. Zubok, *A Failed Empire: The Soviet Union in the Cold War from Stalin to Gorbachev* (Chapel Hill: University of North Carolina Press, 2007), 27, 354, notes 120 and 121.『ジューコフ元帥回想録――革命・大戦・平和』（清川勇吉・相場正三久・大沢正訳、朝日新聞社、1970 年）

126 Ralph B. Levering, Vladimir O. Pechatnov, Verena Botzenhart-Viehe, and C. Earl Edmondson, *Debating the Origins of the Cold War: American and Russian Perspectives* (Lanham, MD: Rowman & Littlefield, 2001), 105; Zubok, 354 (notes 120 and 121).

127 Hasegawa, *Racing the Enemy,* 197.

128 Miller and Spitzer, *We Dropped the A-Bomb,* 57–59.

129 Lifton and Mitchell, *Hiroshima in America,* 162.

130 Sherwin, *A World Destroyed,* 237.

131 Hasegawa, *Racing the Enemy,* 237.

132 Stimson, diary, August 10, 1945.

133 Dower, *Cultures of War,* 239.

134 Tsuyoshi Hasegawa, "The Atomic Bombs and the Soviet Invasion: What Drove Japan's Decision to Surrender?," *The Asia-Pacific Journal: Japan Focus,* www.japanfocus.org/-Tsuyoshi-Hasegawa/2501.

135 Ibid.

136 Memorandum for Chief, Strategic Policy Section, S&P Group, Operations Division, War Department General Staff, from Ennis, Subject: Use of Atomic Bomb on Japan, April 30, 1946, "ABC 471.6 Atom (17 August 1945), Sec. 7," Entry 421, RG 165, National Archives.

137 William D. Leahy, *I Was There: The Personal Story of the Chief of Staff to Presidents Roosevelt and Truman Based on His Notes and Diaries Made at the Time* (New York: Whittlesey House, 1950), 441.

138 Alperovitz, *The Decision to Use the Atomic Bomb,* 326.

139 Douglas MacArthur, memorandum to Herbert Hoover, December 2, 1960, Herbert Hoover Presidential Library, Post-Presidential Papers, Individual File Series, Box 129 G, Douglas MacArthur 1953–1964, folder [3212 (3)]. マッカーサーのこの主張は年月を経ても変わることがなかった。1946年5月にマッカーサーと長時間話したあと、フーバーは日記に書いている。「私は1945年5月なかばに自分がトルーマンに意見書を書き、その中で日本との和平は可能であり、それによってわが国の主たる目的も達成できると論じたことをマッカーサーに話した。マッカーサーは、そのとおりだ、そうすればあらゆる被害も、原子爆弾も、満州へのソ連侵攻も避けられたはずだと答えた」。Alperovitz, *The Decision to Use the Atomic Bomb,* 350–351.

140 H. H. Arnold, *Global Mission* (New York: Harper & Brothers, 1949), 598.

141 "Giles Would Rule Japan a Century," *New York Times,* September 21, 1945; Alperovitz, *The Decision to Use the Atomic Bomb,* 336.

142 Alperovitz, *The Decision to Use the Atomic Bomb,* 343.

143 Ibid., 329.

144 Sidney Shalett, "Nimitz Receives All-Out Welcome from Washington," *New York Times,* October 6, 1945.

145 Alperovitz, *The Decision to Use the Atomic Bomb,* 331. 1949年、ハルゼーは議会の証人喚問で「私は民間人に対する爆弾――とりわけ原子爆弾――による攻撃は道徳的に許されないと考えています」と証言した。Alperovitz, *The Decision to Use the Atomic Bomb,* 720, note 52.

146 Ibid., 359.

147 Lifton and Mitchell, *Hiroshima in America,* 11.

148 "Japan Beaten Before Atom Bomb, Byrnes Says, Citing Peace Bids," *New York Times,* August 30, 1945.

149 "Oxnam, Dulles Ask Halt in Bomb Use," *New York Times,* August 10, 1945.

150 Gerald Wendt and Donald Porter Geddes, ed. *The Atomic Age Opens* (New York: Pocket Books, 1945), 207.

151 Sadao Asada, "The Mushroom Cloud and National Psyches," in *Living with the Bomb,* ed. Laura Hein and Mark Selden (Armonk, NY: M. E. Sharpe, 1997), 182.

152 Leahy, *I Was There,* 384–385.

153 Stimson, "The Decision," 107.

154 Asada, "The Mushroom Cloud and National Psyches," 179.

155 Wayne Phillips, "Truman Disputes Eisenhower on '48," *New York Times,* February 3, 1958.

156 John Toland, *The Rising Sun: The Decline and Fall of the Japanese Empire, 1936–1945* (New York: Random House, 1970), 766 note.『大日本帝国の興亡』（毎日新聞社訳、ハヤカワ文庫、1984年）

157 Bird and Sherwin, *American Prometheus,* 332.

158 Freeman J. Dyson, *Weapons and Hope* (New York: Harper & Row, 1985), 121.

159 Dwight McDonald, *Memoirs of a Revolutionist: Essays in Political Criticism* (New York: Farrar, Straus, and Cudahy, 1957), 97.

160 Margaret Truman, *Harry S. Truman* (New York: William Morrow, 1973), 555.

# 図版クレジット

Courtesy of Los Alamos National Laboratory: pages 306, 358
Courtesy of U.S. Department of Energy: page 294
Franklin D. Roosevelt Presidential Library / National Archives: pages 139, 144, 145, 158, 218, 227, 228, 322
German Federal Archive: pages 209, 222
Harry S. Truman /National Archives: page 266
Harry S. Truman Presidential Library: pages 300, 303
Harry S. Truman Presidential Library / National Archives: pages 262, 344
Ixtlan: page 26
Library of Congress: pages 31, 32, 39, 44, 67, 76, 78, 83, 103, 112, 123, 138, 159, 170, 203, 242, 243, 277, 287, 366
Library of Congress, University of Minnesota, National Archives: page 317
Library of Congress, Wikimedia Commons / Public Domain: pages 331, 332
National Archives: pages 42, 110, 261, 292, 323, 324, 350, 351, 352
*New Yorker* Magazine: page 40
*New York Times*: page 245
Photos of the Great War: World War I Image Archive: pages 96, 98
Public Domain: pages 29, 34, 102, 115, 118, 194
U.S. Information Agency: pages 242, 243
U.S. Marine Corps: pages 50, 358
Utilizator:Mihai.1954 via Wikimedia Commons: page 256
Wikimedia Commons / Public Domain: pages 288, 347

◎翻訳分担

はじめに・序章（原注とも）：梶山あゆみ

第1章（原注とも）：吉田三知世

第2章（原注とも）：大田直子

第3章（原注とも）：高橋璃子

第4章（原注とも）：鍛原多恵子

オリバー・ストーンが語《かた》る　もうひとつのアメリカ史《し》
1　2つの世界大戦と原爆投下
2013年4月10日　初版印刷
2013年4月15日　初版発行
＊
著　者　オリバー・ストーン
ピーター・カズニック
訳　者　大田直子《おおたなおこ》・鍛原多惠子《かじはらたえこ》・梶山《かじやま》あゆみ
高橋璃子《たかはしりこ》・吉田三知世《よしだみちよ》
発行者　早　川　浩
＊
印刷所　中央精版印刷株式会社
製本所　中央精版印刷株式会社
＊
発行所　株式会社　早川書房
東京都千代田区神田多町2−2
電話　03-3252-3111（大代表）
振替　00160-3-47799
http://www.hayakawa-online.co.jp
定価はカバーに表示してあります
ISBN978-4-15-209367-7　C0022
Printed and bound in Japan
乱丁・落丁本は小社制作部宛お送り下さい。
送料小社負担にてお取りかえいたします。